重庆理工大学MBA"三融"案例精选丛书 第 1 辑　　丛书主编：李 巍

CORPORATE SOCIAL RESPONSIBILITY
THE VALUE INTEGRATION OF BUSINESS AND SOCIETY

企业社会责任
商业与社会的价值融通

李 巍　吴朝彦　丁 超　成 卫 主编

学科融通

产教融合

知行融升

经济管理出版社
ECONOMY & MANAGEMENT PUBLISHING HOUSE

图书在版编目（CIP）数据

企业社会责任：商业与社会的价值融通 / 李巍等主编. -- 北京：经济管理出版社, 2024.5.

ISBN 978-7-5096-9717-7

Ⅰ. ①企… Ⅱ. ①李… Ⅲ. ①企业责任-社会责任-研究 Ⅳ. ①F272-05

中国国家版本馆 CIP 数据核字(2024)第 109571 号

组稿编辑：赵天宇
责任编辑：董杉珊
责任印制：许　艳
责任校对：陈　颖

出版发行：经济管理出版社
　　　　　（北京市海淀区北蜂窝 8 号中雅大厦 A 座 11 层　100038）
网　　址：www.E-mp.com.cn
电　　话：(010) 51915602
印　　刷：唐山玺诚印务有限公司
经　　销：新华书店
开　　本：720mm×1000mm/16
印　　张：14.75
字　　数：273 千字
版　　次：2024 年 8 月第 1 版　2024 年 8 月第 1 次印刷
书　　号：ISBN 978-7-5096-9717-7
定　　价：98.00 元

·版权所有　翻印必究·

凡购本社图书，如有印装错误，由本社发行部负责调换。
联系地址：北京市海淀区北蜂窝 8 号中雅大厦 11 层
电话：(010) 68022974　　邮编：100038

重庆理工大学 MBA"三融"案例精选丛书编委会
（第 1 辑）

总顾问：康 骞

顾　问：廖林清　苏　平

主　任：李　巍

副主任：成　卫　丁　超　黄　磊　江信红　宋建敏
　　　　王　琳　王攀娜　吴朝彦　肖　燕　熊　磊
　　　　杨　梅

委　员：包玮琨　陈佳林　陈　薇　邓云彬　杜　超
　　　　段承志　方　洲　冯禹铭　高娅楠　何彦霖
　　　　胡春霞　黄千禧　李光辉　李　亮　李雨洋
　　　　刘洪丽　吕　瑶　潘　染　唐　宓　奚建红
　　　　余知谦　张　雪　周俊杰　周　艳　朱晓林

丛书序言（一）

奋进有为，共创案例教学新时代

自 1991 年国务院学位委员会办公室批准 9 所国内高校开展 MBA 教育试点工作以来，我国 MBA 教育事业已经走过了 33 年的发展历程。经过全体 MBA 教育工作者 30 余年的奋斗，我国 MBA 教育完成了从无到有、从有到优的历史性跨越。在如今的数字经济时代，如何让 MBA 教育从优到强？如何平衡 MBA 教育的传承与创新、变与不变？这已成为全体 MBA 人需要思考的问题。

在 20 世纪初，由哈佛大学创造和推广的案例教学法成为 MBA 教育的重要教学手段，它通过情景化和典型化的管理案例研讨提升 MBA 学生分析和解决实际问题的能力。我国自引进 MBA 教育以来，案例教学法便成为 MBA 课堂教学的重要方法，但当时使用的大多是哈佛大学等国外的教学案例。我于 2003 年至 2018 年担任全国 MBA 教育指导委员会委员，在 2008 年兼任 MBA 教指委案例分委员会召集人时，我们开始组织全国担任 MBA 教学的老师撰写中国企业管理案例。随后，中国管理案例共享中心在苏敬勤教授、朱方伟教授、王淑娟教授的带领下，围绕案例库建设、案例师资培训、案例研究、案例企业基地建设以及国际交流合作等开展了一系列工作，组织了形式多样的活动，如"管理案例开发与案例教学"师资培训班、"全国百篇优秀管理案例"评选、系列重点企业"案例采编工作坊"等，培养了一批又一批"会写案例、会用案例、会教案例"的教师团队，探索出一条具有中国特色的 MBA 案例开发新模式。后来，中欧国际工商学院案例中心、南京大学、中国人民大学等院校先后成立工商管理案例中心，极大地促进了我国 MBA 培养院校案例教学与研究的繁荣与发展。

管理学大师彼得·德鲁克在 1999 年出版的《21 世纪的管理挑战》一书中谈到的第一个变化就是新兴的信息技术，认为信息技术将会影响人类，并将改变我们每个人的生活方式和工作方式。在数字经济时代背景下，MBA 教育正面临着在线教育、人工智能等数字技术和教育新形态的冲击和挑战。数字经济与数智化转型既带来了广阔的前景，又提出了严峻的挑战。要想在未来取得成功，我国 MBA 教育需要培养一大批具有全球视野、战略眼光和跨文化管理能力的工商管理高级人才。这个时代唯一不变的就是"变"，没有人能够左右变化，唯有走在变化之前。把握数字化浪潮将成为影响中国经济高质量发展的重要因素。鼓励并帮助企业适应数智化发展趋势，打造基于数智化的竞争优势，是企业管理实践中面临的重要课题，更是 MBA 教育的责任和使命。

重庆理工大学是我国第八批开办 MBA 教育的高校之一，是我国西部地区具有兵工特色的高等学府。在 15 年的 MBA 教育办学历程中，重庆理工大学紧扣工管结合，突出技术与管理的交叉，办出了具有理工科特色的 MBA 项目。重庆理工大学 MBA 教育在学生案例竞赛和教师案例开发方面进行了持续的投入，取得了显著的成效，并选派骨干教师和导师参与了由中国管理案例共享中心、中欧国际工商学院案例中心等机构组织的各类案例研修项目；同时，一年一度的管理案例精英赛、商业诊断实践、案例行动学习和主题案例分析等活动的持续开展，不仅推动了 MBA 教育中的产教融合，培养了学生的洞察力和行动力，还进一步强化了 MBA 教育中的"案例意识"，从而形成了重庆理工大学 MBA 的办学特色。

这套重庆理工大学 MBA "三融"案例精选丛书的策划和出版，在我国省属 MBA 培养院校中具有一定的开创性和示范性意义，也是 MBA 师生案例共创的一次有益尝试。丛书所展示的案例均是重庆理工大学 MBA 师生通过年度商业诊断实践和主题案例分析完成的作品，是师生共创的成果，体现了人才培养和教师发展的多重效果，更是重庆理工大学 MBA 人为我国 MBA 教育及案例教学事业做出的贡献。我相信，在这些不同主题案例开发的基础上，重庆理工大学 MBA 的案例教学和研究将会取得更大的进步。

面对数字技术与人工智能的冲击，数字技术带来的变化不单单体现在组织机构、组织边界、柔性战略、知识创造的优势上，更体现在对生活方式、生产方式和管理方式的转变上,也将会带来经济社会领域的深刻变革。这就要求 MBA 教育能够革新教育教学方式,培养更多深谙数字之道的新型数字化管理人才,同时也将使 MBA 人才培养中的案例教学地位比以往任何时候都更加重要。我们唯有努力,才能不负这个时代。

赵曙明　博士
南京大学人文社会科学资深教授
商学院名誉院长、行知书院院长、博士生导师

丛书序言（二）

以高质量案例建设驱动高质量商科人才培养

世界一流商学院广泛采用的案例教学法通过教师的规范引导和学生的深度参与，可启发学生从案例中学习并掌握知识和理论点，显著提高思辨、分析和解决问题的能力。但案例教学在中国的发展是近些年的事，作为国内案例教学起步较早的中欧国际工商学院对此颇有一些心得与经验。

其实在很长的一段时间内，中欧国际工商学院使用的教学案例大多也来自哈佛大学等国际商学院的案例库。但国家和地区之间的文化与制度环境差异也在一定程度上制约了西方国家案例的普遍适用性，尤其是中欧国际工商学院既然决定立足于中国，就必须使用中国本土的教学案例。同时，随着经济全球化、中国经济体量的扩大，众多的海外企业进入中国市场并获得新的发展机遇，中国优秀企业也走向世界、崭露头角，中国商界出现了无数值得研究的案例，国际学术界对中国企业的研究兴趣也大大增加，国际上众多的商学院对中国主题的案例产生了前所未有的关注。因此，中欧国际工商学院在2001年成立案例中心后，自主开发中国本土案例并应用于课堂，目前，中国主题案例的开发与教学已经成为了中欧国际工商学院的办学特色之一，在国内外产生了极大的影响力。中欧的案例在"中国工商管理国际最佳案例奖"评选、"EFMD案例写作大赛"、"欧洲案例交流中心全球案例写作竞赛"等各类国际竞赛中频频获奖。

在教育部的指导和各地区教委的支持和努力下，国内商学院尤其是MBA教育中的案例教学法也日益普及。作为提高教育质量的实用方法，案例教学法已成为响应国家管理教育改革要求的优先事项。因此，在完善自身案例建设的基础上，中欧国际工商学院也在努力把案例教学经验推广到国内各大兄弟院校，从而真正推动中国管理教育的发展。在上海市政府和市教委等部门的委托和支持下，2013年起中欧国际工商学院承担建设"上海MBA课程案例库开发共享平台"并开始运行"中国工商管理国际案例库"（ChinaCases.Org）；同时，秉承"聚焦中国问题，坚持国际标准，服务课堂教学"的理念，中欧国际工商学院面向国内外商学院教师开展了一系列案例教学和案例写作培训。"中欧案例大师成长营"由中欧国际工商学院的教授示范案例教学并分享案例开发经验。

随着案例库建设具备了一定规模和影响力，中欧国际工商学院案例中心自2020年起向全国更多院校推广案例库服务，希望让案例赋能中国管理教育发展。通过"中国案例百校行"等定制化培训进院校活动，组织院校交流拜访、区域性和城市案例建设研讨会，参与全国性的教学主题研讨会等多维度推广案例方法，截至目前，案例库已为全国100多所院校的8000多位教师提供了案例下载教学服务，课堂教学累计教授学生逾百万人次，有效地促进了案例教学在国内管理教育领域的发展，尤其对于帮助包括重庆理工大学在内的各高校的MBA教学起到了积极的作用。

重庆理工大学地处我国西南地区，在多年的MBA办学中立足区域经济发展与管理人才需求，逐渐摸索出适合自身学校定位和学科特色的MBA商学教育体系，为重庆乃至西南地区的经济繁荣和企业发展培养和输送了大批高水平工商管理人才。重庆理工大学MBA学院非常重视案例教学和开发工作，努力打造具备较高案例教学素养的师资团队。我们也很高兴地看到，中欧国际工商学院的案例教学经验在此间发挥了很大的作用：近10位重庆理工大学的优秀任课教师参加过由中欧国际工商学院举办的"案例大师成长营""案例开发共创营"等培训活动，这些优秀师资团队将案例教学的理念、方法运用到MBA课堂教学及人才培养中；同时，重庆理工大学也在2024年1月正式成为ChinaCases.Org案例库用户院校，这无疑标志着其发展案例教学的决心和信心。我们也希望借助China-Cases.Org案例库的平台，在案例开发师资培养、课程共建等方面展开更深入的合作，将中欧国际工商学院的全球化教育资源与重庆理工大学的地方实践经验相结合，进一步推动重庆理工大学乃至我国西南地区管理教育的发展。

重庆理工大学MBA"三融"案例精选丛书是MBA师生共创的案例成果，充分体现了产教融合、知行合一的MBA人才培养要求，使MBA学员从课堂案例学

丛书序言（二）

习者转变为案例开发时参与者，实现了管理案例的教学价值和教育价值并举。这套案例精选丛书基于跨专业、跨学科的角度，收录重庆地区的知名企业以及重庆理工大学的优秀校友企业，充分体现了重庆理工大学MBA"立足重庆、服务西南、触达全国"的办学定位，客观展现了重庆地区经济发展以及重庆理工大学人才培养的积极面貌。事实上，以重庆为中心的我国西部工业基地萌芽于清末开埠时期，经过抗战内迁、"三线"建设、改革开放的百年积淀和成长，如今已成为具有全产业链优势的产业中心和区域经济中心。这里的历史文化基因、转型变革"阵痛"、开拓创业精神和科技突破新风，使我对这套案例精选丛书充满期许，并坚信这是一项经得起时间考验和专业评判的案例共创事业。

面对百年未有之大变局，党和国家将带领全国人民全面建设社会主义现代化强国。过去十年，中国企业落实创新战略，推进产业和组织改革，实现经济和社会双重效益，有大量值得梳理和传播的经验及故事。中欧国际工商学院案例中心将与所有案例教学事业的参与者持续努力，共建案例开发、使用和流通的产学研用共融生态圈，我们将在PILOT定位指引下，一群人（People）为了让案例创造更大的影响力（Impact）组成学习型团队（Learning），更好地发挥主人翁精神（Ownership），持续共创（Teamwork）。

陈世敏　教授

中欧国际工商学院朱晓明会计学讲席教授

副教务长、案例中心主任

丛书序言（三）

因应时代浪潮，创新 MBA 案例教学实践

四十多年前，未来学家阿尔文·托夫勒在《第三次浪潮》一书中旗帜鲜明地指出，科技发展促成世界更新迭代，信息技术浪潮席卷了世界各地，每个人都无法置身事外，要么胜利，要么淘汰。如今，数字化和智能化引发了新一轮浪潮，技术迭代与场景革命不断兴起，给整个社会经济带来前所未有的机遇和挑战，MBA 教育也不能"置身事外"。

在新的历史机遇与技术进步面前，我们 MBA 教育者需要对案例教学进行重新思考与认识。如今，MBA 学生比以往更需要具备科技认知能力、历史认知能力和文化认知能力，案例教学在其中扮演着重要角色。MBA 案例教学需要注重培养学生的"三力"，即分析能力、创造能力和实践能力。同时，管理的世界充满着智慧。在管理的理论与实践两个领域，学者们追求理论智慧，管理者探求实践智慧。当前管理教育与研究的实践转向，其目的就是促成这两种智慧的融合，推动实践智慧向理论智慧转变，进而形成管理智慧是 MBA 教育的重要使命和职责，案例教学则占据独特地位。

要回归和深化 MBA 教育，我们应该主动"打开多样性的大门"，与时代最前端的事物实现接轨，从而激发多维度思考的能力。在这个充满复杂性和变化的商业环境下，尤其是在生成式人工智能（GAI）加速生产力提升的今天，MBA 教育应该为人才培养注入更多元化的价值。《2023 中国人才管理状况研究报告》显示，全球劳动力市场正在经历新一轮的技术创新和人口与社会结构变化。数字和

人工智能技术的进步推动了不同工作角色的变化，使持续的人才稀缺和以人为本的发展需求成为 MBA 人才培养不得不面临的"市场悖论"，引领 MBA 教育的有序变革。

MBA 教育注重以前沿思想、系统理论培养学员解决现实问题的能力，这意味着 MBA 学员需要"向上"拓展理论认知、"向下"扎根商业实践，追求融会贯通与知行合一。肇始于哈佛大学的案例教学方法因其高度的互动性、启发性和实践性成为 MBA 教育重要的方法论。随着科技革命深度影响商科教育，其推动着"新商科"范式的快速发展，案例教学在 MBA 教育中显得更加重要和迫切。我们已深切感受到，在组织管理的某些领域，企业实践已经领先于经典的学科理论，甚至给一些传统的管理认识带来冲击和挑战。如何在 MBA 课堂教学中保持"与时俱进"？案例开发与教学便是重要答案。

我从 2021 年 3 月开始受邀担任重庆理工大学 MBA 管理案例中心学术顾问，指导 MBA 骨干教师团队的案例开发及教学工作，见证了学校对 MBA 教育的积极投入以及 MBA 项目及案例教学的快速进步。在"学科融通、产教融合、知行融升"的 MBA 人才培养理念指引下，重庆理工大学作为我国西部地区的省属 MBA 培养院校，策划出版这套 MBA"三融"案例精选丛书充分体现了学校对 MBA 教育的重视，以及 MBA 教师对案例事业的热爱，不仅为 MBA 师生提供了深度接触企业的机会，推动 MBA 教育的产教融合，更以师生共创、校企共享拓展了案例开发和教学的边界，是因应时代浪潮、兼具教育价值和社会价值的 MBA 教育创新探索。

重庆理工大学 MBA"三融"案例精选丛书所涉及的案例涵盖工业、服务业产业中的各类特色企业，既有重庆地区的知名企业又有成功的校友企业，具有很好的行业代表性和鲜明的主题典型性。尽管案例各不相同，但是"学会如何学习的过程"是具有普遍意义的。MBA 师生全程参与企业调研和案例撰写，将 MBA 课堂延续到企业工厂，让 MBA 学生走到教学案例的"开发源头"，使 MBA 师生对商业实践和管理案例有了更感性的认识和更深刻的理解；同时，这套案例集是大量经验案例的梳理和归纳，能够为后续的教学案例开发和案例研究提供丰富的参考资源，为进一步打通企业实践、案例教学和案例研究提供了坚实的基础和无限的可能性。

教育、科技、人才是全面建设社会主义现代化国家的基础性、战略性支撑。在数字技术浪潮中，MBA 教育也正面临着吸引力"内卷"的困境，因此，创新与发展成为 MBA 培养院校和教育者提升人才培养质量的永恒追求。知中国、服务中国,用中国企业讲好中国故事,将是我们所有 MBA 教育者的共同使命。

许晖 教授
南开大学商学院博士生导师
南开大学商学院 MBA 案例实验室主任

丛书前言

以案例为媒，铸炼重庆理工大学 MBA 商学教育品牌

重庆理工大学（以下简称重理工）MBA 项目于 2009 年获批，学校构建了由管理学院、会计学院、经济金融学院和重庆知识产权学院等作为专业支撑，以及计算机信息科学、统计学、人工智能、机械工程等学科交叉的 MBA 教育中心，2024 年 6 月更名为 MBA 学院，举全校之力建设 MBA 项目，努力打造具有深刻重理工学科烙印和重理工精神辨识度的 MBA 商学教育。士继学府，德渥群芳，几代重理工 MBA 人不负学校重托和师生信任，精进不休，日就月将，聚力搭建"赋教师教育之能、赋学生成才之能、赋职工立业之能"的项目平台，致力成为"重理工商科教育改革的试验田、创新的桥头堡、发展的助推器"。

十五年来，重理工 MBA 人满怀"明明德者经世，大大工者兴国"的壮志，挥洒"翘楚长城内外，鳌头大江南北"的豪情，秉持"功成不必在我"的精神境界和"功成必定有我"的历史担当，坚毅刚卓，垒土成垛，投身于重理工 MBA 商学教育事业。在此期间，重理工 MBA 商学教育一直遵循"立足重庆，服务西南，触达全国"的办学自知，突出"学科融通、产教融合、知行融升"的办学理念与培养特色，强化 MBA 教育与行业、企业的良性互动，将 MBA 项目办在行业里、植根企业中，通过商业诊断实践、案例行动学习、主题案例分析等实践与实训培养环节，塑造数智时代务实管理人才。历经十五载的播种与耕耘，我们已经培养千余名优秀 MBA 毕业生，一些 MBA 校友在继续攻读博士学位，一些 MBA 校友已走上更高的管理岗位，一些 MBA 校友创办的企业已成功上市……

案例一直是重理工 MBA 商学教育的"标配",我们正在不断努力将其变为重理工 MBA 的"标签"。爱因斯坦曾言:教育不是对事实的学习,而是对思维的训练。重理工当中很多老师深受哈佛大学商学院、中国管理案例共享中心、中欧国际工商学院所推广的案例教学法的影响,并深刻地认识到,MBA 课堂不同于企业培训,大学教授也有别于职业讲师。重理工革新理论讲授方法,让知识更具系统性;推崇案例教学,让知识更具迁移性;坚持专业竞赛,让知识更具应用性。重理工 MBA 一直强调案例教学在 MBA 商学教育中的关键地位,坚持"以赛促学,以赛验学"的理念,积极与学校优秀的校友企业紧密合作,连续 11 年举办全国管理案例精英赛校园突围赛,甄选优秀的学员团队参加全国分区预选赛和全国总决赛并屡创佳绩,成为我国西南地区 MBA 培养院校中案例竞赛成绩较为突出的院校之一。

2023 年 7 月,重庆理工大学 MBA 年度商业诊断实践项目启动,百余名 MBA 的学生在导师和教练的带领下,以团队案例行动学习的方式走进知名企业的车间工坊,近距离了解和观察企业的创新实践和商业探索。商业诊断实践活动让 MBA 的学生深刻地了解到知识的价值、思想的可贵、管理的力量和成功的不易。重理工将陆续发布"企业社会责任""数智创新""智慧营销""公司数字创业""智能制造""走出去""专精特新""管理变革""技术创新"等案例主题,引领商业诊断实践与主题案例分析活动,而这套持续出版的《重庆理工大学 MBA "三融"案例精选丛书》便是商业诊断实践优秀案例分析的阶段性成果,是"学科融通、产教融合、知行融升"培养理念与特色的重要体现。

重理工精心策划、结集出版这套丛书是希望能记录重理工 MBA 师生在洞察管理案例时的思考,体现重理工 MBA 师生在追求管理新知中的探索,打通"商业案例—教学案例—研究案例"的迭代链条,最终生成重理工 MBA 案例事业的社会价值、教育价值和学术价值。管理没有终极的答案,只有永恒的追问,这套不断被注入新主题、新成员、新观点的案例精选丛书亦是如此。重理工 MBA 的案例事业是一项体系开放、主题迭代、思想辈出的事业;重理工深信,以案例为媒的 MBA 商学教育更能彰显最底层的管理逻辑和最顶层的管理思想,从而驱使管理让个体更有创造力、让组织更有生命力、让社会更有承载力,这是 MBA 事业的责任和使命。

MBA 项目创建以来的十五年,我们厚积薄发、追光而行,以案例为媒,继续努力将 MBA 办在行业里、植根企业中,服务重庆支柱产业转型升级以及成渝双城经济圈发展的人才需求，聚焦"高尚道德情操、良好职业规范、系统知识体系、积极创新意识、坚毅创业精神、卓越创造能力"，以夯实新质生产力的人才根基，共同书写"培养有思想、敢作为、能担当、懂感恩的数智时代管理菁英"的重理工MBA商学教育故事。

真正的教育者是中华民族复兴的躬行者，真正的企业家是中国经济繁荣的聚沙者，所有卓越的背后都是奉献，任何成功的脚下都是坚守。我们以《重庆理工大学MBA"三融"案例精选丛书》致敬中国MBA教育事业的先行者、中国管理案例教学的引领者和中国企业管理实践的探索者！

李巍　教授、巴渝学者
重庆理工大学MBA学院

目　录

谭木匠：擘画一把梳子的"责任"　/ 1

  作为一家木梳制造企业，谭木匠享有较高的社会美誉度和市场知名度，是中国企业践行社会责任的典范之一，连续六年（2017—2022年）在金港股评选中荣获"最具社会责任上市公司"称号。自成立以来，谭木匠积极践行企业社会责任，以企业文化为初心，打造了独特的匠心产品；招聘大量残疾员工，减轻社会压力，赢得了广泛的社会赞誉；与加盟商同甘共苦，形成良好的品牌、口碑，拓展了品牌的销售渠道；减排降耗，构建全链条环保经营模式，履行了企业的绿色使命。本案例通过深入分析谭木匠的企业社会责任行为，探索其履行社会责任的实现方式以及如何在履行企业社会责任的过程中激发品牌韧性，旨在引起读者对企业社会责任与品牌韧性之间关联性的思考，并为传统制造行业深入发展提供管理借鉴。

开发者观点

  李　巍：商业与社会价值和谐统一的品牌之美

金夫人：以"圆满"初心助家庭美满　/ 27

  金夫人自成立以来，始终秉持"初心圆满"的理念，推出圆满家庭建设公益项目履行企业社会责任，享有较高的品牌知名度和社会美誉度。本案例通过对金夫人践行企业社会责任的实践进行系统梳理，探索金夫人在更新使命愿景、推进组织变革、构建品牌矩阵、践行社会责任等方面的洞见、举措与挑战，尤其是深入剖析金夫人在"3.0战略升级"中所做出的革新与改进，并为摄影行业长远发展提供参考性管理哲学与可行性实践经验。

开发者观点

李　魏：以"圆满"品牌初心传扬中华"家"文化温暖

远大印务：创造共享价值的社会责任实践之路　／55

远大印务视社会责任为立企之本，将"负责任的企业"品牌形象根植于企业文化和品牌建设之中，在持续地履行企业社会责任的过程中树立了企业效益与社会责任融合发展的品牌形象。本案例通过对重庆市远大印务有限公司践行社会责任的行为进行剖析，探索企业发展与履行社会责任的内在规律，旨在引起读者对传统企业"品牌建设+社会责任"模式的思考，并为企业可持续发展提供管理借鉴。

开发者观点

成　卫：用良知服务社会，让美好无处不在

国网重庆电力：以"春苗之家"初探ESG履责之路　／80

长期以来，国家电网有限公司以高质量、广范围、跨职能的方式履行多重社会责任，树立了良好的负责任的央企形象。本案例对国网重庆市电力公司"春苗之家"公益项目进行梳理，旨在展示能源型中央企业如何在新发展理念指导下探索有效的ESG社会责任的履行方式，思考具有突出资源编排能力的大型公司如何实现环境责任和社会责任的有效联动，助力各地政府缓解发展不平衡问题，实现区域社会可持续发展。

开发者观点

吴朝彦：国家电网央企负责任品牌形象在重庆的落地实践

目　录

马上消费："科技+金融"双轮践行社会责任　/ 103

　　金融行业履行社会责任，符合行业发展之道。马上消费以普惠金融、知识普及和智慧养殖的形式赋能乡村振兴；依托科技手段，倡导低碳办公，推进全面降碳，践行绿色发展路径。本案例通过对马上消费践行社会责任的行为进行剖析，探索科技赋能金融行业的作用方式以及"科技+金融"助力社会责任的内在规律，旨在引起读者对消费金融行业"科技+金融"模式的思考，并为消费金融行业深入发展提供管理借鉴。

　　开发者观点
　　李　巍：洞察中国乡村振兴浪潮中的创业力量

重庆环保所：从环境履责探索者到绿色生产赋能者　/ 132

　　重庆作为内陆第一工业城市，其健全和先进的制造行业是拉动经济发展的强劲动力，而长江上游的地理位置和工业制造的巨大外部效应使重庆制造企业面临更严苛的环境责任要求，需要寻求精细化、专业化的环保公司来达成环境保护需求，助力可持续发展。在此背景下，重庆环保所应运而生。成立于2018年的重庆环保所深耕工业绿色环保业务，由最初的污水治理项目发展到智慧环境监测服务和固危废中心建造，在短短五年内，其经济效益和社会效益取得突出成效，获得社会和政府的高度赞扬。本案例聚焦环境社会责任主题，从重庆环保所创业机会获取、资源交换、市场开发、商业网络构建等内容分析环境社会责任在此实践过程中的作用，借以突出环境社会责任的重要性以及商业价值。

　　开发者观点
　　吴朝彦：聚焦制造业生态保护，创新履行企业社会责任

刘一手：用心传递"小家"的"大爱"之火　／157

　　为积极响应并践行国家战略，刘一手以"传承火锅美食，弘扬人间大爱"为己任，从经营"小家"到成就"大家"，"用火锅传递爱"，积极履行企业责任，热心社会公益事业，并大力探索海外市场，传播中国美食文化，充分体现了民营企业的担当和责任。自 2000 年成立以来，刘一手解决就业岗位 6 万余个，为 1000 多人圆了创业梦。集团旗下子品牌刘一手心火锅又被称为"无声主题火锅"，为近千名聋哑人士解决了就业问题。本案例从"小爱立企""助残创业""大爱无疆"三个方面详细阐述了刘一手践行企业社会责任的行为，探索后疫情时代刘一手火锅的持续经营模式，以及依托于刘一手火锅的集团多品牌扩张战略，旨在引起读者对社会价值与商业价值良性统一的思考，并为餐饮服务行业多品牌发展战略提供管理借鉴。

　　开发者观点

　　李　巍：后疫情时代商业价值与社会价值统一的新探索

宏善实业：探索"四级联动"养老服务新模式　／175

　　面对我国养老行业的形势变化，宏善实业十余年来怀揣一颗尊老、敬老、爱老、孝老之心，顺应市场的需要和社会责任的召唤，不断探索养老服务新模式。本案例对宏善实业创新养老服务模式和践行企业社会责任的过程进行深入分析，探讨养老行业市场化的作用方式以及"智慧+养老"助力社会责任的内在规律，旨在引起读者对养老行业"智慧+养老"模式的思考，并为促进养老事业深入发展提供管理借鉴。

　　开发者观点

　　丁　超：以长期主义静待"和美之花"绽放

后　记　／208

谭木匠：擘画一把梳子的"责任"*

案例概要

  作为一家木梳制造企业，谭木匠享有较高的社会美誉度和市场知名度，是中国企业践行社会责任的典范之一，连续六年（2017—2022年）在金港股评选中荣获"最具社会责任上市公司"称号。自成立以来，谭木匠积极践行企业社会责任，以企业文化为初心，打造了独特的匠心产品；招聘大量残疾员工，减轻社会压力，赢得了广泛的社会赞誉；与加盟商同甘共苦，形成良好的品牌、口碑，拓展了品牌的销售渠道；减排降耗，构建全链条环保经营模式，履行了企业的绿色使命。本案例通过深入分析谭木匠的企业社会责任行为，探索其履行社会责任的实现方式以及如何在履行企业社会责任的过程中激发品牌韧性，旨在引起读者对企业社会责任与品牌韧性之间关联性的思考，并为传统制造行业深入发展提供管理借鉴。

---

  * 本案例由重庆理工大学MBA学院李巍教授、丁超博士、高娅楠、陈薇和李雨洋同学撰写，并得到谭木匠执行董事兼首席行政官罗洪平先生和万州工厂厂长裴贤晨先生的支持。本案例旨在作为MBA教学中课堂讨论的题材，而非说明本案例所述的管理行为是否有效。

案例正文

• 引言

"梳子"虽然普通，但作为人人必备的生活用品，具有很大的市场潜力。近年来，随着消费者对保健、防静电等功能性需求的重视，木梳和牛角梳逐渐成为消费者喜爱和购买的主流产品。然而在梳子这一细分市场中大多是中小生产厂商，产品样式与功能单一，并无较为知名的品牌，在高端市场中更是一片空白。而重庆谭木匠工艺品有限公司（以下简称谭木匠）以富有民族传统文化韵味和现代时尚风格的高品质手工木梳填补了这一市场空缺，从名不见经传、几近破产的木梳厂商逐渐成长为国内领先、国际知名的高端品牌，旗下品牌"谭木匠"的产品范围也从木梳延伸到木镜、手珠、车饰、家饰等木制小工艺品，并先后获评"重庆市著名商标""中国公认名牌""中国驰名商标"。

三十年来，谭木匠在快速发展与成长的同时，还积极履行企业社会责任，不仅成功在中国香港上市，而且已连续六年（2017—2022年）在金港股评选中获得"最具社会责任上市公司"荣誉称号[①]，成为在商业价值与社会价值之间有效抉择与平衡的企业典范。《谭木匠2022年年报》[②]显示，谭木匠共有968名员工，其中残疾人员工340名，占比高达35.1%。作为一个内部残疾人员工占比高达35.1%的制造业企业，谭木匠在内部治理方面呈现出"关怀型组织"的经营与管理特色，并且在保护自然环境、弘扬中华文化、践行和谐社会等方面也颇有洞见与成效，从而形成一条独特的"商业价值与社会价值和谐统一"的企业成长路径，并多次被评为"全国模范劳动关系和谐企业"[③]。谭木匠为何大量招收残疾人为员工？在践行社会责任的同时，谭木匠如何实现员工与企业的和谐发

[①] 谭木匠官网，《不忘初心，坚持践行——谭木匠上榜2022重庆市民营企业社会责任100强》，2023年1月14日。https：//www.ctans.com/? c=brands&a=view&id=112
[②] 谭木匠提供，《谭木匠2022年年报》。
[③] 谭木匠官网，《把员工利益放心上，谭木匠获评全国模范劳动关系和谐企业》，2019年7月17日。https：//www.ctans.com/? c=brands&a=view&id=37

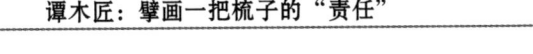

展？又如何实现商业价值与社会价值的有效平衡？为了回答这些问题，本文以谭木匠为典型案例，对其经营管理模式与社会责任实践进行详细的探讨，以深入思考和分析企业的成功之"道"。

● 企业简况

重庆谭木匠工艺品有限公司始于1993年成立的三峡工艺品有限公司，是一家集梳理用品、饰品于一体的小木制品专业化集团公司，董事长、创始人是谭传华。谭木匠致力于天然、手工、富有民族传统文化韵味和时尚现代风格的高品质木制品的研发、制造及销售，其主要产品为木梳、木镜、手珠、车饰、家饰等木制小工艺饰品。旗下品牌"谭木匠"正式创立于1997年，先后获评"重庆市著名商标""中国公认名牌""中国驰名商标"。秉承中国传统手工艺精华，奉行"我善治本"的管理理念，谭木匠现已成为集梳理用品、饰品于一体的专业化公司，旗下包括重庆谭木匠工艺品有限公司、谭木匠发展有限公司、手工馆、美裕饰品、自强木业、江苏谭木匠旅游发展有限公司等子公司。

谭木匠在拓展国内市场的同时，也在酝酿"品牌出海"的境外市场进军计划。2009年12月，谭木匠在中国香港交易所主板挂牌上市，为其拓展境外市场奠定基础。为了开拓海外市场，谭木匠建立国家级加盟商总代理模式，采用经销商及独家代理等多种合作模式，并在店铺选址、开业筹备、店铺装修和售后服务等环节对海外加盟商提供帮助和支持，保障海外加盟商的盈利能力。截至2022年12月，谭木匠已在中国、韩国、日本、新加坡、马来西亚、法国、英国、加拿大等十余个国家和地区拥有3个直接经营店铺和1092个特许加盟店铺，并进驻国际知名网销平台如亚马逊、eBay、Lazada等进行品牌推广。

经过近30年的潜心耕耘，谭木匠不仅把梳子做到了极致，更致力于将中国传统手工艺推向全球。自2015年起，谭木匠积极亮相境外展会，开拓境外市场。2015—2017年，谭木匠亮相于中国香港、日本东京国际礼品展；2018年，谭木匠奔赴法兰克福春季和秋季国际礼品消费品展、台北国家连锁加盟暨创业大展；2019年，谭木匠应邀参加全美唯一高端国际美容展会COSMOPROF——北美拉斯维加斯美容展；2021年，谭木匠"梳房颜究院""登陆"澳门国际文化产业博览会……如今谭木匠品牌在境外遍地开花，古色古香的店铺形象、独特的品牌文化、卓越的工艺技术、精美的木艺产品、独有的现场彩绘体验和雕刻技艺展示，让谭木匠这个中国品牌备受瞩目,也让越来越多的国家和地区的人们看到了中国木梳之美。

● 迭代发展:从"我善治木"到"我善治市"

1. 初创阶段(1993—1996年):聚焦产品,我善治木

1957年,谭木匠的创始人谭传华出生在重庆市开县(今开州区)一个小村落的木匠家庭。在初中毕业不久,18岁的谭传华因为意外而失去了右手。自此,由于身体残疾而时常遭受他人嘲笑。1980年,23岁的谭传华决定离开家乡外出闯荡,但在随后几年的闯荡生涯中几度撑不下去。在生活最窘迫之际,谭传华靠着给陌生人画画赚到的两元钱买了6个馒头充饥续命。这两元钱也让谭传华看到了活下去的希望,他深刻地认识到:"长期在外流浪不是办法,必须得回家干一番事业。"[①] 1984年,谭传华回到家乡开始经商。他尝试过卖红薯、魔芋块儿、中药材等,但销量一直不好。兜兜转转,谭传华最后还是决定做祖传的木匠活儿——木雕。为了寻找一线生机,他前往深圳参加商品展览会了解市场与行情,从销售员口中得知木梳在展览会的木雕产品中销量最高。于是,谭传华开始考虑做木头梳子,他花了两元钱买回一把木梳作为样品,并与木匠师傅一起研究制作木梳的工艺,并且给第一批产品取名为"三峡"牌木梳。

1993年,花光6万元积蓄的谭传华向银行借贷29万元,在重庆市万州区租了一家养猪厂作为木梳生产基地[②],同年6月万州三峡工艺品有限公司成立。然而,三十多个工人花了半年时间生产出的第一批木头梳子,4名销售员以2元的单价耗费一整天时间才卖掉一把。尽管如此,谭传华还是看到了希望,坚定了做木梳的决心。为了更加准确地摸清顾客对于梳子的喜好,谭传华和销售团队一起去推销木梳,他发现自己的销售员用的都是塑料梳子。"既然大家不用木梳子而是用塑料梳子,是不是塑料梳子有比木梳子好的地方?"谭传华想。于是,他拿着塑料梳子回去认真研究,吸收其轻便、柔韧、廉价等优点,以"自己人真正爱

---

① 网易,《没有手臂谭传华靠卖2元木梳起家,创办了一家市值50亿的上市公司》,2021年11月11日。https://www.163.com/dy/article/GOI7KS4A0552OC33.html

② 新浪财经,《谭传华:钱一多心就乱》,2010年1月11日。https://finance.sina.com.cn/stock/hk-stock/ggscyd/20100111/05247221424.shtml

用"为标准来改进木梳产品。经过反复改良，谭传华对其木梳产品充满信心，他让销售员去重庆最好的商场销售新产品，竟然很快就卖完了。随着产品的不断改进，木梳的市场销量逐渐有了起色，市场范围也逐步拓展到重庆主城区以及成都、武汉、西安等外省地区①。

1995年，万州三峡工艺品有限公司的发展已走上正轨，一些重大技术改造也相继完成。然而，由于1993年、1994年在计划生产上的失误，质量管理出了差错，从库房里清理出来15万把有瑕疵的木梳。这些都是技术改造之前的产品，按当时的生产成本计算，其价值也高达100万元。② 在公司内部看来，如果对这批木梳进行降价处理，以成本价格出售是没有问题的。当时有几家批发商也看中了这批木梳，愿意以较低的价格全部收购。但合同谈妥后，谭传华却迟迟不肯签字。谭传华召开全体行政管理人员会议，主张烧掉这批有瑕疵的木梳，他强调："我们舍不得这100万元，就不是真心想创名牌企业。"最终，在公司经营刚刚起色、资金仍然异常艰难的情况下，谭传华毅然含泪烧掉了这15万把自检质量不过关的木梳产品。

2. 探索阶段（1997—2008年）：塑造品牌，特许经营

在改名为"谭木匠"之前，谭传华最初给他的木梳产品起名"先生"牌和"小姐"牌这样识别力不强的品牌名称，打了很多广告却不见太大的成效。直到有一次谭传华在看《如此包装》这个小品节目时才意识到应该给自己的木梳起一个好名字，于是取了"谭木匠"这个文化气息厚重的名字。1997年3月，万州三峡工艺品有限公司正式更名为重庆谭木匠工艺品有限公司。然而，正当谭传华准备大干一场时，一个意外的难关挡在了他面前：当时在市场上已经小有名气的"谭木匠"，由于没有固定资产做抵押，银行不愿意贷款给这个以生产木梳为生的小企业。由于扩张受到了资金限制，1997年8月18日，谭传华在《重庆商报》上打出了整版广告——《谭木匠工艺品有限公司招聘银行》。这一举动很快吸引了国内外数百家媒体，纷纷对此事件进行跟踪报道，并在金融界、企业界引发了一系列关于银企关系的大讨论。在广告打出之后，谭木匠吸引到一些银行前

---

① 搜狐，《谭木匠：不是成为世界500强，而是存在世界上500年｜创业故事》，2020年8月12日。https://www.163.com/dy/article/FJRNPDBG0530QJAL.html

② 央视网，《谭木匠创始人谭传华，单手打天下造就传奇人生》，2010年8月13日。http://www.cntv.cn/chuangfu/20100813/103721.shtml

来洽谈贷款事宜，并最终获得了中国建设银行的 100 万元贷款。同时，"谭木匠"的知名度也空前高涨，谭传华抓紧时机，将"谭木匠"注册成为商标，迅速开发了上千种木梳品类，并为相关设计申请了专利①。在"谭木匠"品牌正式确定后，谭传华提出了"诚实、劳动、快乐"的企业理念。

在很长一段时间里，谭木匠都是以销售员挎着篮子在街头叫卖的方式售卖，而这样的销售方式过于落后。随着市场竞争越来越激烈，谭木匠尝试以柜台销售的形式进入国有大型商场。但好景不长，由于各地商场普遍经营不善，拖欠谭木匠共计近 100 万元的销售费用②，甚至导致公司现金流出现问题，谭传华最终被迫决定撤出各地商场，自己开店销售。在当时的梳子市场中，产品参差不齐，并没有较为出名的梳子品牌。谭传华在保证产品质量的情况下，将之前的商场铺点模式改为了专卖店模式，设立了谭木匠品牌专卖店，并在 1998 年春节期间，谭传华大胆地将从中国建设银行获得的 100 万元贷款投入到中央电视台的广告宣传之中，并借机大开品牌专卖店，使谭木匠的木梳销量一路飙升。这些令竞争对手始料不及的招数，使"谭木匠"迅速登上了中国梳子第一品牌的宝座。

1998 年，南充的一名商人看中了谭木匠的生意，就和谭传华提出做加盟店的想法，两人一拍即合。谭传华向该加盟商承诺，如果亏损了，可以退货，并且到时至今日，依然会有这样的承诺③。1998 年 3 月 7 日，在四川省南充市开了第一家谭木匠加盟店，从此开始以特许经营模式发展，通过特许加盟的方式，谭木匠逐渐在全国建立了分销网络。到 2000 年初，谭木匠专卖店已星罗棋布地开了接近 100 家，就这样，公司走上了连锁加盟的道路。连锁加盟的方式，也让谭木匠走上了更快的发展路线。然而就在 2000 年的春天，专卖店加盟速度骤降，各地加盟商开始有了抱怨，问题主要集中在产品单一、风格单一、顾客的选择不够多样化；梳子价格很高，但针对高品位、高消费群体的品牌附加值并没有做足；梳子虽好，门店的装修却很一般。结果，加盟店生意平平淡淡，利润勉勉强强，有的甚至亏损倒闭。谭传华决定把有限的资金花在"一硬一软"之上："硬"是指好的设备，"软"是指能干的人；"硬"是指产品的质量，"软"是指产品的文化含量。在设计师的帮助下，既传统又现代、以中国传统文化为基调的新店面设

---

① 搜狐，《谭传华：诚信创业卖梳子，13 年后年净利润超两千万元》，2018 年 7 月 20 日。https：//www.sohu.com/a/242371694_117373

②③ 豆丁网，《从残疾人到百家连锁店谭木匠创业之路》，2020 年 11 月 24 日。https：//www.docin.com/p-2504409162.html

计方案很快拿了出来。谭木匠尝试装修改造了一家店面并大获成功，销售额比老旧装修的店面竟多了一倍有余。2000年8月，在初见成效之后，谭木匠开始导入VI形象系统来推广第二套店面的形象系统，大范围地实施了以中国传统文化为基调融入时代符号的新店面设计。新店面设计古朴、典雅，充满个性和传统文化气息，充分展示了"谭木匠，手工造"的悠久文化韵味，大大提升了谭木匠品牌梳子的文化内涵。推出之后立即在行业内外引起了轰动，高价位的木梳因中华文化内涵的烘托，也让消费者更加认可它的价值。随后几年，谭木匠建立了ISO9001：2000全面质量管理体系，并相继出版了《专卖店标准手册》《谭木匠文化手册》《我善治木——谭木匠的88个经营秘诀》《文化报》等刊物。

3. 变革阶段（2009—2015年）：挂牌上市，组织变革

2009年12月29日，谭木匠经过近五年时间的谋划与筹备，成功在中国香港交易所正式挂牌上市，成为全球第一家做梳子的上市公司。据了解，谭木匠配售及公开发售6250万新股，包括5625万股配售股份及625万股公开发售新股，每股发行价为2.58港元，募资总款为1.4亿港元①。然而，谭木匠自2009年在中国香港主板上市后似乎呈现出一股浮躁之风。尽管从经营数据看，每年的增长率仍处于高位，但谭传华感觉到这个公司患上了"大企业病"，越发官僚化以及脱离市场。谭传华可以忍受销售业绩下滑，但绝不能忍受这种浮躁之气，搬迁至江苏句容，是打破这种局面的非常规之举。

随着网络的普及，电子商务火热发展起来，踏着电子商务的洪流，2012年谭木匠在江苏句容设下了电子商务事业部。线上电商平台的发展和线下物流运输的便利使电子商务事业部在长江中下游的这座小城市快速发展起来，这也促使谭传华开始考虑将公司总部搬到句容。2014年，谭木匠正式将集团行政管理中心搬迁到江苏句容，这次搬迁使谭木匠的发展迎来了一个重要的转折，不仅实现了组织的精简与"换血"，也为企业组织变革腾出了空间。作为一座小城市，句容没有大都市的喧嚣和浮躁，这有利于谭木匠潜心研发和倾听市场的声音。谭木匠在2014年年报中表示②，搬迁总部是为了改变一成不变的固化管理状态，集团总部从西部搬迁到东部，打破了传统官僚死板的管理作风，改变了管理结构，精简

---

① 搜狐财经，《谭木匠明上市，谭传华身家4.3亿港元》，2009年12月28日。http://business.sohu.com/20091228/n269249465.shtml

② 谭木匠提供，《谭木匠2014年年报》。

了管理层级，实现了管理扁平化。虽然城市级别和其他硬件条件句容都比不上重庆，但长江三角洲的有利地理位置却赋予其得天独厚的物流和信息流通优势。正是在这变革的2014年，谭木匠达到了历史业绩的巅峰，营业收入为2.98亿元，归母净利润达到了1.29亿元[1]。

不过，谭木匠也为搬迁总部付出了惨痛代价。此后谭木匠的经营业绩出现了一条明显的下行曲线，营收与利润双双下降。2015年，谭木匠迎来上市后的首次业绩下滑，营收同比下跌7.5%，下跌至2.76亿元，毛利同比下跌9.3%，下跌至1.78亿元，而加盟店数量也首次出现减少的情况，一年锐减73家[2]。据知情人士透露，谭木匠因搬迁流失了大批优秀员工，有三分之二的员工没有一同搬过来，尤其是研发部近乎"全军覆没"。之后，谭木匠也尝试从高校重新招聘人才，但无奈句容这个城市太小留不住人，来一批走一批，到最后沦为了"毕业生实习基地"。整整一年，谭木匠都被这种恶性循环困扰着。对于木制工艺品来说，产品的研发设计何其重要，没有研发就等于丧失了竞争力，这也是谭木匠搬迁之后业绩下滑的主要原因。研发人才的流失将谭木匠逼上了绝路，那段时间公司只有依赖中国香港、中国台湾以及国外的研发团队，但这些外部设计师的费用高昂，给公司增添了巨大的运营成本。

正如谚语所说，"当上帝给你关上一扇门，肯定会为你开启另一扇窗"。这扇窗就是"木梳产品设计大赛"。2015年5月，谭木匠在官网平台推出木梳产品设计征集活动，面向全球征集好设计、好创意。谭传华设立"木梳产品设计大赛"的初衷是给更多年轻人提供一些实现自身价值的机会，没想到这一举动不仅解决了研发问题，而且通过这群"80后""90后"设计师拉近了谭木匠与年轻消费群体的距离，起到了很好的品牌公关效果。活动开展半年来，谭木匠收到来自海内外的原创作品近600件[3]。除了"木梳产品设计大赛"，谭木匠还积极与相关专业院校达成创意设计合作。2015年9月20日，谭木匠与南京艺术学校签订战略性框架合作协议，双方将在产品研发、品牌形象塑造及宣传推广等方面展开全方位合作。谭力子表示，"专业院校学生的设计也许实用性稍差，但创意性

---

[1] 黄桷树财经，《总部搬离重庆7年后，这家上市公司迎来了业绩的拐点……》，2021年4月9日。https://www.sohu.com/a/459743782_109305

[2] 搜狐财经，《因总部外迁导致利润下降，加盟店减少？谭木匠的焦虑与反抗》，2017年4月13日。http://business.sohu.com/20170413/n488307602.shtml

[3] 腾讯，《中国好木梳，谭木匠开启手艺人美学时代》，2015年9月25日。https://www.3news.cn/html/2015/guandian_0925/162138.html

更强"[1]。谭木匠与南京艺术学院的合作不仅为在校学生搭建了一条"产学研"的渠道，也为品牌形成了源源不断的创意储备。

4. 更新阶段（2016—2023年）：品牌更新，我善治本

"我善治木"这四个字，曾是谭木匠VI形象[2]里非常醒目的字眼，而后成为谭木匠的品牌标志。但从2015年开始，谭木匠在"木"字下悄悄加了一横，变成了"我善治本"，一横之别，却是两重境界。根据谭木匠官方的解释：木和本，一个是术，一个是道。2016年，谭木匠全面更新LOGO[3]和VI形象系统，由中国香港著名设计大师李永铨操刀。对于为什么要启用新的LOGO和门店VI，时任谭木匠总裁助理谭力子解释说："之前的店铺形象执行了十几年，已经审美疲劳了，没有新鲜感。老LOGO比较个性，偏艺术，而新LOGO更平滑、柔和，更易吸引女性消费群体，而且这套体系也更符合购物中心的要求。"谭木匠此次换标并非心血来潮，事实上，十多年来，谭木匠一直在寻求视觉系统的改变和突破，广邀国际顶级设计师设计新形象，多套设计方案反复选择，最终才确定了新的LOGO和VI形象。设计师李永铨认为，谭木匠原有的标志和VI形象很平实，但在今天，要想抓住年轻消费群体，品牌背后的调性和高度非常重要。而谭木匠的品牌内涵和木梳文化恰好是重要的制胜法宝，只要为其赋予时尚和现代元素，一定会在中高端市场大有作为。

2019年1月，谭传华辞去公司行政总裁一职，其次子谭力子成为公司新掌舵人。新一代经营者接班后，对公司的销售理念进行了转变，将公司产品从"工具"转变为"工艺品"，这一改变赋予了梳子文化意义，让它以工艺品的身份成为礼品或收藏品。谭木匠在年报中表示，"2019年是公司开始探索品牌新的内部核心价值的一年"[4]。在2019年的业绩报告中，梳子和镜子这两大核心产品的营业收入分别下降了1.16%和13.83%，但组合礼盒营业收入增长9.35%，至2.65亿元，成为公司的业绩担当和增长主力[5]。除礼盒产品形式外，谭木匠积极

---

[1] 中国财经时报网，《中国好木梳，谭木匠开启手艺人美学时代》，2015年9月25日。https://www.3news.cn/html/2015/guandian_0925/162138.html
[2] VI即Visual Identity，通译为视觉识别系统。
[3] LOGO是Logotype的缩写，表示徽标或者商标。
[4] 知乎，《谭木匠变革》，2020年6月5日。https://zhuanlan.zhihu.com/p/145976277
[5] 知乎，《半数员工是残疾人的"谭木匠"出圈，利润下滑靠退税支撑业绩，老牌产品换礼盒包装走花路》，2021年9月13日。https://zhuanlan.zhihu.com/p/409750885

与其他品牌联名，通过与迪士尼进行 IP 合作，推出了 22 款联名产品，截至 2019 年 11 月，实现营业收入 1750 万元①。此外，谭木匠在 2019 年 3 月推出了"梳情花园"主题体验展，结合不同的节日和情感主题，前往不同的城市做巡回展出，以梳为媒，借梳传情，通过现场体验加上情感沟通，让用户与品牌互动，吸引更多年轻消费者参与；与此同时，谭木匠也开始在品牌观念建设上持续发力，成功上线会员系统，新官网已投入使用，销售小程序也已进入测试阶段。一直以来，在市场上同类产品保修期普遍为半年到一年的情况下，谭木匠认真践行着终身保修的原则，只要梳柄上有谭木匠的标志，不需要购买凭证，就可以终身保修。2020 年，谭木匠售后服务再次升级，推出会员系统"产品维修"在线服务系统，并且由收取部分产品零件成本费用升级为全部免费。

谭木匠作为一家实体企业，虽然体量不大，但是靠卖梳子支撑起了每年超 1 亿元②的盈利，且常年保持稳健增长的态势，然而 2020 年新冠病毒感染疫情的暴发，对谭木匠这类线下实体行业的运营造成了严重影响。为了应对疫情带来的冲击，谭木匠采取了一系列措施加大线上布局力度。2020 年 3 月，谭木匠上线了官方微信小程序，方便顾客通过小程序就近下单，并且推出朋友圈私域流量营销策略，促进线上线下通力合作，提升了门店的营销能力。疫情的肆虐也对谭木匠的海外事业造成了极大困难，店铺收入明显下滑。为了改善疫情下的业务窘境，谭木匠积极与中国香港本地著名零售商对接。经过几个月的接洽，2021 年 8 月 14 日，谭木匠与莎莎国际达成合作协议，使部分产品能够进入莎莎门店销售，实现了境外连锁渠道销售从 0 到 1 的突破。

在提升品牌知名度的同时，谭木匠也在不断改进生产技术，提升产品质量。2022 年 3 月，谭木匠公司检测实验室获得了中国合格评定国家认可委员会（CNAS）颁发的"实验室认可证书"，这标志着谭木匠公司检测实验室已具备按照有关国际认可标准开展检测服务的技术能力和管理能力，所出具的检测报告具有权威性和国际公信力。技术中心主任张义春说："谭木匠公司检测实验室是木梳行业首个被 CNAS 认可的实验室，对产品质量检测结果的权威性和公信力有很大提升，能够得到社会的广泛认可，可进一步提高消费者对谭木匠品牌的信任，

---

① 斑马消费，《谭木匠变革：传统行业如何更新再造？》，2020 年 6 月 5 日。https://www.163.com/dy/article/FEBFCVDC0519C95F.html

② 搜狐，《一把梳子卖出 3 个亿！靠卖梳子成功上市，谭木匠把生意做绝了》，2020 年 5 月 20 日。https://www.sohu.com/a/396495467_120076258

对谭木匠产品质量保证也有较大的促进作用。"①

2023年6月30日,"2021—2022年年度重庆市文化和旅游企业品牌价值榜"发布活动在重庆国际博览中心举行,经过激烈的角逐,最终谭木匠从中脱颖而出获此殊荣,成为重庆文旅品牌的"榜样力量"②。

● 履行社会责任:从"做好一把梳子"到"社会责任典范"

1. 不忘初心,坚守企业文化

(1) 诚实为先,刻画企业务实形象

"不诚实的企业走不长远,不诚实的员工做不长久。"诚实,是人的一大美德,也是谭木匠企业和员工做人做事的原则。在劳工权益上,谭木匠始终贯彻《民法典》规定,准时足额发放薪酬、缴纳五险一金、加班双倍工资等,从不克扣;除此之外还有节假日礼品、结婚礼金等员工福利,对于重度残疾还会发放相应的残障补贴,等等,甚至在疫情期间,许多企业因停工而停薪的时候,谭木匠都在坚持发放工资以及口罩、粮食等物资,保障了员工的基本生活需求。

在缴税纳税和股票分红上,谭木匠也贯彻"诚实""老实"的原则。谭木匠自2009年12月在港交所上市以来,年年分红派息,累计分红超8亿港元③,目前还在不断增长,早已超过当年募资数额。此外,谭木匠的年报也体现了"诚实"的理念,假如当年业绩不好,也会在年报中诚恳地正视自己的不足。有股民感叹,谭木匠的年报看起来一点官腔都没有,很接地气、很实诚。时任谭木匠总裁助理谭力子在提到这件事的时候笑着说:"业绩是对投资者最好的回报,年报就是最好的广告。所以,每一份年报,我们都很用心在做。"④ 谭木匠的诚实不

---

① 谭木匠官网,《做一把更有品质保障的木梳——谭木匠公司荣获 CNAS 实验室认可证书》,2022年3月7日。https://www.ctans.com/?c=brands&a=view&id=101

② 谭木匠官网,《助力重庆文旅产业高质量发展——谭木匠荣登重庆市文化和旅游企业品牌价值榜》,2023年7月5日。https://www.ctans.com/?c=brands&a=view&id=123

③ 小鱼故事会,《谭传华:傻瓜公司,从不打折,靠卖梳子,年入3个亿》,2022年4月14日。https://www.163.com/dy/article/H4UETB5E055246A8.html

④ 谭木匠官网,《上市8年累计分红5亿多港币,港股上市公司谭木匠受机构投资者关注》,2018年11月28日。https://www.ctans.com/?c=brands&a=view&id=5

仅获得广大股民的信任，也为如今经过三年疫情，经济出现疲态之时，谭木匠的订单量逆势上涨做了铺垫。

（2）以劳带学，构建和谐劳动关系

2019年7月11日，在全国构建和谐劳动关系先进表彰会上，重庆谭木匠工艺品有限公司荣获"全国模范劳动关系和谐企业"称号。一直以来，谭木匠公司秉承"诚实、劳动、快乐"的精神内核，真正做到了把员工利益放在心上，把发展成果与员工共享，将人才资本转化为最大的发展资本，构建起企业员工和谐发展共同体，凝聚成推动企业高速发展的力量，为高质量构建和谐劳动关系树立了典范。

劳动，是大家共同享有的社会权力，是企业的立身之本，也是员工的本职所在。在技术学习方面，谭木匠秉持严格培训的理念，希望每个员工都能认真学习技术，但却不强行留人，只求员工有个手艺，哪怕最终不在谭木匠工作都没关系。谭木匠还健全了激励机制，谭木匠依靠"师傅带徒弟"的方式进行员工培训，在学习期间，师傅有教学奖金，学徒也有生活补贴，师与徒的沟通也营造了良好的交流氛围。同时，在劳动保护方面，谭木匠为避免员工在劳动过程中产生对身体的危害，保护员工的身体健康，在加工车间会安置危险源识别装置、火灾防护、除尘系统、火花探测系统，并且会定期检查消防系统。不仅如此，还会组织员工定期进行体检，主要集中在听力受损及呼吸道检查这种易造成高危职业病的部位。

（3）传播快乐，营造良好工作氛围

快乐，是可以选择的工作和生活的方式。在传授技艺时，谭木匠会为聋哑员工配备手语翻译，让他们有一个愉快的沟通过程；在生活场所，有配套的休闲设施；会定期举办运动会，丰富业余生活；在谭木匠，还可以成家立业；公司出面为离退休老员工补缴社保，无后顾之忧……

谭木匠的快乐不仅在于自身的快乐，还在于传递快乐：谭木匠每个月有专属的爱心活动基金，探望残障人士，为他们打扫卫生、传授生活经验；爱护环境，自发组织河道捡垃圾的活动，维持干净整洁的环境；参与各种救助活动、修桥铺路等惠民利民的活动；在各种灾情险情中积极参与捐赠和救援，例如，2008年汶川地震参与救灾、修建残疾人康复中心，近9000套德国进口防护服驰援疫情突发的武汉……

2. 忘残管理，关怀残疾员工

（1）招聘残疾员工，扶助弱势群体

2023年5月19日至23日，谭木匠应邀出席了由康复国际主办、中国残疾人联合会承办的康复国际百年庆典系列活动，此次典礼特别设立"康复国际百年贡献奖"，表彰百名为康复事业作出贡献的具有代表性的个人和组织，谭木匠获此殊荣并上台领奖[①]。截至2022年12月底，谭木匠共有968名员工，其中残疾员工340名，占比为35.1%。对于残疾员工的招聘，谭木匠公司一开始就有一个原则，如果有两名员工同时符合某个岗位条件，且具有同等的素质，则公司会优先考虑残疾员工。

谭木匠对于残疾员工的招聘方式主要是中国残疾人联合会介绍、员工推荐与口碑相传。很多来到谭木匠工厂的残疾员工在生活安定下来之后，会将自己认识的残疾朋友介绍到谭木匠工作。除了员工之间相互推荐之外，谭木匠还有一些残疾员工是来自中国残疾人联合会的介绍。通过这些渠道，谭木匠招收了大量残疾员工，使这些残疾人能够生存下去。付培云就是谭木匠众多残疾员工中的一员。付培云早年间因为肢体的残疾和家庭情况成了一名流浪汉，流浪的生活让他对周围的人充满警惕心，付培云本来以为，自己会以传统流浪汉落魄的方式结束自己潦草的一生，命运的兜兜转转让他碰到了谭木匠的人，让他到谭木匠工厂上班，并且安排了师傅冉丽玲教他技术。冉丽玲在生活上无微不至的关心、工作上细致耐心的传授终于打开付培云的心扉。这个感觉被社会遗弃了的个体终于在谭木匠找到了温暖，付培云感受到了谭木匠的和谐、理解和包容，没有将残疾人当作一个弱势群体。在这里，他们不是异类，而是集体中不可缺少的一分子。在谭木匠工作几年以后，付培云发生了翻天覆地的变化，从流浪汉变成了一个自立自强的人，将一起工作的员工视为兄弟姐妹，谭木匠就是他的第二个家。在这里，一个又一个"付培云"过上了梦想中普通人的生活，他们上下班、娱乐、恋爱，感受着生活的明朗。

谭木匠的员工忠诚度极高，流动性很小，其根本在于谭木匠为残疾人解决就业问题的人文关怀。谭木匠为员工们提供了生活、劳动的平台，他们在这里可以

[①] 也谈梳篦，《百年康复国际　守望初心传承——谭木匠荣获康复国际百年贡献奖》，2023年5月29日。https://baijiahao.baidu.com/s?id=1767186862305175823

实现自己的价值，而不是家庭的负担、社会的边缘人。谭木匠不仅帮助他们实现生理和安全等低层次需要，还帮助他们实现社交、尊重甚至自我实现的价值需求。在残疾员工帮扶方面，除了中国残疾人联合会每年对困难的残疾员工的补助，谭木匠也会严格遵守国家政策，将相关补贴与退税返还给残疾员工，并建立了一个残疾员工补贴基金，根据其伤残等级和工作适应程度提供功效性补贴。此外，由于很多残疾员工的入职时间较早，文化水平都相对较低，因此谭木匠还开办了能力学习提升班，从基础教育开始培训如数学、认字、美术、唱歌等，为这些残疾员工提供学习的机会和条件。

（2）"忘残"管理模式，打造关怀组织

一直以来，谭木匠公司秉承"诚实、劳动、快乐"的精神内核，实行"五位一体"的"忘残式"管理模式，努力打造关怀型组织，让绝大多数员工都实现如谭传华所说的那样："有工作做、有活干、有饭吃、有衣穿、有房子住"。"忘残式"管理就是让残疾员工在日常生活工作当中感受不到残疾带来的不便，这就需要从帮助残疾员工的方方面面，如吃饭、行走，提供一些便利，细节化一些管理，来帮助他们更好地去生活、更好地去工作。

"五位"主要指食、行、住、劳、家这五个方面：在"食"方面，谭木匠公司在厂区内设有员工食堂，为员工准备了"1元钱的员工餐"，并且对于加班的员工，公司会要求食堂另外准备夜宵，谭木匠认为，员工只有吃好了才有力气去工作。在"行"方面，谭木匠在厂区内安排上下班的班车，给员工出行提供便利；腿部有残疾的员工优先有座位，并在班车上设有残疾员工的专属座位；对于腿脚不便的残疾员工用餐，每天都有专属的人员开着班车来接送，保障他们的便利性，使其能更好地工作。在"住"方面，谭木匠正在着手改善员工的住宿环境，例如卫生间，在蹲便式卫生间设置扶手、拉手，装设无障碍卫生间等；此外还在去车间的楼梯上面加装了扶手。谭木匠还给每个宿舍都配备空调，营造舒适的住宿环境。在宿舍一楼，修建娱乐室，丰富员工们的业余生活。在"劳"方面，为了方便残疾员工的日常生活，谭木匠为有需求的员工配置了助听器、假肢等相关辅助器具；为了使员工之间可以正常交流，谭木匠会请专门的手语老师传授聋哑员工正规的手语用法，以方便统一沟通；谭木匠还合理调配员工与岗位的适配度，例如，打磨车间噪声大，谭木匠便安排耳力受损的员工胜任该岗位，这不仅出于对其他员工的保护，也让适配该岗位的员工发挥了最大的价值，此刻，他们不是听力障碍者，而是工厂不可或缺的一部分。在"家"方面，谭木匠鼓励每位员工成家立业,在正在修建的新厂规划中,有专门为已婚员工配备的住宅,里面的设施齐全,力求让残疾员工住得舒适惬意。每每有员工喜结连理、结婚成家时,谭木匠都由衷为他们高兴,不仅有婚假还提供结婚礼金。谭木匠力求将自己打造成让每位员工都心系的家。每逢过年过节,谭木匠都会给员工们准备礼品,在团年夜还邀请已离职的员工回来过年。

3. 同气连枝,激发品牌韧性

(1) 驰援一线,展现渝商担当

在疫情期间,谭木匠还关注一线的需求,向社会尽一份自己的力量。2020年1月25日,在联系谭木匠武汉加盟商了解当地防疫物资匮乏的严峻情况后,谭木匠充分发挥其全球渠道的优势,向德国、意大利、日本等热心加盟商、店员及友人发出请求,请求协助谭木匠购买防疫物资。在加盟商和店员的倾力协助下,谭木匠将采购的首批1600个口罩紧急发往武汉门店,保障店员的安全,支援其防疫工作;随后又发出三批共计4000个口罩[①]。在此期间,全国各地的谭木匠人也行动起来,积极为防疫工作尽一份自己的力量。湖北武汉的谭木匠加盟商王丽就是其中的一员,在武汉疫情最为严重的那段时间,她充当起了"疫"线联络员,一边将公司发来的防疫物资发放给其他加盟店和店员,一边积极联系武汉新冠患者较多物资却十分匮乏的医院。同年2月11日,在武汉加盟商的帮助下,谭木匠直接联系上了武汉两所收治新冠患者较多但物资匮乏的医院,将海外采购的126万双医用手套借助菜鸟全球物资捐赠渠道,及时发往了抗疫前线。紧接着,2月27日,谭木匠又将从德国采购的价值110余万元的8598件医用防护服,借助阿里菜鸟绿色通道迅速发往武汉的疫情一线医院。[②] 2020年5月12日,为感谢疫情期间医护人员的无私奉献与义无反顾的逆行坚守,在国际护士节来临之际,谭木匠的加盟商深圳市汉美文化服务有限公司联合深圳市关爱行动公益基金会与深圳市企业文化研究会,为深圳市第三人民医院、深圳市第二人民医院以及北京大学深圳医院的一线医护工作者,捐赠了2000把价值15余万元的谭木匠

---

① 谭木匠官网,《谭木匠借力海外加盟商筹防护物资 126万只手套发往武汉医院》,2020年2月16日。https://www.ctans.com/?c=brands&a=view&id=51

② 上游新闻,《渝商担当 | 抗击疫情第48天:重庆市广东商会捐赠200万元,谭木匠再次捐赠110余万元医用物资》,2020年3月7日。https://www.cqcb.com/topics/kangjixinguanzhuangfeiyanyushangchiyuanzaixingdong/2020-03-07/2239513_pc.html

木梳。

（2）同甘共苦，守护加盟经营

在疫情期间，谭木匠秉持"不抛弃、不放弃"的原则，与其加盟店同甘苦、共进退。在加盟店最艰难的时候，谭木匠不仅将从国外购买的高价防疫物资寄送给加盟店，还按照他们的销售、出口业绩，给他们提供一些基本的补贴，保证即使加盟店一分钱不销售，也不会因为持续亏损而倒闭。从2020年3月起，根据加盟店受疫情影响的严重程度，谭木匠对全国店铺进行专项补贴，补贴金额超过1000万元[①]。除了专项补贴之外，疫情期间，谭木匠为助推加盟店的发展，还推出了一项"加盟店鼓劲计划"，在一定的最高限额下，为持续采购的加盟店提供相应等级的折扣优惠。具体来看，"加盟店鼓劲计划"的期限起于2020年3月3日并止于9月2日，谭木匠在这六个月的时间里给予加盟店的折扣接近50%[②]。

正是谭木匠的这种"不抛弃、不放弃"的做法，使其三年疫情期间没有一家加盟店因此而倒闭或退出。在疫情过后，很多商场中的各类品牌都因为经营困难而倒闭消失，但谭木匠的加盟店却依然存在，谭木匠的招牌也成为商场里"照亮路人的一盏灯"。在谭木匠的帮助下，其众多加盟店不仅承受住了疫情的压力，还呈现出一片欣欣向荣的态势，销量不降反升，甚至回弹到了更高的境地。这也让谭木匠重新被大众和市场认识，重新评估谭木匠的品牌价值、品牌信誉及社会口碑，同时向诸多加盟商展现了谭木匠的"现金为王"的经营策略和"诚实、劳动、快乐"的企业理念，吸引了越来越多的加盟商加入。与此同时，各大商场也相继发来邀约邀请谭木匠品牌入驻，其中甚至包括一些曾经拒绝过谭木匠的高端商场。

4. 环境保护，践行绿色发展

（1）遴选原料，避免生态资源破坏

为了从原料端减少对自然环境的损害，谭木匠在采购和使用木材原料的过程中严格遵守国际环境保护政策、国际濒危物种的相关管理办法，尽量减少对地球的生态环境与自然资源造成破坏。为了减少木材资源的消耗，谭木匠使用的木料

---

① 华龙网，《谭木匠登陆央视展现重庆工艺 用匠心精神打造"国货之光"》，2020年9月17日。http://gongyi.cqnews.net/column/2020-09/17/content_51082464.html

② 智通财经，《谭木匠（00837）已有过半加盟店恢复正常营运 推出加盟店鼓劲计划》，2020年3月2日。https://www.163.com/dy/article/F6OAFPEN05198UNI.html

都是符合国际规定的自然枯萎的木材,如遵从印度政府的法律法规与程序合法拍卖获得的小叶紫檀等,这些木料即使不拿来使用也会因自然代谢而分解消失。对于一些涉及濒危物种管控要求的木材原料,谭木匠在采购之前会仔细审核和确认上游供应商的濒危物种管控证明、贩卖资质及相关材料;从国外进口的木材原料,会遵从相关法规、依照程序通过海关报关,并对所进口的木材原料进行检验检疫,以避免木材原料入境可能带来的有害物质对国内的生态环境和生物健康造成不良影响。

谭木匠取之于树木,也用之于树木。自2007年3月起,谭木匠就发起了"绿色行动"倡议,先后于重庆、上海、北京、江苏、河南、辽宁等地持续开展植树造林的活动,一代又一代的谭木匠人用实际行动前赴后继地践行绿色发展的使命。作为一家木梳制造公司,谭木匠的再生产过程中不可避免会需要砍伐树木,但通过植树造林活动,谭木匠尽自己最大的努力去弥补所造成的自然环境损害,并且在这个过程中让员工感受到木材资源的珍贵及其得之不易,用实际行动宣传和践行环境保护的理念。

(2)改善工艺,提高木材使用效率

在木材原料的使用方面,谭木匠通过使用科学的方法来减少废料产生,并研发新的产品工艺。由于谭木匠使用的天然木材大多都伴有结疤,在生产整木开齿的木梳时为了避开疤痕不得不浪费一些原料。为了解决天然木材原料缺陷带来的浪费问题,谭木匠通过不断研究探索推出了"合木梳",其弧形合木工艺采用的是中国传统的榫卯结构,根据木材的天然属性,科学合理地将梳背和梳齿坯片按照木头的纹理拼接起来,不仅解决了木材天然特点带来的浪费问题,也大大提升了木梳的结构强度和抗变形能力。

谭木匠还通过构建最优产品组合策略体系,来实现木材资源的物尽其用。由于在使用木材原料的过程中,木梳产品结构设计不合理会产生一些边角材料而造成木材的浪费,例如护发梳的体型较大,对其加工就会产生很多边角材料。这些边角材料可以制造为镶齿梳的组件"齿",使两种木梳的配比度较高。但由于护发梳的销量远远超过了镶齿梳,其销售增长率是镶齿梳的三倍,从而产生很多闲置的边角材料。谭木匠正在通过不断调整和优化建立最优产品组合策略体系以解决这一问题,努力将不同产品类型与型号所产生的边角材料通过配比性和组合性利用起来,让每一点木材原料都能够在谭木匠的产品制造中得到充分使用。

除了通过构建最优产品组合策略体系之外，谭木匠还通过不断提升产品生产工艺，减少因质量问题而产生的次品浪费现象，尽量将每一把木梳的使用价值发挥到最大。为了保障木梳产品的品质，谭木匠新建了5座新型干燥窑，以提升木材原料的干燥工艺和加工能力，避免由于订单量增加而出现对未达标木材原料急功急用进而导致木梳产品出现变形、裂口等质量问题的情况，让产品生产的工艺质量得到更好的提升，也减少对木材原料的浪费。

（3）安全用料，管制废气污染排放

为了减少废水废气等造成的环境污染，谭木匠对于木材加工、锅炉燃烧过程中所产生的粉尘，工厂的污水与气体排放以及食堂油烟油气等，都会使用专门的技术、设施进行过滤和处理，保证其排放符合国家最新的管控标准。此外，根据政府相关部门要求，一些专业检测机构也会定期对谭木匠生产工厂所排放的废水废气进行有害物质检测。对于谭木匠而言，这些方面不仅要符合国家相关法律法规的硬性规定，更要从内容上尽量做到最好。

从安全性方面考虑，谭木匠除了要保证其采购和使用的木材原料符合检验检疫标准这一方面的要求之外，还需要通过无毒副作用和过敏性检测试验，即在产品的生产加工过程以及在产品的使用过程中，不能对生产者和顾客造成过敏甚至毒副作用。例如，一些顾客可能会对花粉过敏或者对漆过敏，那么在生产之前就要对材料进行材质鉴定，并进行无毒副作用和过敏性检测试验，这不仅是法律法规的外部管制，也是企业履行社会责任的内在要求。

（4）终身免费，延长产品使用年限

为了提高木梳产品的使用效率，减少因产品损坏、换新而造成的木材资源浪费，谭木匠面向全体顾客作出了产品终身免费维修的承诺：不管顾客是在哪家门店购买的谭木匠品牌产品，无论是否持有购买凭证，仅看梳柄上的谭木匠产品标志，就可以在任意一家门店享受免费维修服务；消费者即使在购买已久、发票已经遗失的情况下，仍能享受到这一保修服务。据统计，谭木匠员工张华近10年来修复的木梳总计有2万多把，平均每天都会有五六把木梳在他的手中获得"重生"[①]。谭木匠的终身免费维修承诺大大减少了木梳废弃所造成的木材资源浪费。在当前市场上保修期普遍在半年到一年时间的情况下，谭木匠的终身保修可谓是

---

① 中央广电总台国际在线，《木梳谭木匠：终身免费维修再次升级》，2020年8月12日。http://cq.cri.cn/2020-08-12/a90f5169-bf93-915d-7521-67057fbea14a.html

一套"傻瓜"式做法。在2006年谭木匠全国加盟商店主店长年会上，新加盟谭木匠的店长不愿接受终身免费维修的服务理念，并质疑："你都帮顾客修好了，谁还来买新的？门店的销售量又该如何保障？"然而，本着"对品牌负责、对产品珍惜、对顾客尊重"的初心，谭木匠还是将这一承诺坚持了下来。

为了提升木梳维修的技能，谭木匠定期举办"技能大赛"，比拼在半个小时内修好木梳、化妆镜等四种产品的能力。除此之外，谭木匠还组织专职维修员工进行培训，提高他们的修复技能与水平，保证产品经过维修后"焕然如新"。谭木匠希望通过这一"傻瓜"式做法，引导顾客在谭木匠的产品损坏之后，第一时间想到的不是遗弃购买新的产品，而是将产品返厂修复如新，"物归原主"也"物尽其用"，从而大大延长木梳产品的使用寿命，从销售端减少木材资源损耗与浪费。

● 未来："做全球的一把梳子"

艰难的三年疫情过后，谭木匠在未来的发展中仍将怀着"诚实、正直、良善"的初心，坚持践行"诚实、劳动、快乐"的企业文化理念，积极承担更多企业社会责任，力争做一家受员工、受社会尊敬的好公司。在谭木匠制定的"2023—2025三年发展规划"中，排在第一位的是价值定位，第二是风险管控，第三是安全规划，直到第四才是业绩目标。未来，谭木匠仍将继续努力去帮助更多的残疾员工实现就业，积极回馈社会。据悉，谭木匠的新生产基地正在建设中，届时不仅会打造员工夫妻宿舍楼，鼓励残疾人员工成家立业，也会招募更多的残疾员工，为改善残疾人生活、促进残疾人就业做出更多的努力。

在谭木匠召开的2023年员工大会上，技术总工唐轶峰表示技术口在未来三年内的主要任务是持续不断地做好技术创新和开发，从技术和成果上达到全面提升。营销副总裁刘珂佳则提出她对于2023年的营销战略布局与工作思路："全力抓经济抢占发展先机，稳定基础结构，深化提高服务质量。"[1] 在明确了工作重点和业绩目标后，集团副总裁罗洪平指出，公司始终要坚持"制度+文化""两条腿走路、两手都要做好"的管治方针，继续按照"谭木匠既是一个人，也是

---

[1] 搜狐，《"制度+文化"双管齐下——谭木匠2023年员工大会暨第一届故事会召开》，2023年2月7日。https://www.sohu.com/a/638046389_121341425。

一群人"的理念来聚集价值观相同的员工，共同"做好一把梳子，做一件有意义的事情"。如今，谭木匠在中国已经家喻户晓，俨然是木梳行业的"领头羊"，但谭木匠的"野心"远不止于此。自成立海外销售部以来，谭木匠一直努力在世界地图上拓展企业版图，"做全球的一把梳子"成为了谭木匠下一个要实现的目标。

开发者观点

商业与社会价值和谐统一的品牌之美

李　巍　教授/重庆理工大学MBA学院

◆ 案例开发缘由

谭木匠作为重庆本土崛起的国内领先、国际知名的高端木梳品牌，在重庆主城区乃至国内各大城市的商圈、机场等处随处可见其古色古香的专卖店，案例开发团队对其早有耳闻，几位团队成员甚至是谭木匠的忠实顾客，对其木梳赞不绝口。团队早期主要关注于谭木匠的品牌与木梳系列文化创意产品，尤其是谭木匠经历了三年疫情的生死考验仍然屹立不倒，甚至逆势增长，不仅加盟商、专卖店数量未曾削减，而且开始入驻万象城、万达广场等中高端商场，其品牌之坚韧令人惊叹。

直至2023年5月的一则新闻打破了团队成员的既有认知——《百年康复国际　守望初心传承——谭木匠荣获康复国际百年贡献奖》，原来谭木匠在企业社会责任方面做出了如此多的贡献与成就。团队由此迅速展开资料收集、整理与调查，并惊讶地发现，谭木匠作为一家中小型制造企业，多年来一直在积极履行企业社会责任，长期关怀和大量聘用残疾人，内部残疾员工占比高达35.1%。而且，谭木匠于2009年在中国香港成功上市，并连续六年（2017—2022年）在金港股评选中荣获"最具社会责任上市公司"称号，还多次被评为"全国模范劳动关系和谐企业"。谭木匠为何大量招收残疾人为员工？如何实现残疾员工与企业经营的和谐发展？在践行社会责任的同时，又如何实现商业价值与社会价值的有效平衡？这些疑问驱使团队积极联系谭木匠的高层管理者，从而获得实地调研与访谈的机会。

◆ 实地调研新发现

团队系统地收集了来自谭木匠官网及官方微信公众号、企业传记、新闻报纸、多媒体平台相关报道、行业报告、书籍期刊等渠道十余万字的二手资料，包含谭木匠创立与成长过程中的重大事件、影响因素、成果奖项以及面临的相关问题等内容。对谭木匠二手资料的进一步收集、梳理与分析，为后续实地调研与企业访谈做好了充分准备。以2023年7月的谭木匠万州工厂实地调研为例，团队围绕"践行企业社会责任"这一主题，针对谭木匠在企业社会责任与品牌韧性方面的企业管理经验与实践活动，设计了具有高度关联性的调研提纲，并提交给谭木匠公司高层审核，在获得允许后奔赴重庆市万州区进入谭木匠万州工厂进行实地调研，对相关高层管理人员进行访谈与交流。

在访谈交流过程中，案例开发团队询问了谭木匠在发展过程中遭遇的关键事件、问题挑战以及发展机遇，对于商业价值与社会价值统一的战略思考和管理举措，对于内部健全员工与残疾员工的管理与协调，以及上下游供应链和海外市场拓展情况等相关内容。团队在调研中发现，谭木匠在"诚实、劳动、快乐"的企业理念指引下积极践行企业社会责任，不仅在公司内部经营管理中坚守创始人谭传华帮助残疾人群体的初心，以"家人式"关怀与"忘残式"管理让残疾员工"有工作做、有活干、有饭吃、有衣穿、有房子住"；更发扬其作为中国品牌的"人性之美"，在公司上下游供应链管理与利益相关者维护中体现其上市公司的责任与担当，包括疫情期间对于众多加盟商的帮助与补贴，以及自2009年在港交所上市以来坚持每年分红派息并在上市公司年报中坦诚地汇报成绩与不足。与二手资料相比，深入现场的调研与访谈让团队更为清晰地认识和了解到谭木匠在企业社会责任方面的具体规划和实践活动，真切感受到谭木匠对于践行企业社会责任的积极态度和决心。

◆ 洞察企业新认知

通过系列调研，案例开发团队对谭木匠的管理经验和实践特色进行了系统回顾、梳理与总结。团队成员一致认为，谭木匠的企业特色主要表现在以下两个方面：

一是多链路全面践行企业社会责任。从纵向来看，谭木匠在原料采购、运输、存储、生产、加工、销售等各个环节构建环保经营模式，采取多种举措降低木材资源损耗以减少对生态环境的破坏，包括使用自然干枯的木材作为生产原料，改善工艺以减少木材变形、裂口所导致的次品浪费，采用产品组合策略提高木材资源使用率，以及为顾客提供终身保修服务以延长木梳产品的使用寿命，等等。从横向来看，谭木匠在员工关怀、加盟经营、利益相关者维护、社会捐助、环境保护以及中华文化传播等方面积极践行企业社会责任，例如，组织员工在全国各地开展植树造林活动，在疫情期间积极采购和捐赠防疫物资并帮扶和补贴加盟商维持经营，以及在国际市场中宣传中华文化，等等。

二是践行社会责任赋予品牌韧性。长期践行企业社会责任让谭木匠拥有良好的品牌口碑，也让其品牌更具韧性。作为一家传统木梳制造企业，谭木匠一直坚持对员工、加盟商、股东等利益相关者以及社会公众负责的态度，采取"现金为王"的经营策略。因此，尽管谭木匠在疫情期间受到了严重冲击，但仍然能够在维持企业自身稳定经营（不降薪、不减员）的情况下，秉持"不抛弃、不放弃"的原则努力扶持国内诸多加盟商，不仅提供专项补贴，还出台多项"鼓劲计划"，使三年疫情期间没有一家加盟店因此而倒闭或退出。这也让谭木匠在疫情之后呈现出强势反弹、蒸蒸日上的发展趋势，不仅在国内外开设多家新店，而且进入了之前无法入驻的中高端商场。谭木匠这一品牌在危机之中所体现的高度韧性，与其贯彻"诚实、劳动、快乐"的企业理念，积极践行企业社会责任密不可分。

◆ 案例开发总结

作为一家"小而美"的木梳制造企业，谭木匠具有"老实人"的特点，多年来一直在经营管理过程中全面贯彻和坚守"诚实、劳动、快乐"的企业理念，"我善治本"（一心做好企业），"做好一把梳子"（专心做好产品），而对其践行社会责任所做出的贡献与获得的成就都鲜有营销与传播。因此，让社会更全面、客观和真实地认识"谭木匠"这一在重庆本土崛起的中国木梳品牌，不仅是团队开发本案例的初衷，也是我们践行重庆理工大学MBA学院"学科融通、产教融合、知行融升"教育理念的重要使命。

对于"如何实现商业价值与社会价值的有效平衡"这一抉择难题，谭木匠以其高水平、多方位的企业社会责任践行模式为我们提交了一份满意的答卷：招聘残疾员工，减轻社会压力，提升社会美誉；以"关怀型"组织与"忘残式"管理激发员工活力，提升内部凝聚力与战斗力；构建全链路环保经营模式，节能、减排与降耗，降低企业经营成本与政策风险；在疫情期间与加盟商同甘共苦，增强品牌韧性；以及在保护自然环境、弘扬中华文化等方面所做出的努力与贡献；等等。从谭木匠身上，我们洞察到重庆本土企业在成长与探索过程中形成的"商业价值与社会价值和谐统一"的独特路径，也感受到蕴含中华传统文化精神内涵的中国品牌人性之美！

附录

附录1：谭木匠句容总部

资料来源：搜狐，《谭木匠的变迁：四次搬家　归来仍是少年》，2022年7月19日。https://www.sohu.com/a/569075008_121341425

附录2：谭木匠部分产品展示

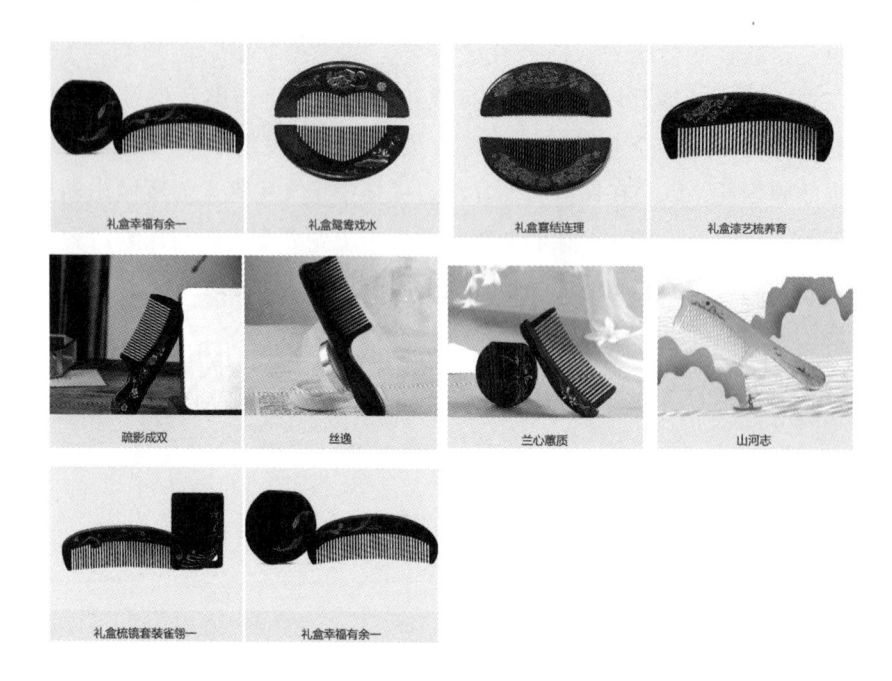

资料来源：谭木匠官网。https://www.ctans.com/?c=products&a=index

附录3：企业史馆中的"两元钱"故事

资料来源：谭木匠官网。https://www.ctans.com/?c=brands&a=history&gomk=A2

附录4：谭木匠店面形象图片

资料来源：谭木匠官网。https：//www.ctans.com/？c＝leagues&a＝shops

附录5：谭木匠新（左）、旧（右）LOGO对比

资料来源：标志情报局，《李永铨操刀，谭木匠新LOGO彰显年轻化和现代感》，2016年8月29日。https：//www.logonews.cn/tanmujiang-new-logo.html

· 25 ·

附录6：谭木匠荣获康复国际百年贡献奖

由康复国际主办、中国残疾人联合会承办的"康复国际杰出贡献奖"颁奖典礼暨晚宴活动于2023年5月在国家会议中心开幕。谭木匠受邀参加并荣获"康复国际百年贡献奖"，以嘉奖其为康复事业做出的贡献。会议上，康复国际主席、中国残疾人联合会主席张海迪向出席嘉宾致辞，她表示："康复国际成立100年来，始终为人类健康、生命的完整性、残疾人的权利奔走呼吁，为促进世界范围内残疾人包容发展做出贡献，在推动残疾人包容、平等、参与方面发挥了重要作用。"颁奖结束后，重庆谭木匠工艺品有限公司法人代表兼财务管理中心经理黄超与张海迪主席进行了亲切交谈，张海迪主席嘱咐谭木匠："荣誉属于过去，未来我们要共同努力，将残疾人事业做得更好。"

康复国际百年庆典活动期间，谭木匠的木梳产品也作为中国残疾人联合会"美丽工坊"项目的一部分在会场外大厅进行了集中展示。国务委员谌贻琴在中国残疾人联合会主席张海迪等的陪同下，听取了项目介绍并参观了谭木匠木梳等代表性作品。各国际组织的代表和友人也纷纷驻足观看作品展示，询问项目进展及残疾人培训就业情况，并对谭木匠残疾员工的精湛工艺深表赞叹。

本次获得"康复国际百年贡献奖"，是对谭木匠关爱残疾人事业做出的极大肯定。康复国际已经走过百年，谭木匠的事业刚刚满三十年，除了坚守董事长创业的这份初心，还将继续为经济社会的发展和残疾人就业做出贡献。在未来，谭木匠会将这份初心传承下去，追随康复国际的助残道路，走得更远、做得更多。

资料来源：也谈梳篦（重庆谭木匠工艺品有限公司官方账号），《百年康复国际 守望初心传承——谭木匠荣获康复国际百年贡献奖》，2023年5月29日。https：//baijiahao.baidu.com/s？id＝1767186862305175823

金夫人：以"圆满"初心助家庭美满[*]

案例概要

  金夫人自成立以来，始终秉持"初心圆满"的理念，不断推出圆满家庭建设公益项目，强化社会责任担当。以摄影服务为切入点，帮助社会大众建设美满婚姻和圆满家庭。作为一家婚纱摄影企业，金夫人通过摄影实现企业社会责任的进阶，享有较高的品牌知名度和社会美誉度，是中国企业践行社会责任的典范之一。本案例通过对金夫人践行企业社会责任的实践进行系统梳理，探索金夫人在更新使命愿景、推进组织变革、构建品牌矩阵、践行社会责任等方面的洞见、举措与挑战，尤其是深入剖析金夫人在"3.0 战略升级"中所做出的革新与改进，并为摄影行业长远发展提供参考性管理哲学与可行性实践经验。

---

[*] 本案例由重庆理工大学 MBA 学院李巍教授、丁超博士、黄千禧、李亮和刘洪丽同学撰写，并得到重庆金夫人实业有限公司品牌总监熊媛女士的支持。本案例旨在作为 MBA 教学中课堂讨论的题材，而非说明本案例所述的管理行为是否有效。

案例正文

- 引言

2018年6月11日，重庆金夫人实业有限公司（以下简称金夫人）"美满婚姻学院"正式揭牌，并向全社会发布企业新使命——"人们对美满婚姻的向往，就是我们的奋斗目标"，同时成立了"美满婚姻文化中心"公益组织，致力于为社会大众的美满婚姻建设提供公益服务，并将每年的6月11日定为金夫人的"社会责任日"。2018—2023年的五年时间里，金夫人逐步将其公益事业由"美满婚姻"服务升级为"圆满家庭"建设，并推出"美满婚姻第一课"、"初心圆满"仪式、"幸福第一刻"结婚登记照拍摄、"年年圆满"结婚周年纪念照拍摄、金婚纪念照拍摄五大圆满家庭建设公益项目[①]。公益组织"美满婚姻文化中心"的成立，意味着金夫人婚纱摄影的圆满家庭建设之路再上一个新台阶。金夫人是在国家改革开放政策的指引下成长起来的重庆首家外商独资企业。1989年，金夫人以6.5万美元的注册资金，迈出艰苦创业的第一步。金夫人的创始人周生俊事事亲力亲为，由最初的6.5万美元注册资金、19名员工的小型企业发展至今，已跃然成为中国婚纱摄影行业之翘楚，其创建的"金夫人"获得"中国婚纱摄影行业标志性品牌"荣誉称号，是行业内唯一的"中国驰名商标"。

在"美满婚姻学院"的揭牌仪式上，金夫人总裁周生俊指出，"美满婚姻学院"的成立旨在通过和每一对夫妻心与心的连接，帮助他们的婚姻多一份崇高感与庄严感，减少一分焦虑。周生俊认为，"创建金夫人的初心，就是要满足人们对美满婚姻的向往"，这也响应了习近平主席于2012年在十八届中央政治局常委同中外记者见面时所提出的"人民对美好生活的向往，就是我们的奋斗目标"。从社会层面的角度讲，美好生活的实现又有诸多因素，婚姻和家庭

---

① 金夫人婚纱摄影微信公众号，《金夫人社会责任日｜5年公益，圆满家庭建设步履不停》，2023年6月11日。https://mp.weixin.qq.com/s/2mKlIpa_4UP0q1Jk4-Rx2g

是其中之一，作为婚纱摄影企业，金夫人希望能够帮助顾客把婚姻和家庭建设得更圆满幸福，这不仅是对社会的贡献，也是企业提出新使命的目标和初衷。

● 企业简介

重庆金夫人实业有限公司成立于1989年，至今已有三十余年的历史，在全国28个省、市拥有400余家连锁经营店和180多位合伙人，是年营业额达20亿元的大型婚纱服务集团。金夫人的外景拍摄遍布全球，在全球拥有12000余名从业员工，至今已为百万对新人记录人生中最幸福影像，获得3000多个荣誉，并获得"中国婚纱摄影行业标志性品牌"的称号，是行业内唯一的"中国驰名商标"。目前，金夫人的主要经营范围包括婚纱摄影、儿童摄影、艺术写真、全家福摄影、礼服服务、软件开发、教育培训、连锁经营、专业数码输出等产业链。旗下包括金夫人婚纱摄影、时尚经典、"禛希"高定摄影、"儿童天堂"玛瑞莎、金夫人全球旅拍、MODA写真、"遇渐影像"等十余个品牌。

自1989年成立以来，金夫人已经从婚纱摄影这一个"赛道"，拓展为婚纱摄影、儿童摄影、艺术写真、全家福四个"赛道"协同发展。在婚纱摄影方面，这个"主赛道"以品牌"金夫人"为主，主要面向中国消费市场。在2022年，金夫人发布全新Slogan——"金夫人·中国人的婚纱照"，以情感影像传承中国人的爱情。此外，品牌"金夫人"旗下也进行了品牌细分：一个是主要面向高消费高品质顾客群体的"禛希"，另一个是以电影感为主要拍摄风格吸引追求小众化、个性化的年轻消费群体的"遇渐影像"。儿童摄影是集团发展的第二主线，其品牌"儿童天堂"是金夫人最大的子品牌，设有重庆和上海双总部，在全国有100多家门店。在艺术写真方面，金夫人旗下如今有三个品牌：一是"MODA"，主要面向18岁左右的年轻消费群体，Slogan为"青春的见证"，以保留美好的青春记忆；二是"LIX肖像"，主要面向白领等高端消费群体，目前在国内的高端肖像摄影中名列前茅；三是"卡多利亚"，是重庆女子私房摄影的第一名。在全家福方面则以品牌"One家"为主，这是在金夫人30周年的时候成立的一个品牌，已在重庆、成都、海口、广州、深圳、贵阳等地设有门店，发展速度较快，市场潜力较大。

在履行企业社会责任方面，金夫人以实际行动践行社会公益事业。2011年，金夫人开始学习"稻盛哲学",提炼出"顾客第一、真诚、关爱、奋斗、创新、共赢"的企业价值观,同时明确了企业使命为"在追求全体员工物质与精神两方面幸福的同时,持续为人类的美丽和幸福生活作出贡献",企业愿景为"在人像摄影和婚礼事业领域,实现品质、服务、规模和覆盖率的数一数二"[①]。2018年,金夫人对外发布了全新的企业使命——"人们对美满婚姻的向往,就是我们的奋斗目标",并将每年的6月11日定为金夫人的"社会责任日",成立了公益组织"美满婚姻文化中心",为社会大众的美满婚姻建设提供公益服务。2020年,金夫人的使命再次升级为"人们对美满婚姻、幸福家庭、孩子健康向上、合作伙伴共同成长的向往,就是我们的奋斗目标"。从多个维度去展现企业的社会价值和意义[②]。2021年,金夫人在"热爱·笃行"3.0战略升级发布会上再次将企业使命更新为"人们对圆满家庭的向往,就是我们的奋斗目标",并在同年发布了集团新愿景——"在幸福影像领域,实现品质、服务、规模的第一名"。自2018年至2023年的五年来,金夫人圆满家庭建设公益事业步履不停,先后推出"美满婚姻第一课""初心圆满仪式""幸福第一刻结婚登记照拍摄""年年圆满结婚周年纪念照拍摄""金婚纪念照拍摄"五大圆满家庭建设公益项目。以重庆为起点,金夫人将圆满家庭建设的五大公益项目辐射全国各地400多家店,累计拍摄"金婚纪念照"超200对,"年年圆满纪念照"超2000对,"幸福第一刻结婚登记照"超10000对,"美满婚姻第一课"分享超97000次,超240000人获益[③]。

• 发展阶段

1. 企业初创阶段(1989—1999年):艰苦创业,开拓市场

1989年9月,金夫人的前身"海峡兄弟影楼"作为重庆的第一家外商投资企业在重庆川剧院地下室开张营业,经营面积380平方米,员工19人,以拍摄

---

① 金夫人连锁中心微信公众号,《每周经营一问 | 如何建设金夫人企业文化理念》,2017年11月2日。https://mp.weixin.qq.com/s/yZV2owyBHOpHz4cXgxIQ9A

② 腾讯大渝网,《611社会责任日 | 从今天起,金夫人为全城新婚夫妻免费拍摄结婚登记照》,2020年6月11日。https://new.qq.com/rain/a/2020061100332600

③ 金夫人婚纱摄影微信公众号,《金夫人社会责任日 | 5年公益,圆满家庭建设步履不停》,2023年6月11日。https://mp.weixin.qq.com/s/2mKlIpa_4UP0q1Jk4-Rx2g

婚纱写真为主营业务。但考虑到婚纱影楼的性质，不久后，原本用以彰显投资人身份的"海峡兄弟"更名为更贴近婚纱摄影的"金夫人"，并一直沿用至今。据周生俊回忆，金子在当时是非常珍贵的东西，取名"金夫人"，也有象征爱情像金子一样珍贵、祝福顾客的婚姻如金子般坚固的意思。

当时，婚纱摄影在重庆鲜有人知，大众只知道结婚要拍"拍拍照"，而一般人每月的平均工资不过70元左右，金夫人的拍照定价却为98元/套和178元/套两种，比人们的月均工资还要高，顾客们都望而却步。生意冷清的局面持续了大半年，但随着改革开放进程的不断加快，重庆市民的消费观念和方式也发生了变化，路过金夫人影楼的顾客看到唯美的婚纱摄影画报才知道，原来人生中的幸福瞬间还能这样被记录；再加上周生俊对摄影品质进行严格把关，专程请来知名度较高的港台专业化妆师和摄影师对员工进行培训，天时地利人和，金夫人影楼度过了前三个月的"战战兢兢"，生意逐渐红火起来，甚至有客人专程坐船从万州（时称万县）来到重庆，只为到金夫人拍摄一套婚纱照。金夫人改变了重庆地区大众对结婚照的认知，逐渐形成了现代婚纱摄影的新观念，并辐射至重庆各个地区，拍摄婚纱照逐渐成为年轻一代的新潮流。"婚纱摄影等于金夫人"，逐渐成为重庆市民的共识，很多人家中都会珍藏一本带着金夫人标志的婚纱影集。坚信"是金子总会发光的"的态度，金夫人始终秉持着高端的行业标准，追求高质量、高水准的摄影和化妆造型、优质的服务水准，历经五六年的时间，终于在重庆站稳了脚①。1995年，兰州金夫人成立，标志着金夫人集团在西北地区建立了"根据地"，并迅速实现了市场扩张。同年，金夫人首次荣获"中国十大杰出影楼"称号及首届中国百佳明星影楼，金夫人在国内的知名度逐渐提高。1999年，金夫人荣获"重庆市著名商标"，标志着金夫人已成为重庆地区家喻户晓的摄影企业。

2. 快速扩张阶段（2000—2017年）：战略聚焦，品牌拓展

21世纪初，随着市场消费步伐的不断加快，金夫人的绩效增长也显著上升，已然成为业内的领军者。此时，有创始股东提出充分利用营收资金，投资夜总会、房地产等热门领域，但周生俊认为金夫人应当坚守初心，努力把婚纱

---

① 新浪网，《金夫人集团创始人周生俊：一帧定格金色初心》，2019年8月8日。http://cq.sina.cn/city/csts/2019-08-08/detail-ihytcerm9489881.d.html?from=wap

摄影做好。由此，金夫人的企业高管出现了严重分歧，最终导致一些创始股东相继撤资，离开了金夫人。经此一遭，金夫人大伤元气，资金链几近断裂，但是周生俊下定决心，只专注做婚纱摄影品牌，其他的"枝蔓"要坚决"砍掉"。然而，由于市场经济不景气，当时好几家婚纱摄影楼突然人去楼空，有的影楼老板干脆带着客人交付的定金逃之夭夭。重庆的婚纱摄影行业声誉一落千丈，金夫人也难逃厄运。在内忧外患的双重夹击之下，周生俊做了一个大胆的决定：为其他"在逃"影楼缴纳了定金的1000多对新人免费拍摄婚纱照！当时很多人都以为周生俊疯了，但只有他自己清楚，如果整个行业的声誉毁掉，金夫人也将寸步难行。正是这一决策，让金夫人在重庆婚纱摄影树立了新的口碑，更成为整个行业的榜样。此后，金夫人转危为安，成为高端摄影的一块金字招牌①。

2001年，金夫人召开了全国第一届连锁经营高峰会，自此以后，金夫人不断地摸索寻求连锁发展的经验、模式，希望能更好地改进和推动连锁经营事业。为保证金夫人品牌的含金量，集团内部做了积极的改革创新，以"金夫人"大品牌为依托，以维护和提升"金夫人"的品牌知名度和美誉度为责任，成立"中国金夫人集团连锁经营管理中心"②。同年，金夫人在业界率先推出扶持员工创业的相关机制，鼓励在公司工作7年以上的老员工走出去创办小微企业，并通过入股等方式进行帮扶③。数年来，金夫人不断延伸产业链，扩大品牌矩阵，从婚纱摄影到艺术写真，先后创立了玛雅摄影、金夫人化妆摄影培训学校、萝亚婚礼、今尚古、乐玛摄影、卡多利亚、玛瑞莎、MODA、时尚经典等品牌。在此基础上，金夫人发挥品牌效应，实施连锁经营战略，实现了"滚雪球"式发展，中国金夫人集团多品牌运营策略再添优质品牌。金夫人以重庆为起点，向着世界各地的市场不断渗透，将婚纱摄影辐射到了海内外多个核心城市400多家店，并以此来连接世界各地的业务，致力于提高市场占有率和覆盖率。随后，金夫人市场扩张迅速，品牌多元发展，事业蒸蒸日上。金夫人获得商务部国际贸易经济合作研究院信用评级与认证中心授予的"诚信中国·十大诚信企业"及中国商业

---

① 搜狐网，《周生俊：把小行业做成大品牌！》，2021年6月22日。https://www.sohu.com/a/473500826_233766

② 金家人微信公众号，《27年的沉淀，金夫人华丽转身，静待绽放》，2016年10月19日。https://mp.weixin.qq.com/s/5mOG2rOlHJ4RwMqCAAT0vw

③ 搜狐网，《金夫人婚纱摄影"小小的一步成就了行业的一大步"》，2018年3月27日。https://www.sohu.com/a/226496758_100103252

联合会评定的"企业信用评价 AAA 级信用企业"等荣誉,其社会知名度和品牌信誉度不断提升。

数年来的风雨探险路,方显英雄之所能。2015 年 10 月 22 日,金夫人集团总裁周生俊荣获由商务部、中国商业联合会主办的"2015 年中国生活服务业年度人物和先进企业颁奖大会"的摄影行业年度人物奖。此奖项所选出的是中国人像摄影行业 36 万户摄影企业、560 万摄影人中的杰出代表,周生俊也是唯一当选人。他是一位探路者,在创业的征途中,放飞着一个企业家应有的梦想,用诚信铸造起企业永恒的丰碑;他是一位实践者,在前进的道路上,书写着一段无愧生命的辉煌历程,打造了中国摄影行业标志性品牌。在实践着实业富国的追求中,他始终不忘社会责任,热心公益,日行一善,反哺社会,用担当为爱心画出最美的轨迹,在践行"中国梦"的奋斗中,让温暖常存。在颁奖典礼现场,金夫人作为优秀企业进行了优质服务活动创新案例现场展示,以启发并激励其他企业奋勇前行[①]。

3. 战略升级阶段(2018—2023 年):回归初心,迈向 3.0

金夫人自成立以来始终不忘初心,坚守圆满。2018 年 6 月 11 日,金夫人"美满婚姻学院"正式揭牌,并发布了全新的企业使命"人们对美满婚姻的向往,就是我们的奋斗目标"。金夫人将每年的 6 月 11 日定为"社会责任日",并于每年发布一个公益项目。2021 年 11 月 16 日,在"热爱·笃行 | 金夫人 3.0 战略升级发布会"上,金夫人创始人、董事长周生俊先生发布了金夫人集团新使命"人们对圆满家庭的向往,就是我们的奋斗目标"和新愿景"在幸福影像领域,实现品质、服务、规模的第一名"。金夫人成立"美满婚姻文化中心"的目的是帮助顾客建设美满婚姻和圆满家庭,为公益赋能、为慈善添彩,如今已规划了"美满婚姻第一课""初心圆满仪式""幸福第一刻结婚登记照拍摄""年年圆满结婚周年纪念照拍摄""金婚纪念照拍摄"五大圆满家庭建设公益项目。从胶片时代到数字时代,从"1.0 战略"到"3.0 战略",再从传统传播渠道到线上线下一体化的新媒体融合,金夫人在每个转型期都经历过从自我否定到采取行动,

---

① 新浪网,《荣耀加冕 | 金夫人周生俊总裁强势夺得"2015 年中国生活服务业年度人物"》,2015 年 10 月 22 日。https://mp.weixin.qq.com/s/DH5CNNdJwLEgkuaqBi-sDA

不断地向行业内外学习和自我成长的过程①。在金夫人"3.0战略"升级发布会上，周生俊提出"千20"计划，即企业通过签股权协议，让工作七年以上的老员工拥有自己的门店，助力未来十年金夫人发展成为千家门店的品牌，并从使命引领、哲学护航、战略创新、机制保障这四个维度进行诠释。金夫人的新使命、新愿景聚焦幸福影像事业，其包含婚纱摄影、儿童摄影、艺术写真、全家福这四个"赛道"，它们都是幸福影像的圆满酝酿和呈现。每个细分领域拥有专门的品牌，专业的团队和研发，以及专业的运营。从一个"赛道"到四个"赛道"，从美满婚姻到圆满家庭，金夫人在企业新使命、新愿景的引领下，在幸福影像领域，温暖和服务众多家庭，助推金夫人"千20"计划的达成②。

"圆满"一词是中国人独有的浪漫词。圆则满，满则圆，圆代表吉祥和美满。于顾客而言，世界上没有完美无缺的人或事，但人们可以去追求圆满，拍艺术照是一个人的圆满，拍婚纱照是两个人的圆满，拍全家福是一家人的圆满。于家庭而言，圆满代表了一个家庭不断地衍生，生生不息，终点亦是起点。于企业而言，3.0战略将会让金夫人在新使命和新愿景的引领下创造更多的企业价值和社会价值。对于金夫人来讲，圆满代表了内心对美好的憧憬和向往，三十年来金夫人坚守初心，就是希望顾客的婚姻和家庭更加幸福圆满。而3.0战略升级也是为了指导金夫人更好地去了解并满足顾客需求，帮助更多的顾客实现婚姻和家庭的幸福与圆满。金夫人将3.0战略部署与相应机制结合起来，每年都在不断地优化升级各种项目，使其更好地助推3.0战略的实施。回顾金夫人的来时路，周生俊先生说道："时光匆匆，金夫人从无到有，从小到大，健康稳步发展的三十年过去了。在这三十年里，我们有过辉煌，有过低谷，我们要认真总结，取其精华，去其糟粕，传承和发扬金夫人的企业文化精神，永远'战战兢兢''如履薄冰'，付出不亚于任何人的努力，为建设一个更具竞争力、更加强大、朝气蓬勃的金夫人而奋斗！"③

---

① 金夫人婚纱摄影微信公众号，《韧性生长 | 金夫人34周年主题发布》，2023年9月3日。https: //mp. weixin. qq. com/s/ZIiwav0QM7WjjnTgY0NEQ
② 金夫人婚纱摄影微信公众号，《金夫人新使命发布 | 人们对圆满家庭的向往，就是我们的奋斗目标》，2021年11月16日。https: //mp. weixin. qq. com/s/XfQ76ThH6UewfiSreTzFSQ
③ 搜狐网，《不止 | 金夫人30周年庆典》，2019年9月5日。https: //www. sohu. com/a/338919065_783809

● 履行社会责任

1. 投身公益，彰显中华家国情怀

（1）身体力行，维护行业信誉

21世纪初，由于市场经济不景气，部分婚纱影楼突然宣告倒闭，老板携款而逃，导致婚纱摄影行业的声誉一落千丈，金夫人也"在劫难逃"。为了维护摄影行业的美誉度和信誉度，助力行业渡过难关，"金夫人"婚纱摄影以身作则，不仅成立了"薇薇新娘客户专属项目组"，而且设立"薇薇新娘客户专属套餐"，免费为之前在薇薇新娘订单的新人提供拍摄服务，还为原薇薇新娘的员工提供了部门就业岗位，解决了其失业问题。金夫人"接盘"薇薇新娘具有公益性质，是出于对行业信誉的维护而进行的"救急"；而对于消费者来说，金夫人的"接手"在一定程度上保障了消费者的权益和利益，适当减少了经济损失，并在一定程度上填补了人们的心理落差。除此之外，这样的行业自救行为也维护了婚纱摄影的品牌形象，是一种社会责任担当的体现。而对于从事摄影行业的企业来说，更是一种鞭策和引领，诚信经营永远是第一位的[①]。饮水思源，金夫人作为改革开放的受益者，自觉践行以人民为中心的发展理念，不仅解决了消费者的售后服务问题，安稳人心，有助于维护社会秩序的稳定；而且为薇薇新娘的失业员工创造了良好的就业机会，并在一定程度上挽回了摄影行业的信誉度，以实际行动积极回报社会。

（2）产业报国，致敬援鄂英雄

在2020年2月的新冠病毒感染疫情严峻时期，重庆金夫人在全国人像摄影行业率先发起了致敬抗疫英雄的活动，对重庆援鄂的医护人员免费提供全家福、婚纱照的拍摄服务。随后，北京、杭州、广州、成都等地的"金夫人"都积极响应，纷纷加入到公益拍摄行动中。金夫人作为全国规模最大的摄影机构，伴着英雄的陆续凯旋，决定再次加大和扩大公益力度和规模，集中全国力量，417家门店全员参与，统一发声，为全国的援鄂抗疫英雄提供最安心、放心、便捷的拍

[①] 新浪网，《"金夫人"和"乐玛摄影"接盘"薇薇新娘"》，2015年7月8日。https://news.sina.cn/gn/2015-07-08/detail-ifxesftm9815831.d.html?from=wap

摄服务。这是金夫人集团自 1989 年创立以来，史无前例、规模最大的一次公益项目，也是第一次集合整个集团力量，让每一家金夫人店都加入其中。此次公益拍摄项目由金夫人集团董事长周生俊先生亲自牵头，以此来表达金夫人集团对援鄂抗疫英雄的感恩之心和本次全国公益免费拍摄项目落地执行到位的决心[①]。金夫人以摄影产品报效国家，摄影师们汇聚微小灯光，与防疫英雄们共同铸就抗击疫情的长城，这不仅体现了中国人民在灾难面前的不屈不挠，更彰显了全国人民万众一心的大国担当。

（3）抗洪救灾，爱心驰援河南

2021 年 7 月，河南多地持续遭遇特大暴雨灾害，牵动着亿万中国人民的心。金夫人集团向重庆市渝中区慈善会捐款 20 万元，用于河南灾情救助和灾后重建工作，向奋战在抗洪救灾一线人员致以崇高的敬意并贡献一份绵薄之力[②]。河南暴雨自发生以来，始终牵动人心。山水无情人有情，"一方有难、八方支援"历来是中华民族的优秀传统，金夫人肩负着中国企业的历史使命感与崇高责任感，情系河南，用实际行动伸出援助之手。平凡铸就伟大，英雄来自人民，在与暴雨的较量中，消防队员挺身而出、义无反顾，各界群众团结一心、众志成城。作为摄影行业唯一的"中国驰名商标"企业，金夫人以身作则，厚植家国情怀，把自身发展和国家民族命运紧密相连，以实际行动驰援河南同胞，自觉承担起推进中华民族伟大复兴的历史责任。金夫人以其独特的企业使命、勇于担当的价值观念、充满人情味的人文关怀，勾勒出自己的社会责任之路，成为摄影行业优秀的楷模。

2. 服务延伸，各家平台强强联手

（1）并肩海信家电，幸福亿万家庭

2018 年 10 月 22 日，海信家电集团股份有限公司与金夫人集团在重庆签署主题为"美满婚姻·幸福家庭，在一起"的战略合作协议，正式开启强强联合新篇章。此次战略协议的签订意图通过跨界合作、异业同行，以家为中心，共同推进幸福家庭的建设。海信家电集团与金夫人集团，作为国内企业的佼佼者，在各

---

① 搜狐网，《金夫人全国 417 家店感恩联动，致敬援鄂英雄》，2020 年 4 月 1 日。https：//www.sohu.com/a/384972622_776138

② 金夫人微信公众号，《金夫人爱心驰援，情系河南》，2021 年 7 月 24 日。https：//mp.weixin.qq.com/s/R4HSYEAuOO7lDIE8vMWegw

自领域都创造出了不凡的价值，拥有较高的社会影响力。海信家电集团发布的"3.0战略"本质在于"家"，意在给家电赋予更多价值，致力于构建家电生态链；而金夫人的"3.0战略"在新使命的指引下，在美满婚姻和幸福家庭的建设道路上不断进行新的探索，双方都致力于帮助大众建设美满家庭。价值认同感是海信家电和金夫人合作的基础，双方合作将共同传播美满婚姻之道、家庭幸福之道，互惠发展，共同为家庭幸福贡献各自的力量[①]。由于相似的价值观念和企业使命，金夫人和海信家电通过合作实现优质资源的共享与优化配置，在全国范围内打造多元化的战略发展空间，致力于构建跨行业生态链，为社会大众实现幸福家庭建设创造更多可能。

(2) 携手建设银行，助力乡村振兴

2020年是我国脱贫攻坚的决胜之年，为落实党的十九大精神，响应国家的"乡村振兴"战略，金夫人与建设银行进行深度合作，为建设乡村的重要单位骨干、核心成员及建行裕农通核心成员，包括扶贫单位、政府部门、企事业、乡村教师、村医、村委会（社区）工作人员、复转军人等重要单位以及建行裕农通普惠金融服务点业主共计15000人，提供金夫人公益项目全家福拍摄服务，共建幸福家庭，助力乡村振兴。自1989年成立以来，金夫人一直热衷于各种公益事业，和建设银行有着悠久的合作历史，因此，两家企业共同参与本次公益活动——"乡村振兴·幸福家庭"，共同促进当地居民幸福家庭建设。此次活动覆盖范围广泛，涉及重庆主城区和25个周边区县[②]。全面推进乡村振兴是新时代建设农业强国的重要任务，金夫人通过为乡村骨干和建行裕农通核心成员进行公益拍摄的方式，温暖着身处乡村辛勤工作的一线人员的内心，让社会大众体会到乡村振兴并不仅仅只是一个口号，而是真真切切的实际行动，鼓舞着更多的人参与到乡村振兴的建设大业中。金夫人通过摄影记录着每一位建设家乡的有志之士，绘就着全面推进乡村振兴的新图景。

(3) 联合京东物流，践行绿色发展

2020年9月1日，金夫人参观了京东物流位于重庆巴南区的B2B供应链仓库以及亚洲一号仓库，双方进行了深度的商务合作交流和一系列意向合作商定，

---

① 金夫人婚纱摄影微信公众号，《海信家电集团携手"金夫人"，在一起幸福亿万家庭》，2018年10月22日。https：//mp.weixin.qq.com/s/5p6ivqMqtibIYC6cvNmxNg

② 金夫人婚纱摄影微信公众号，《乡村振兴·幸福家庭｜金夫人＆建设银行全家福公益照启动仪式》，2020年8月31日。https：//mp.weixin.qq.com/s/yRTs4l3x8hkCgCQala74Ig

并正式签署了战略合作协议，旨在借助智能物流，让幸福影像快速、安全、便捷地到达每一位顾客手中。出于社会责任的使命感，金夫人和京东物流都践行绿色可持续发展理念，京东物流已累计使用循环包装1.1亿次，而金夫人旗下的创意制作中心亦严格筛选材料，所选用的纸张通过国际"森林管理委员会"（FSC）认证，所选用的相框框条通过英科SGC无甲醛检测环保认证，所选用的画面保护处理液通过"瑞士通用公正行"（SGS）环保认证。金夫人旗下产品制作的生产原材料均具备正规环保证书，在保证产品成色持久性和储存持久性的同时，更保障了消费者的身体健康[①]。九万里风鹏正举，新时代绿意盎然，加强生态文明建设是新时代新征程贯彻新发展理念的必然要求，金夫人牢记并践行"绿水青山就是金山银山"的生态理念，秉持人与自然和谐共生的现代化思想，遵从尊重自然、顺应自然、保护自然的基本原则，实现经济发展和生态环境的全面兼顾，绘制可持续发展新生态画卷，为推进中国特色社会主义现代化书写绿色篇章。

（4）入驻军供平台，提供专属服务

2021年1月8日，重庆军供平台品牌入驻签约仪式在重庆市军粮供应服务中心举办，军供中心以"重庆军供"为平台，在保障部队的前提下，秉持不忘初心、牢记使命的指导思想，兼具责任和情感，做好"双拥"优抚和退役军人的服务保障工作，让现役、退役军人、军属更好地分享社会发展成果。在签约仪式上，金夫人与重庆军供签订了合作协议，金夫人将积极配合拥军优属等系列政策，为"重庆军供"平台上的军人军属、"双拥"对象等用户提供力所能及的专属保障服务和品牌优惠福利，包含"幸福第一刻"公益拍摄、"年年圆满"公益拍摄、金婚公益拍摄等项目[②]。峥嵘岁月，中国人民解放军始终是国家最牢固的守卫，也是人民群众最坚实的依靠。战争年代里他们是护国安民的强兵，保家卫国，艰苦奋战打下红色江山；和平年代里，他们是灾难危险中挺身而出的先锋，面对疫情暴雨、山火洪水，他们拧成一股绳、铆足一股劲地迎难出发，逆行而上，成为最美逆行背影。军人有地位，强军有脊梁，国家有力量。金夫人入驻重庆军工平台，为军人提供专属服务，弘扬光荣传统，赓续红色血脉，传承红色基

---

① 金夫人微信公众号，《金夫人 & 京东物流正式达成战略合作》，2020年9月3日。https://mp.weixin.qq.com/s/nuDYvQk299XHt13InanZwA

② 金夫人微信公众号，《金夫人入驻重庆军供平台，将为军人军属提供专属服务》，2021年1月13日。https://mp.weixin.qq.com/s/Gva-ujGQSQO8oYsOrNvLIg

因，坚定理想信念，为实现中华民族伟大复兴贡献力量。

3. 坚守初心，助力圆满家庭建设

（1）美满婚姻课程，传授经营之道

2019年9月3日，"金夫人美满婚姻文化中心"正式对外开放，这是金夫人旗下专门针对美满婚姻的公益组织机构，位于重庆解放碑纽约·纽约大厦二楼。"金夫人美满婚姻文化中心"是金夫人与社会的连接，是服务大众的地方，是一个充满爱的场域，也是一个承载着对人们美满婚姻祝福的地方。中心的宗旨是通过建设夫妻"心灵品质"，去成就美满家庭。"金夫人美满婚姻文化中心"现通过公益拍摄、课程分享、故事记录等形式，使更多的夫妻和家庭真正受益，呵护他们美满的婚姻，成就更多的幸福家庭。2021年，"金夫人美满婚姻文化中心"发布了"美满婚姻第一课"公益项目，金夫人集团董事长周生俊致辞："如今人们的物质是很富足的，但缺乏的是使他人受益的机会，那美满婚姻就是使他人受益也使我们自己受益的机会。这三年来，我们金夫人只做了20%，剩下的80%是需要在未来'卷'起更多的大众，一起去推动美满婚姻的建设。""美满婚姻第一课"的初心是帮助新人在结婚的初期甚至在结婚前学习婚姻的经营之道，为他们提前建设美满婚姻。自项目启动以来，在金夫人400多家门店，"美满婚姻第一课"共分享了30000次，使超70000人受益[①]。

（2）初心圆满仪式，记录海誓山盟

在2018年，金夫人开启圆满家庭建设公益之初，就启动了一个非常有意义的公益项目——"初心圆满仪式"，即为在金夫人拍摄婚纱照的新人记录下初心誓言而进行的纪念仪式。为了营造爱和圆满的氛围，提升用户的体验感和满意度，金夫人在3.0战略升级发布会上提出对重要旗舰门店进行重装升级，从场景和拍摄两个维度对"初心圆满仪式"进行全方位优化与升级打造，从而使仪式完成率和用户满意率达到100%[②]。一方面，金夫人打造了"初心圆满"的专属仪式空间，让新人们在安静又放松的环境下进行仪式，沉浸式地完成这份难得的真情记录；同时将仪式场所进行了多元化的场景延伸，除在专属艺术空间外，在

---

① 金夫人婚纱摄影微信公众号，《金夫人社会责任日｜5年公益，圆满家庭建设步履不停》，2023年6月11日。https://mp.weixin.qq.com/s/2mKlIpa_4UP0q1Jk4-Rx2g

② 金夫人婚纱摄影微信公众号，《金夫人新使命发布｜人们对圆满家庭的向往，就是我们的奋斗目标》，2021年11月16日。https://mp.weixin.qq.com/s/XfQ76ThH6UewfiSreTzFSQ

金夫人独家拍摄基地的私密教堂和户外草地，都能进行"初心圆满仪式"，方便有不同需求的新人们。另一方面，为了提升"初心圆满仪式"的视频品质，金夫人升级了影像拍摄设备，并对员工进行了拍摄技能培训，以更加诚敬之心来认真对待每一次的仪式记录①。金夫人通过记录新人书写并朗读爱语卡的方式，将婚姻的仪式感呈现出来，帮助用户坚守初心，经营美满婚姻。

（3）结婚登记拍摄，增添美好仪式

2018年6月11日，金夫人向社会大众发布了全新的企业使命——"人们对美满婚姻的向往，就是我们的奋斗目标"。2020年6月11日，金夫人的使命再次升级为"人们对美满婚姻、幸福家庭、孩子健康向上、合作伙伴共同成长的向往，就是我们的奋斗目标"。升级后的使命从多个维度去展现企业的社会价值和意义。金夫人从新使命出发，面向重庆所有即将步入婚姻的准夫妻，向全社会发布一项新的公益服务项目，即"幸福第一刻"结婚登记照公益拍摄项目，为即将结婚的新人们提供免费的结婚登记照拍摄服务②。2021年，金夫人又将企业使命升级为"人们对圆满家庭的向往，就是我们的奋斗目标"。从相遇、相知、相爱、相助、相惜、相许，到相守相伴一生，金夫人为一对又一对的新人拍摄了充满爱意的红底合影，这将会是他们喜结连理、迈向婚姻之殿、开启人生新篇章的见证，金夫人通过一张张喜庆的照片为新婚夫妻们增添一份美好的仪式感。从美满婚姻到圆满家庭的建设，金夫人致力于服务每对夫妻，成就美满婚姻，传递美好爱情故事和美满婚姻之道。

（4）结婚周年拍摄，巩固甜蜜婚姻

金夫人在2018年推出了"一年一张纪念照"拍摄项目，该项目是金夫人为所有已婚夫妻提供的"年年圆满结婚周年纪念照"公益拍摄服务，婚后的夫妻在每一年的结婚纪念日都可以到金夫人拍摄一张有仪式感的纪念照。一年一张的影像，不仅增强了结婚纪念日的仪式感，更重要的是夫妻两人对初心的回顾和幸福的传递。随着时间的推移，每对夫妻都会经历"三年之痛"和"七年之痒"，来自房贷、婆媳、工作、异地、孩子等的各种压力，以及柴米油盐酱醋茶等琐事，不断占据夫妻二人的婚后生活，爱情的美好与婚姻的激情都所剩无几，潜在

---

① 金夫人婚纱摄影微信公众号，《金夫人社会责任日｜5年公益，圆满家庭建设步履不停》，2023年6月11日。https：//mp.weixin.qq.com/s/2mKlIpa_4UP0q1Jk4-Rx2g

② 腾讯大渝网，《611社会责任日｜从今天起，金夫人为全城新婚夫妻免费拍摄结婚登记照》，2020年6月11日。https：//new.qq.com/rain/a/20200611 00332600

的感情危机可能呼之欲出，而每一个周年的纪念日正是婚后秩序维持的关键。当新鲜感慢慢褪去，金夫人通过为已婚夫妻拍摄结婚周年纪念照的方式，帮助夫妻二人重温美好回忆，重燃爱情火焰，并为他们传授婚姻经营之道，助力美满婚姻和圆满家庭的建设。金夫人不断深入理解中国人表达感情的方式，通过建设夫妻"心灵品质"去成就圆满家庭，通过承载欢喜与美好的结婚周年纪念照的拍摄，点亮幸福之光，温暖二人心扉。

（5）金婚纪念拍摄，传承家族幸福

为了激发社会大众对婚姻长久稳定的思考，金夫人推出"金婚纪念照拍摄"公益项目，即为结婚50周年以上的夫妻免费拍摄金婚纪念照。在他们结婚的年代，大多没有拍过穿着婚纱礼服的正式婚纱照，金夫人希望帮助更多金婚夫妻，记录下他们走过风雨岁月后的样子，让每一对不曾拍摄过婚纱照的夫妻都有机会体验和拥有这样有仪式感的照片，实现家族的幸福传承。2022年10月，金夫人开通了"初心·圆满"社交媒体账号，在微信视频号、抖音和小红书等新媒体平台持续发布感人肺腑的金婚故事，传播积极向上的婚姻观和家庭观，以激发网友对婚姻和家庭本质的思考和讨论。账号发布不久就收获了单条视频最高292万次的播放量，5.7万次点赞。在2023年的5月，"初心·圆满"微信公众号一篇关于"年年圆满"的故事，也收获了首个单篇10万以上的阅读量[1]。金夫人通过记录并讲述金婚夫妻的美满爱情故事，向社会大众传递婚姻圆满和家族幸福的秘诀，助力更多受众建设圆满家庭。这一行为是维护社会和谐稳定、国家长治久安的应有之义。

金夫人自成立以来，始终秉持"初心圆满"的理念。艺术写真是一个人的圆满，在网红经济时代，金夫人于2016年推出独家赞助公益视频《"镜"遇》制作活动，通过镜头帮助受众认识内心深处最真实的自己。婚纱摄影是两个人的圆满，金夫人成立"美满婚姻文化中心"，从结婚前中后多个阶段为夫妻传授婚姻经营之道，答疑解惑，记录不同时期幸福影像。儿童摄影是小家庭的圆满，自创立以来，金夫人旗下"儿童天堂"牢记"孩子对幸福童年的向往，就是我们的奋斗目标"的品牌使命，秉承"用感恩的心做人，用爱心做事业"的经营宗旨，凭借"走进儿童、关爱儿童、为儿童服务"的企业价值导向，自

---

[1] 金夫人婚纱摄影微信公众号，《金夫人社会责任日｜5年公益，圆满家庭建设步履不停》，2023年6月11日。https://mp.weixin.qq.com/s/2mKlIpa_4UP0q1Jk4-Rx2g

觉承担社会责任，积极参与社会各项公益事业，成立儿童天堂爱心银行基金，帮助近千名小朋友完成他们的心愿。全家福是大家族的圆满。金夫人旗下"One 家"用影像表达家庭成员间的细腻情感，呈现温馨、幸福、传承的全家福。2020年，金夫人旗下"One 家"为重庆赴鄂抗疫的医护家庭拍摄了4.2万张爱的全家福，这也体现了大爱无疆。而金婚纪念照拍摄，则是家族圆满的传递。金夫人记录并传播圆满金婚故事，一方面为家庭保留美好记忆，有助于家族幸福的传承；另一方面宣扬模范夫妻的婚姻经营之道供大众借鉴，有助于社会秩序的稳定。

• 未来

金夫人是在中国改革开放时期成立的企业，我国改革开放的初心和使命是为中国人民谋幸福，为中华民族谋复兴。一路走来，金夫人顺应时代潮流，承担起自己的使命责任，一直坚持以"初心圆满"的理念和"顾客第一"的核心价值观为导向，以顾客满意度为评价指标，始终做圆满家庭建设的推动者，为人们的美好生活锦上添花。成立至今，金夫人致力于提高社会公众的满意度和忠诚度，促进核心竞争力的持续提升、公益活动的有效开展以及社会效益的良性增长，助力企业的可持续发展；此外，金夫人致力于在开展公益项目的过程中收获良好的社会反响，为摄影行业的健康发展注入新动力，助推行业的繁荣发展。

金夫人在"3.0战略"落地执行后，秉持"人们对圆满家庭的向往，就是我们的奋斗目标"的新使命和"在幸福影像领域，实现品质、服务、规模的第一名"的新愿景，从使命引领、战略创新、机制保障三个维度进行优化与升级，开拓出婚纱摄影、儿童摄影、艺术写真、全家福四个"赛道"，不断壮大品牌矩阵，以打造品牌生态圈，为成就人们的美满婚姻和圆满家庭保驾护航，绽放绚烂之花，助推金夫人"千20"计划的达成。"千20"计划的提出，拓展了员工的发展边界，在激励员工进行创业的同时，又因为新的使命和愿景，帮助更多受众实现婚姻和家庭的圆满幸福。展望未来，强化社会责任的担当任重而道远，金夫人已经踏上了新一轮的长征。

开发者观点

以"圆满"品牌初心传扬中华"家"文化温暖

李 巍 教授/重庆理工大学 MBA 学院

◆ 案例开发缘由

作为在国家改革开放政策的指引下成长起来的重庆首家外商独资企业，34 年来金夫人以重庆为起点，向着世界各地的市场不断渗透，将圆满家庭建设的五大公益项目辐射到了海内外多个核心城市 400 多家店，其市场占有率和覆盖率不断提高和扩大，社会知名度和品牌信誉度亦显著提升。金夫人早已成为重庆家喻户晓的摄影企业，也引起了案例开发团队的密切关注，并展开了周期访谈和交流活动。团队早期对于金夫人的关注点主要集中在其"摄影服务"属性，例如金夫人先后获得的"中国驰名商标""中国婚纱摄影行业标志性品牌""中国人像摄影行业典范"等行业内唯一荣誉或奖项。但随着对金夫人相关信息与数据资料的持续跟踪，团队惊讶地发现，金夫人自成立以来一直在履行企业社会责任，如积极参与抗洪救灾、乡村振兴等活动，还推出了圆满家庭建设五大公益项目，始终秉持"初心圆满"的价值理念传承中华"家"文化。

金夫人于 2018 年发布企业新使命——"人们对美满婚姻的向往，就是我们的奋斗目标"，将 6 月 11 日设为企业社会责任日，并成立了公益组织"美满婚姻文化中心"以传授美满婚姻的经营之道，几年后又更新企业使命为"人们对圆满家庭的向往，就是我们的奋斗目标"。作为一家摄影服务企业，金夫人为什么要积极践行企业社会责任？为什么要设定企业社会责任日并推出圆满家庭建设公益项目？是为了提升自身知名度还是为了服务社会大众？新使命的提出又如何指引企业投身社会公益事业？在践行社会责任的同时，又如何实现商业价值与社会价值的有效平衡？这些疑问驱使团队积极联络金夫人的高层管理者，在进一步收集和完善相关二手资料的同时，获得实地调研与访谈的机会。

◆ 实地调研新发现

团队系统地收集了来自金夫人官网及官方微信公众号、新闻报纸、多媒体平台相关报道、行业报告、书籍期刊等渠道近十万字的二手资料，包含金夫人创立与成长过程中的重大事件、影响因素、成果奖项以及面临的相关问题等内容。对金夫人二手资料的进一步收集、梳理与分析，为后续实地调研与企业访谈做了充分准备。以2023年9月的金夫人实地调研为例，团队围绕"企业社会责任"这一主题，针对金夫人在社会责任、企业使命与愿景方面的企业管理经验与实践活动，设计了具有高度关联性的调研提纲，并提交给金夫人公司高层审核，在获得允许后奔赴重庆市渝中区进入金夫人集团进行实地调研，对相关高层管理人员进行访谈与交流。在访谈交流过程中，案例开发团队询问了金夫人在发展过程中遭遇的关键事件、问题挑战以及发展机遇，如"千20"计划提出后对于主营业务规划、核心品牌深耕、子品牌拓展等方面的洞见、举措与挑战，以及3.0战略升级发布后，金夫人在更新使命愿景、推进组织变革、构建品牌矩阵、践行社会责任、发展战略与内部流程创新中所做出的革新与改进等。

团队在调研中发现，金夫人在"人们对圆满家庭的向往，就是我们的奋斗目标"的企业使命和"在幸福影像领域，实现品质、服务、规模的第一名"的集团愿景的指引下，始终秉持"初心圆满"的理念，以摄影服务为切入点，不断推出圆满家庭建设公益项目来帮助社会大众建设美满婚姻和圆满家庭，以实际行动强化社会责任担当。此外，金夫人以身作则，在摄影服务中维护行业信誉，在抗洪救灾中彰显家国情怀，在服务延伸中使社会大众受益，在坚守初心中传承"家"文化。与二手资料相比，深入现场的调研与访谈让团队较为清晰地认识和了解到金夫人在企业社会责任方面的具体规划和实践活动，真切感受到金夫人投身公益事业的态度和决心，也让团队认识到金夫人作为一家摄影服务企业，一直坚持以"初心圆满"的理念和"顾客第一"的核心价值观为导向，以顾客满意度为评价指标，始终做美满婚姻和圆满家庭建设的推动者，为人们的美好生活锦上添花。

◆ 洞察企业新认知

通过系列调研，案例开发团队对金夫人的管理经验和实践特色进行了系统的回顾、梳理与总结。团队成员一致认为，金夫人的企业特色主要表现在以下两个方面：

一是充分发挥产业优势，企业社会责任内外双循环深耕摄影服务领域。对内而言，金夫人在"3.0战略"升级中提出"千20"计划，推出扶持员工创业的相关机制，鼓励在公司工作7年以上的老员工"走出去"创办小微企业，并通过入股等方式进行帮扶。"千20"计划的提出，不仅打开了员工的上升空间和拓展了企业的发展边界，在激励员工进行创业的同时，又因为新的使命和愿景指导金夫人更好地去了解并满足顾客需求。对外而言，金夫人坚守初心圆满，成立"美满婚姻文化中心"，以传授婚姻经营之道、记录幸福美好时刻的方式助力圆满家庭建设，传承中华"家"文化。至今，金夫人已成功推出五大圆满家庭建设公益项目，并聚焦于幸福影像事业，打造婚纱摄影、儿童摄影、艺术写真、全家福四个"赛道"，致力于帮助更多的受众实现婚姻和家庭的美满与幸福。

二是构建长效机制，实现从相对单一的公益实践到社会责任有机体联合的转变。金夫人既用"望远镜"，准确把握社会发展的整体态势，以实际行动投身社会公益事业，维护社会公序良俗，打造风清气正的社会风尚，传承中华"家"文化；又用"显微镜"，织密覆盖全产业链的合作网络，如携手建设银行助力乡村振兴、联合京东物流践行绿色发展理念、入驻军供平台提供专属服务等，吸引更多社会力量投身于社会公益事业，有利于调动社会各方履行社会责任的积极性，激活社会资源蕴藏的公益潜能。金夫人高质量地履行社会责任既是企业自身发展的题中之义，更是顺应时代潮流的明智之举，从一方努力到携手共进，唯有社会各方齐心协力方能推动社会公益事业的稳健前行。

◆ 案例开发总结

当今世界正处于百年未有之大变局，作为一家摄影服务企业，从强化责任担当到创造社会价值，金夫人在探索自身社会责任的进程中不断完善可持续发展的战略体系，建立企业社会责任的长效机制。因此，让社会更全面、客观和真实地了解"金夫人"这一在重庆本土崛起的中国摄影品牌,不仅是团队开发本案例的初衷,也是我们践行重庆理工大学 MBA 学院"学科融通、产教融合、知行融升"人才培养理念的重要使命。

作为一家服务型企业,以"摄影+服务"双轮驱动,强化企业社会责任担当是推动金夫人在创业道路上行稳致远的内生动力。一方面,金夫人以摄影服务为抓手实现产业报国,以传授婚姻经营之道、记录幸福美好时刻的方式助力圆满家庭建设,并积极参与救灾活动,不断提升企业的发展空间和行业的社会信誉,激活摄影行业蕴藏的公益潜能。另一方面,金夫人与各大平台强强联手,不断延伸产业链,在拓展业务边界的同时创造社会价值,如携手建设银行助力乡村振兴、联合京东物流践行绿色发展理念、入驻军供平台提供专属服务等,实现从单一发力到多方合力的转变。"初心圆满"是金夫人及其团队始终践行和坚持的核心价值观,也是摄影服务企业保持生机与活力的制胜法宝。从金夫人身上,我们洞察到重庆本土企业在成长与探索过程中形成的"初心圆满"的企业使命和价值理念,也感受到其所蕴含的中华"家"文化。

附录

附录1:金夫人大事记

附表1　金夫人的重大事件

年份	重大事件
1989	·金夫人婚纱影楼诞生于重庆市解放碑邹容路
1994	·金夫人整体搬迁至重庆市解放碑地标性建筑——会仙楼(现 WFC 环球金融中心)
1995	·兰州金夫人成立,标志着集团西北大区的体系建立 ·首次荣获"中国十大杰出影楼"称号
1996	·广州金夫人成立,标志着集团华南大区的体系建立
1998	·沈阳时尚经典成立,标志着集团北方大区的体系建立
1999	·金夫人荣获"重庆市著名商标",成为重庆家喻户晓的企业

续表

年份	重大事件
2000	·金夫人荣获"中国十佳摄影企业"称号
2001	·沈阳巴黎婚纱成立，中国金夫人集团多品牌运营策略再添优质品牌 ·金夫人化妆摄影培训学校成立 ·金夫人召开全国第一届连锁经营高峰会
2004	·金夫人实业有限公司中国总部喜迁至解放碑CBD中央商务区纽约·纽约大厦，营业面积达到6000平方米
2005	·北京金夫人成立，标志着金夫人集团正式进入首都市场
2006	·杭州金夫人成立，标志着集团华东大区的体系建立 ·金夫人荣获"全国民营企业文化建设先进单位"
2008	·金夫人加盟连锁荣获"中国市场连锁加盟十佳首选品牌"
2009	·金夫人首推中国香港、中国澳门旅拍婚纱照服务
2010	·金夫人被商务部国际贸易经济合作研究院信用评级与认证中心评为"诚信中国·十大诚信企业"之一
2012	·金夫人集团—婚纱摄影全国电子商务官方网站上线 ·中国商业联合会评定金夫人为"企业信用评价AAA级信用企业"
2014	·金夫人全球爱之旅欧洲瑞士站开启
2015	·成都金夫人成立，标志着集团华西大区的体系建立
2016	·金夫人开放摄影师团队自选平台，自选服务团队/自选拍摄档期/自选拍摄风格 ·由中国人像摄影学会婚纱专业委员会举办、中国金夫人集团承办、重庆摄影行业协会协办的"成功之道·中国之行"第二十站在重庆召开
2017	·金夫人集团正式成立旅拍品牌，金夫人全球旅拍、时尚经典全球旅拍
2018	·金夫人"致良知美满婚姻学院"正式揭牌，金夫人新使命发布"人们对美满婚姻的向往，就是我们的奋斗目标"，并将每年的6月11日定为"社会责任日" ·金夫人品牌全新VI隆重推出，并向社会公布金夫人在本年度开启的公益项目——"初心圆满·金婚"和"年年圆满" ·海信家电集团携手"金夫人"，一起幸福亿万家庭
2019	·金夫人正式发布"美满婚姻计划" ·金夫人美满婚姻文化中心对外开放 ·"初心·圆满"金夫人"3.0战略"落地执行动员大会召开 ·金夫人和广州长隆集团达成深度合作，基于"更多爱，更多欢笑"的愿景共同打造"哈哈影响博物馆"和有特色的园区亲子旅拍服务 ·成立于2010年、更懂女人美的专业女性摄影机构卡多利亚摄影加入金夫人大家庭 ·金夫人旗下专业全家福品牌"One家"全家福正式开业 ·金夫人创始人周生俊先生和他的妻子侯礼书女士迎来金婚，他们将这份情谊变成祝福，希望每一位夫人都能成为金夫人 ·金夫人集团三十周年庆典暨第十六届连锁经营事业高峰会召开

续表

年份	重大事件
2020	·金夫人文化艺术中心正式发布"光之礼堂" ·金夫人"格物手作"定制工作室成立 ·金夫人全国417店全员参与发起自公司成立以来最大规模的公益拍摄行动"4.2万张爱的合影,致敬援鄂医护英雄" ·金夫人集团开启旗下高定影像品牌——"禎希" ·金夫人"611"社会责任日,金夫人美满婚姻文化中心开启"幸福第一刻"结婚登记照公益拍摄服务 ·金夫人贵阳旗舰店盛大开业 ·金夫人携手建设银行助力乡村振兴·幸福家庭,联合启动全家福公益照项目 ·金夫人与京东物流正式达成战略合作 ·金夫人"美满婚姻文化中心"发布"年年圆满"纪念照公益拍摄项目 ·金夫人儿童天堂新使命发布"孩子对幸福童年的向往,就是我们的奋斗目标"
2021	·金夫人郑州旗舰店盛大开业,开启了金夫人集团中原地区的发展新里程 ·金夫人 Novia 礼服馆华丽启幕西南区最大、重庆唯一专供婚纱照拍摄的礼服馆 ·"611"社会责任日金夫人"美满婚姻文化中心"发布公益课堂"美满婚姻第一课",帮助金婚夫妻"扣好第一颗扣子" ·长情婚戒,金夫人美满婚姻见证婚戒品牌诞生 ·"热爱·笃行"金夫人"3.0战略"升级发布会发布新使命——"人们对圆满家庭的向往,就是我们的奋斗目标" ·金夫人旗下 MODA 写真联合杭州 LIX 肖像成立高端肖像品牌 MODA×LIX 肖像 ·金夫人发布集团新愿景:"在幸福影像领域,实现品质、服务、规模的第一名" ·金夫人爱心驰援河南灾区,情系河南 ·金夫人入驻重庆军供平台,为军人、军属提供专属服务
2022	·金夫人发布全新 Slogan "金夫人·中国人的婚纱照",以情感影像传承中国人的爱情 ·金夫人成立电影感定制婚纱摄影工作室"遇渐影像","所有故事,从遇见开始" ·中国重庆解放碑金夫人中国总店乘新而至,璀璨新生 ·金夫人 VI 体系全面升级,Slogan 升级为"青春的见证" ·金夫人受邀为《势界》杂志拍摄封面,由金夫人掌镜,打造国家队花滑队员王诗明和柳鑫宇的复古摩登大片 ·金夫人斩获第九届世界摄影杯(WPC)婚纱类两大奖项 ·冬奥冠军徐梦桃成为金夫人体验官,与王心迪拍摄浪漫官宣婚纱大片 ·金夫人线上线下同步举行金婚影展"难得半世纪",见证金婚夫妻半个世纪的真情 ·金夫人联合龙湖高新天街,开启新年首展"我和我爱的___"时间的力量主题影展,以影像共鸣,以情感共鸣

资料来源:本案例整理。

附表2 金夫人的主要成就

年份	主要成就
1995	·金夫人首次荣获"中国十大杰出影楼"称号 ·金夫人荣获首届"中国百佳明星影楼"
1996	·金夫人荣获第二届全国人像摄影"十杰"
1999	·金夫人荣获"重庆市著名商标"
2000	·金夫人荣获"中国十佳摄影企业"称号
2003	·金夫人荣获"全国百家明星侨资企业" ·金夫人荣获"全国摄影业百强企业"
2004	·金夫人荣获"全国摄影名店" ·金夫人荣获"全国影楼十大青年化妆名师" ·金夫人荣获"中国婚纱影楼钻石品牌奖" ·金夫人荣获"中国商业信用企业"
2005	·金夫人通过行业首家ISO9001质量体系认证 ·金夫人荣获"全国十佳照相馆"
2006	·金夫人荣获"全国民营企业文化建设先进单位" ·金夫人获得了全国摄影行业历史上第一个,也是目前唯一的"中国驰名商标"
2008	·金夫人成为中国婚纱摄影行业唯一标志性品牌 ·金夫人加盟连锁荣获"中国市场连锁加盟十佳首选品牌"
2009	·金夫人荣获"全国百家明星侨资企业" ·金夫人通过PPA认证,成为国际著名摄影机构 ·金夫人荣获"中国婚纱摄影消费者最佳满意品牌"
2010	·金夫人被商务部国际贸易经济合作研究院信用评级与认证中心授予"诚信中国·十大诚信企业"
2011	·金夫人荣获由重庆市人民政府颁发的优秀企业
2012	·金夫人荣获"重庆十大商业创新品牌" ·金夫人荣获"中国特许连锁120强" ·金夫人荣获"AAA企业信用等级企业" ·金夫人荣获"重庆市商业诚信示范企业" ·金夫人荣获"重庆市优秀民营企业"
2014	·金夫人荣获第五届中国婚纱摄影行业标志性品牌 ·金夫人荣获"中国最具成长型服务品牌企业" ·金夫人荣获"婚纱摄影十大杰出品牌企业"
2015	·由工业和信息化部指导、品牌评价机构评选的2015年中国品牌力指数榜单发布,金夫人获得"2015年婚纱摄影行业第一品牌"荣誉 ·金夫人周生俊总裁荣获"2015年中国生活服务业年度人物" ·金夫人荣获"全国商贸流通服务业先进单位"

续表

年份	主要成就
2018	·金夫人荣获"AAA 企业信用等级企业" ·金夫人荣获"重庆市外商及港澳台投资企业 50 强" ·金夫人荣获"中国人像摄影行业十大领军企业" ·金夫人荣获"中国人像摄影行业第一旗" ·金夫人荣获"2018 中国十佳商业品牌"
2019	·金夫人成为行业唯一中国人像摄影行业典范
2020	·金夫人荣获全国商贸流通服务业劳动模范及先进集体奖
2022	·金夫人斩获第九届世界摄影杯（WPC）婚纱类两大奖项 ·金夫人荣获 2022 年"重庆市文明单位" ·金夫人担任重庆市摄影行业首批"职业技能等级认定评价机构"
2023	·金夫人摄影师陈艺果荣获"中国人像摄影职业大师赛金奖"

资料来源：本案例整理。

附图 1　金夫人获得的部分荣誉

资料来源：金夫人官网。http://cq.121314.com/brand

附录 2：金夫人的主要业务

1. 业务介绍

金夫人经营范围包括婚纱摄影、儿童摄影、艺术写真、全家福摄影、专业数码输出、相框装裱、相册制作、礼服服务、软件开发、教育培训、连锁经营等产业链。

金夫人旗下品牌产品包括：金夫人婚纱摄影、时尚经典、"遇渐影像"、金夫人全球旅拍、"禛希"高定影像、"儿童天堂"玛瑞莎、MODA写真、LIX肖像、卡多利亚私房摄影、"One家"全家福、合家欢全家福等。

2. "赛道"介绍

（1）婚纱摄影"赛道"

婚纱摄影是"主赛道"，这个板块以金夫人为主，因其主要面向中国消费市场，因此在2022年金夫人发布全新Slogan"金夫人·中国人的婚纱照"，以情感影像传递中国人的爱情。此外，金夫人旗下也进行了品牌细分，"禛希"主要面向消费1万元以上的高端顾客群；"遇渐影像"以电影质感为主要拍摄风格，主要面向追求小众化、个性化的年轻消费群体；品越婚礼专注主题婚礼策划及精品婚礼定制；金夫人全球旅拍作为金夫人集团旗下的旅行摄影定制品牌，则专注于全球旅行婚纱摄影。此外，金夫人还创办了重庆金夫人化妆摄影培训学校，致力于培养极具实践能力的化妆、摄影、数码设计等专业人才。

（2）儿童摄影"赛道"

儿童摄影是四个"赛道"中最大的"子赛道"，是发展的第二主线，其中，"儿童天堂"是最大的子品牌，设有重庆和上海双总部，在全国有100多家门店。此外，源于韩国的"In爱"专业国际儿童摄影与金夫人强强联手；重庆儿童天堂摄影有限公司旗下的玛瑞莎孕婴摄影则开启了重庆乃至全国专业孕妇摄影的先河。

（3）艺术写真"赛道"

在艺术写真方面，金夫人旗下有三个品牌：一是MODA，主要面向18岁左右的年轻消费群体，Slogan为"青春的见证"，以保留美好的青春记忆；二是LIX肖像，主要面向白领等高端消费群体，目前在国内的高端肖像摄影中名列前茅；三是卡多利亚，它是重庆女子私房摄影的第一名，其前身是一个摄影工作室，因其认同金夫人的品牌文化，在金夫人成立三十周年的时候加入进来，成为金夫人的子品牌。

（4）全家福"赛道"

全家福即"One家"，是金夫人旗下专业全家福摄影品牌，创立于2019

年。"One 家"总部位于重庆，在重庆、成都、广州、贵阳、深圳等地均有门店，发展速度飞快，市场潜力较大。"One 家"代表"万家"，也代表"一家"，双重隐喻。

附图 2　金夫人旗下部分品牌

资料来源：金夫人官网。http：//cq. 121314. com/brand

附录3：金夫人圆满家庭建设五大公益项目

（1）"美满婚姻第一课"

探讨如何拥有美好的夫妻关系以及如何建设圆满家庭，以轻松互动的形式，帮助夫妻们获取婚姻经营之道，种下美满婚姻的种子。

（2）"初心圆满"仪式

在新人拍摄婚纱照的服务过程中，记录下新人的初心誓言影像，这是他们对美满婚姻的向往，也是对彼此最庄严的承诺。这份记录承载着对美满婚姻的祝福。

（3）"幸福第一刻"结婚登记照拍摄

为即将结婚的新人们提供的结婚登记照公益拍摄服务。这一张红色背景的合影，将会是两个人走进共同的婚姻生活、人生新篇章的开始。我们期待为这一张喜庆的影像增添一份美好的仪式感。

（4）"年年圆满"结婚周年纪念照拍摄

面向所有已婚夫妻的结婚周年纪念照公益拍摄服务。让婚后的夫妻在每一年的结婚纪念日，都可以拍摄一张有仪式感的纪念照。一年一张的影像，让结婚纪念日更加有仪式感，这也是夫妻两人对初心的回顾和幸福的传递。

（5）金婚纪念照拍摄

为结婚50年以上的夫妻免费拍摄金婚纪念照。在他们结婚的年代，大多都没有拍过穿着婚纱礼服的正式婚纱照，希望以此记录下他们走过风雨岁月后的样子，让每一对不曾拍摄过婚纱照的夫妻都能有机会体验和拥有这样有仪式感的照片。

资料来源：金夫人婚纱摄影微信公众号，《金夫人社会责任日｜5年公益，圆满家庭建设步履不停》，2023年6月11日。https://mp.weixin.qq.com/s/2mKlIpa_4UP0q1Jk4-Rx2g

附录4："初心·圆满"新媒体账号

2022年10月，金夫人开通了"初心·圆满"新媒体账号，涵盖微信视频、抖音和小红书等线上平台。将这些年积累的真实而感人的故事以短视频的形式呈现。网友们观看后纷纷开始思考婚姻的本质，激发对婚姻和家庭的思考和讨论，由此感受到了人们对幸福的婚姻和家庭的向往。账号发布不久就收获了单条视频最高 292 万次的播放量，以及 5.7 万次的点赞量。在 2023 年 5 月，"初心·圆满"微信公众号一篇关于"年年圆满"的故事，收获了首个单篇 10 万次以上的阅读量。

资料来源：金夫人婚纱摄影微信公众号，《金夫人社会责任日 | 5 年公益，圆满家庭建设步履不停》，2023 年 6 月 11 日。https：//mp.weixin.qq.com/s/2mKlIpa_4UP0q1Jk4-Rx2g

远大印务：创造共享价值的社会责任实践之路[*]

案例概要

  负责任的企业应当厘清所生产的产品、所提供的服务对社会、个人是否会产生问题，企业战略思维要有"善"的理念，只有实现企业经济价值与社会责任的有效融合，企业才能基业长青。重庆市远大印务有限公司自成立以来，就将社会责任作为企业的立企之本，将社会责任根植于企业文化和品牌建设之中，以各种形式为履行社会责任赋能，树立企业效益与社会责任融合发展的品牌形象。以党建为抓手，赋能共享价值的社会责任建设；关爱残疾员工，践行扶残助残社会责任；走进公益事业，让爱之"光"照得更亮、更热、更远；亲近社区生活，共创人民群众所向往的美好生活幸福圈；心怀"国之大者"，扛稳安全保密社会责任。本案例通过对重庆市远大印务有限公司践行社会责任的行为进行剖析，探索企业发展与履行社会责任的内在规律，旨在引起读者对传统企业"品牌建设+社会责任"模式的思考，并为企业可持续发展提供管理借鉴。

---

[*] 本案例由重庆理工大学MBA学院的成卫副教授、张雪、邓云彬和周艳同学撰写，得到了远大印务有限公司总经理张璐女士以及重庆中华传统文化研究会的大力支持。本案例旨在作为MBA教学中课堂讨论的题材，而非说明本案例所述的管理行为是否有效。

案例正文

引言

"远大,我爱你",这是彭英在自己朋友圈晒出的内容。重庆市远大印务有限公司(以下简称远大印务)一直鼓励残疾人用努力追求幸福"个人梦",青春洋溢的 9 位远大印务残疾员工受这样的企业文化的影响,相信手语是无国界的语言,2019 年春节,他们带着这份自信组团自驾去泰国旅游,去享受同属于年轻人的快乐、浪漫和激情。

远大印务现有员工 477 名,其中残疾员工 226 名,占职工总数的 50% 左右(其中肢体残疾人占 53%,听力言语残疾人占 30%,视力残疾人占 15%,其他残疾人占 2%)[①]。这是一组让人有点意外的数据,同时也让人充满疑惑,残疾人士由于自身生理缺陷,社会上对这一群体总是充满各种各样的偏见和不公平待遇,远大印务为什么会反其道而行之,招录近一半的残疾员工?对于走进远大印务的残疾人士,公司又为他们做了什么,使在普通人眼中只能领低保、无法正常工作的他们也能自立自强、发光发热,也能在实现人生梦想的同时为社会做出贡献?远大印务多年来连续不断向社会传递的爱心善举,为什么不但没有阻碍其快速稳定发展,反而实现公司年销售收入从 30 万元到过亿元的突破,而残疾员工对公司也充满认同感与归属感,实现了企业与员工的双赢?带着这些问题,让我们共同走进远大印务,以近知远,探寻其创造共享价值,实现可持续发展的社会责任实践之路。

企业简况

1992 年,重庆远大印刷厂(重庆市远大印务有限公司的前身)在金紫山生

[①] 中国国情,《重庆市远大印务铸就品牌公益 20 余载 心存善念 行则久远》,2018 年 1 月 31 日。http://guoqing.china.com.cn/2018-01/31/content_50366019.htm

产队废旧租赁房正式成立，经过三十多年的发展和积累，如今远大印务已发展成为重庆市颇具规模的智能化、个性化的综合性印刷包装企业，形成票据印制、国家统一考试试卷印制、IT配套印刷品印制、彩盒包装类产品印制及防伪溯源标签票证印刷五大板块，通过与国内各大企事业单位及国际品牌商的合作，其产品远销国内外。目前，远大印务坐落于两江新区水土高新园区，是重庆市推动企业转型升级重点项目单位，占地面积55亩，建筑面积4.7万平方米，总投资2.8亿元，年生产产能10亿印，产值1.5亿元①。

远大印务自成立以来，一直用行动履行企业的社会责任。2012年，远大印务第一批通过国家环境标志产品即票据绿色印刷十环认证，其始终秉承绿色印刷发展的理念，不断采用环保型原辅材料及环保节能印制工艺。远大印务全面通过了ISO9001质量管理体系、ISO14001环境管理体系、ISO45001职业健康安全管理体系、FSC森林认证体系、ISO27001信息安全管理体系，取得了中国环境标志产品认证（票据绿色印刷和平版印刷十环证书）、国家统一考试试卷印制/涉密防伪票据双甲级资质证书②。作为重庆市优秀文化企业和"两新"组织党建工作市级示范企业，远大印务积极承担社会责任，建立"远大爱心基金"，成立企业残疾人联合会，积极参与农村扶贫、帮扶微型企业等社会活动，为社会各界捐款、捐物，坚定执着于和谐社会的建设与爱心事业的发展。远大印务始终发扬"远虑谋事、大志成业、厚德载物、宁静致远"的企业精神和"不忘初心，团结进取，脚踏实地，追求卓越，启迪心灵，塑造人格，与人为善，善莫大焉"的核心价值观，以"追求全体员工物质和精神幸福的同时，做有社会责任的企业，不断提升残疾员工的进取精神，实现共同富裕"为企业使命，在为客户提供优良、精准、及时、个性化的全方位服务的同时，履行企业的社会责任。

• 发挥党建"四个作用"，赋能共享价值的社会责任建设

"如果没有党的好政策、没有党的好环境、没有党的好领导，也就没有远大印务美好的今天。"③远大印务党委书记、董事长张爽感慨地说道。

---

① 远大印务内部宣传资料，《重庆市远大印务有限公司简介》。
② 远大印务内部宣传资料，《事业》（2012—2022年远大聚众集团三十周年文集），2014年。
③ 远大印务内部宣传资料，《事业》（1992—2012年远大聚众集团二十周年文集），2010年。

1992年，远大印务沐浴着改革开放的春风，享受着党和政府的优惠政策"蹒跚起步"。三十载耕耘，远大印务硕果累累，现已经发展成为促进区域经济发展、缓解社会就业压力的重要力量。作为党的好政策的亲历者、受益者、感恩者，有着15年党龄的张爽深刻地意识到，加强党建工作、发挥党组织的政治核心和政治引领作用对于民营企业来说是十分必要和重要的。

1. 发挥党建统领作用，科学决策促进服务地方经济

远大印务始终坚持把党建工作全方位地融入企业的全过程、全环节，实现企业发展与党建工作的"双轮驱动"，互促共进。2004年，远大印务成立党支部；2011年，获上级党组织批准成立重庆远大印务有限公司党委；2019年，更名为"中共重庆远大聚众集团有限公司委员会"，下设中共重庆远大印务有限公司支部委员会、中共重庆远见信息产业集团有限公司支部委员会[1]，凡是企业重大决策、重要项目安排、大额资金使用、人事安排等重大事项，集团党委都会积极从源头参与决策，发挥政治优势，发动党员团结、带领全体员工，推动党建工作与企业发展同研究、同部署、同落实。

2005年，在20世纪90年代初就已成为重庆市财政、地税和国税定点印制单位[2]的远大印务发挥党建优势，科学决策，迎来了发展的重大战略转折，搬迁至位于现人和街道镜泊中路、占地55亩的新建厂房，并成立试卷印制中心，成为国家保密局批准的重庆市国家统一考试试卷定点印制企业。2009年，远大印务成立IT产品事业部，专门为信息产业配套服务，成为惠普、戴尔、宏碁等多家世界五百强企业的国内和国际印制品供应商。到2010年，远大印务的年销售收入从建厂之初的30万元发展到突破1亿元[3]，2022年年产值超过1.5亿元，党建统领服务地方经济发展的作用进一步凸显。

2. 发挥党建铸魂作用，凝心聚力推动企业文化建设

为充分发挥党建凝心铸魂作用，远大印务以形式多样的党建活动为载体，推动共享价值理念和"诚信经营、客户至上、精印快捷、保密安全"的企业文化

---

[1] 远大印务内部宣传资料，《重庆市远大印务有限公司发展历程暨大事记》《重庆远大聚众集团有限公司及各子公司发展历程暨大事记》，1992—2022年。

[2] 远大印务内部宣传资料，《重庆印刷》，2000年12月。

[3] 远大印务内部宣传资料，《事业》（1992—2012远大聚众集团二十周年文集），2010年。

"生根发芽"。

学习教育上，打造"书香远大"，建设学习型党组织。创建"良知学院"，远大印务的党员领导干部引领示范，带动全员学习国家政策法规、国家"十四五"规划、中华优秀传统文化、公司制度、印刷新技术新工艺等。发起"与书香为伴，与智慧同行"读书心得分享活动，积极营造爱读书、读好书、善读书的企业学习文化氛围，引导促进公司员工在思想上有深化、行为上有改变、工作上有进步。

阵地建设上，投入专项资金完善党员活动场所及设施建设，打造党员活动室、党员文化沙龙、党建宣传专栏、党员创先争优公示栏、远大聚众集团陈列馆等，创立《远大人》季刊，打造企业文化宣传"窗口"。

活动开展上，依托主题党日活动、专题党课、主题教育活动、过"政治生日"等活动，将"三线"精神、爱国情怀、革命精神、红色文化等融入党建活动，引导公司党员、全体员工爱岗敬业，积极进取，感恩奉献。

得益于优秀企业文化的引导，远大印务先后获得"全国守合同重信用企业""全国十佳特种印刷企业""中国质量过硬知名品牌""重庆市两新党建示范点""重庆市优秀文化企业""重庆市民营企业社会责任100强""重庆市印刷行业诚信企业"等众多荣誉称号[①]，企业内部凝聚力和竞争力不断提升，为企业的高质量发展打下了坚实的基础。

3. 发挥党建引领作用，以身作则、坚守初心、恪守职责

远大印务集团党委发挥党建引领作用，注重人才队伍建设，开展经理人和共产党员"双带头人"活动，既加强党员领导干部党性理论知识学习，又培训提升工作能力，为企业培养高素质的管理人才队伍，提升企业的综合竞争力。同时，远大印务始终致力于打造一支高素质的党员队伍，持之以恒抓好党员思想政治教育，重点培养发展政治素质过硬、工作技能扎实的一线员工，通过理论学习、专题教育等方式，组织学习党的路线方针政策，学习印刷新概念、新知识、新技能，教育引导他们时时争先进、处处当标兵，充分发挥先锋模范带头作用。近年来，远大印务党委通过开展"创先争优""岗位示范岗""党员先锋岗""党

[①] 远大印务内部宣传资料，《重庆市远大印务有限公司发展历程暨大事记》《重庆远大聚众集团有限公司及各子公司发展历程暨大事记》，1992—2022年。

员责任区"等实践活动，以党带群，激励公司员工向先进集体和个人看齐，增强员工履职尽责意识，促进新使命下有新担当、新作为。为进一步发挥党建引领作用，在远大企管中心、安全保密委员会等核心部门设置"党员示范岗"，以政治坚定、服务尽责、遵章守纪、作风正派和密切联系群众五项内容为标准，引导党员亮身份、亮职责、亮业绩，影响和激励其他员工，实现岗位带部门、部门带企业，有效提升员工履职尽责的能力和工作效能。

远大印务党委抓好"党建带群建，党群共建谋发展"。在车间、班组和部门深入开展"创先争优"活动，选树优秀典型，对评选出的优秀党员、先进个人、先进部门、先进班组和先进车间等给予奖励，激励员工提升荣誉感和责任感，促进干事创业有担当。为增强企业凝聚力、战斗力，远大印务党委要求党支部、工会、团组织班子成员定期深入车间一线，走近员工开展交心谈心，关心他们的思想、生活和工作，同时让员工及时了解集团年度发展总目标，将群团工作与党建工作紧密结合，构建党建引领、群团共建的工作新格局，促进员工知责任、尽义务、做贡献，助推远大印务事业发展取得新成效，跨上新台阶。

4. 发挥党建驱动作用，积极致力于服务和谐社会建设

远大印务董事长张爽经常挂在嘴边的一句话是，"企业要做到长远发展，就要找到发展与责任的完美契合点，这就好比鸟的一双翅膀，只有两者协调发展，才能保持平衡，鸟才能飞得更高、更快、更远"①。远大印务积极响应党的号召，勇于承担社会责任，牢固树立党建驱动，实现企业与员工、企业与社会、企业与政府之间和谐共赢的发展理念，积极推动构建高质量的非公企业党建组织。远大印务自成立以来，坚定执着于和谐社会的建设与爱心事业的发展，深入开展送岗位、送技能、送学费、送温暖等党建活动，引导并激励党员积极投入到扶残助残、公益慈善、抢险救灾、捐款捐物、防疫抗疫等社会急难险重的任务中去。据统计，近10年来，远大印务为社会各界捐资近400万元②，用实际行动彰显了市级示范"两新"组织的责任与担当，为社会稳定、和谐发展做出积极贡献。

远虑谋事，大志成业。远大印务的成功，离不开党委推动党建工作与企业发

---

① 远大印务内部宣传资料，《重庆市远大印务有限公司发展历程暨大事记》《重庆远大聚众集团有限公司及各子公司发展历程暨大事记》，1992—2022年。

② 远大印务内部财务资料。

展相融共赢的正确领导，离不开党委班子敏锐的商业嗅觉和认真的经营，助推企业经营管理水平的提升，推进企业人才队伍培养和企业文化建设，使党的组织资源转化为企业的发展资源、组织优势转化为企业的发展优势、组织活力转化为企业的发展动力，更离不开远大印务以"近"谋"远"的高瞻远瞩，以创造共享价值的社会责任，实现远大印务的可持续发展。

● 拉近残疾员工，社会责任从厚待员工开始

当企业把社会责任融入企业的价值链运营或者创新战略和商业模式、融入企业文化和价值观时，随着文化和价值观在企业的渗透，社会责任就会成为企业各层人员决策所必然考虑的因素之一。

1. "偏心"的薪酬福利待遇——让生活有希望

远大印务人力行政部的钟媛媛曾笑着"抱怨"说："张总对残疾员工的'偏心'程度，有时让我们都有些嫉妒了。"玩笑话的背后，真真切切地反映了残疾员工在远大印务的幸福、快乐和无忧。

薪酬倾斜：在远大印务，每一位残疾员工都被"偏爱"和尊重，不仅同工同酬，每月还能享受额外发放的300元津贴[①]。

优厚福利：不仅薪酬倾斜，福利方面也非常优厚。对于普通员工，公司只免费提供中午一顿工作餐，而对残疾员工却实行早、中两餐免费就餐制。公司会优先考虑将有空调、浴室、娱乐设施等配套齐全的员工宿舍分配给残疾员工，或者优先为他们提供廉租房源，享受购房优惠政策。每年还会组织针对残疾员工身体情况的免费体检，节日、生日、助残日为他们送出情意浓浓的节日礼品与慰问金。除此以外，残疾员工家属就业享有优先录用权，符合条件的残疾员工子女还能享受千元助学金。

特殊关照：最初，每逢春节放假，远大印务考虑到大多数残疾员工来自万州较偏远地区，交通不太方便，为了减轻他们在春运期间的舟车劳顿之苦，公司专门组建起爱心车队，护送这些残疾员工安全地回家过年。现在，公司事业蒸蒸日上，员工们的生活条件也越来越好，很多残疾员工都购置了私家车，爱心护送车

---

① 远大印务内部宣传资料，《事业》（2012—2022年远大聚众集团三十周年文集），2018年。

队虽已没有了存在的意义，但远大印务的这份"偏爱"却没有终止。公司想到，当残疾员工自驾发生交通事故时，难免会经历沟通不畅的困难，因此专门为残疾员工提供事故现场处理的救援服务。只要他们有需要，公司就会马上派出志愿者赶到事故现场，帮助他们及时妥善处理好相关事宜。

2. 无微不至的人文关怀——让工作有保障

（1）因人定岗，细微之中表关怀

在市场竞争面前没有弱者生存的权利，但作为一个有着近半数"弱者"的福利企业，如何才能在弱者的体魄下爆发出强者的力量呢？这是远大印务一直在思考的问题。一代明君唐太宗说过："明主之任人，如巧匠之制木，直者以为辕，曲者以为轮，长者以为栋梁，短者以为拱角，无曲直长短，各有所施。"远大印务在残疾员工的任用上依据"因才施用"的原则，从设定工作岗位开始就颇费心思。结合岗位需要和残疾员工身体状况，将听障员工安排在印后、后勤岗位，将肢体残疾员工安排在印刷、印后和办公室岗位，将视力残疾员工安排在后勤、搬运、库房岗位等。将下肢残疾而双手灵巧的员工安排在主要靠双手工作的装订台板上工作，并安排四肢健全的员工帮他们搬运物品，这样他们就不会因为走动频繁而过于劳累；对于身材矮小，但四肢、头脑灵活的员工，公司会把他们安排在折页机、打码机等矮小的机台上工作；将学历层次较高、视力好的残疾员工安排从事一些设计、照排、校对等工作；安排聋哑员工从事试卷印刷等涉密工作，更好地保证了试卷印刷的保密安全性。针对残疾员工的因人定岗、按岗选人机制，使原来这些员工身上的各种"不足"与岗位需求实现了最优匹配。

（2）专业防护，用心之处见责任

远大印务通过为残疾员工设置无障碍通道、无障碍手环、无障碍电梯、无障碍卫生间等无障碍设施，以及专门组织在办公大楼修建专用进出通道，修建残疾人专用马桶，张贴视力安全警示带，安装灯光报警装置，安装宿舍声光门铃，购置语音翻译软件等，保障残疾员工的正常工作与生活，让他们能放心工作。2021年9月7日，远大印务对聋哑残疾员工举行了无障碍手环捐赠仪式，无障碍手环能帮助残疾人员解决有人来访但听不到敲门的问题。

（3）坚强后盾，"小事"之中显担当

家是每一位员工的根，也是企业发展的根源，"爱他，也爱他的家人"是远大印务党委在深入贯彻落实党的十九大精神的系列党建活动之一，充分体现了远大印务用实际行动关爱残疾员工及其家人的服务意识,也进一步提升了企业残疾员工的归属感和幸福感。

郑万禄,47岁,四级视力残疾,2002年进入远大印务担任BB印刷机机长。2020年5月,公司突然接到电话,郑万禄的妻子因心脏原因需要立即住院观察和治疗。郑万禄因保密印刷"入围"期间无法回家,而家里只有一个在上小学的孩子,无法承担起独立照顾病人的责任。遇到这样万分紧急的情况,远大印务能急员工家人之所急,立即安排生产副总带队赶往医院了解情况。经与医生沟通病情后,马上商定聘请一名护工对郑万禄的妻子进行全程护理,并保持与医生的密切联系,及时跟进了解其病情恢复情况,适时安排代表到医院看望,把公司的关怀与慰问送到员工家人的身边。"出围"后的郑万禄得知公司默默地帮助自己解决了家里的燃眉之急后,十分感动于这虽不是家却胜似家的温暖。

2021年10月25日,因为"爱他,也爱他的家人——走进员工的家"系列活动,远大印务管理层干部及员工代表一行人乘车来到涪陵区新妙镇,走进了远大印务一个特殊的员工家庭,看望并慰问这个家庭的五名远大印务残疾员工。张明仙、张明琴、张洪英和张伟四人是亲兄弟姊妹,袁娟是张伟的妻子,他们五个人都是先天性聋哑残疾人士。张明仙、张明琴、张洪英三人因没上过学,加上自身存在的身体残疾,一直无法就业。而张伟接连找了好多单位,都没有遇到满意的工作,有着共同"不幸"的他们,却遇到了相同的"幸运"。那是2007年,通过当地残联的介绍,他们五人一起来到远大印务,公司了解几人的情况后,为了更好地帮助他们,也为了让他们能尽快地适应公司,为他们安排了合适的工作岗位。14年来,他们都十分珍惜这来之不易的工作机会,用他们勤劳的双手为公司默默地做出贡献。看望那天,他们年迈的父母激动地拿出自家种的橘子让大家品尝,欣慰地说道:"现在孩子们都能自食其力了,有稳定的工作和收入,不仅能养活自己,还在努力给家人创造更好的生活。"

3. 授人以渔,实现自我价值——幸福触手可及

作为西南地区颇具影响力的印刷企业,远大印务还有另外一个身份——民政福利企业[①]。自公司成立以来,远大印务就特别重视对残疾员工的帮扶工作,不

[①] 上游新闻,《远虑谋事 大志成业》,2020年10月20日。https://www.cqcb.com/dyh/live/dyh466/2020-10-20/3146936_pc.html

仅为他们提供适合自身发展的工作机会，还全力帮助他们掌握谋生的手艺，发展培养专长，让他们也能发光发热，实现人生的梦想。

（1）身残志坚的党员，越努力越幸运

"越努力，越幸运；越努力，越健康"，这是夏胜的QQ个性签名。夏胜，来自涪陵农村，因患先天小儿麻痹导致肢体二级残疾，目前在远大印务从事生产统计工作。2011年，经历了求职艰辛和创业挫败的夏胜来到远大印务，当他看到公司有很多跟自己一样，甚至比自己身体情况更严重的残疾员工，在公司扶残助残的企业文化氛围鼓励下自信阳光、自立自强，学技术、长才艺，通过自己的努力，日子越过越好，生活越来越幸福。夏胜的内心又点燃了无限希望和动力，工作起来干劲十足，利用自己较好的数学思维能力，不断地学习和练习，很快就独立胜任公司的统计工作了。工作的难题解决了，生活的难题还存在，父亲年岁已高，基本无经济来源，妻子需要在家照顾女儿无法工作，一家人的生活重担压在了夏胜一个人身上。有着远大人不断进取精神的夏胜并没有向生活的困难低头，经过深思熟虑，结合自身情况，他决定利用下班时间摆摊挣钱，贴补家用，他相信，只要一家人齐心协力，凭着勤劳的双手和不怕累的干劲，生活一定会越来越好！从最初卖袜子、指甲刀等小商品，到后来做手机配件，在不断地学习摸索中，夏胜的小生意越来越红火，挣下了房子首付款、装修款、购车款，还考取了驾照，让家人的生活越来越好。工作和生活的"双丰收"极大地鼓舞着夏胜，他又买来书自学手机维修技术，拓展新技能、新业务，不断向前追逐更美好的生活。2016年6月，在远大印务党委的培养发展下，积极追求思想进步的他正式成为一名光荣的中国共产党员。

（2）无声世界的精灵：用"工匠精神"和舞姿演绎花样人生

彭英，2020年度两江新区党工委管委会主办的两江榜样活动（第三届）中"文明风尚奖"的获得者，她出生在重庆市江津区一个农民家庭，是一名听力一级残疾人士。入职远大14年来，从事装订工作，工作上兢兢业业、高度负责，凭借自己的不懈努力，成长为一名优秀的技术能手，在2017年以每分钟可以清检票据260张的速度，登上央视舞台五一特别节目《相聚中国节》，成功展示了远大印务残疾员工的风采，获得"劳动达人"的称号。生活上，她积极乐观，加入公司残疾人艺术团，在工作之余，刻苦练习舞蹈，她带领的聋哑人舞蹈队连续多年在公司文艺汇演中获得第一名，多次代表公司外出参赛演出。2019年和2021年，作为公司旱地冰壶队的两名女队员之一，彭英代表重庆两江新区参加了两届中国残疾人冰雪运动季活动暨重庆市残疾人旱地冰壶比赛，分别获得道德风尚奖和亚军。2021年5月，各方面综合表现优异的她被评为"远大榜样人物"。

（3）用奔跑书写自强不息

邓后扩，55岁，2007年进入远大印务，一直是公司食堂的一名白案厨师，他用奔跑诠释了生命的价值和意义。24岁，因一场意外导致双眼残疾；25岁，因缘际会与跑步结缘；31岁，在公司推荐下第一次参加重庆市残疾人运动会，获得了男子400米组和800米组第一名，这次比赛的成绩也使他拿到了参加2000年第五届全国残疾人运动会选拔赛的门票；32岁，参加全国残运会，获得了视力障碍男子组10000米第3名和半程马拉松第4名的优异成绩；48岁，他受公司嘱托重返赛场，带领公司员工积极备赛参加重庆国际马拉松赛。现在53岁的他，依然坚持着梦想，每天不停练习跑步，成为公司成立的"跑跑团"的一名活跃分子。2019年，在公司的推荐下，邓后扩在重庆两江新区榜样评选活动中获得"文明风尚"荣誉称号，受邀参加网易云新闻两江榜样任务专访，他的故事被拍摄成感动人物纪录片《永不止步》。2021年5月，各方面综合表现优异的他被公司评为"远大榜样人物"。

在远大印务，像这样不断进取的残疾员工还有很多很多，对于他们来说，个人的所有荣誉并不是简单的一张张奖状、一个个奖牌，更是来自如家人一般的远大印务多年来的精心培养和不抛弃、不放弃的无私大爱。公司创造机会，员工自强不息，正是这样的双向奔赴，不仅让残疾员工在岗位上充分发挥自身优势，兢兢业业地工作，圆满完成连正常人也难以做到的国家一级保密印制任务；而且让企业的经济效益逐年攀升，高标准、严要求地完成了党和政府托付的重要使命。

- **走进公益事业，让爱之"光"照得更亮、更热、更远**

"慈心为人，善举济世"，我国自古以来就有扶贫济困、乐善好施的优良传统。一个成功的企业，或者有着文化内涵的企业，都应该有其真正的善举，愿意做慈善，学会做慈善，这也是企业承担社会责任的一种具体体现。

1. 设立"远大爱心基金"——让爱之"光"更亮

作为一个年产值过亿元的民营企业，远大印务一直抱着对社会讲责任、对客户讲诚信、对职工讲良心的信念。三十多年来，从不吝惜向有需要的人伸出援手，时时刻刻用爱心向社会传递着温暖、希望和责任，远大印务也因此逐渐成为行业内公益慈善事业的引领标杆。2011年，由远大印务党、政、工、团共同发起，公司拨款10万元，远大印务董事长张爽个人捐款10万元，设立了"远大爱心基金"[①]，主要对由医疗、自然灾害、突发事故等造成的特殊困难，以及困难残疾员工子女的学费等情况进行资助，搭建起了一个"互帮互助爱心传递"的平台，培养员工之间互助互爱的精神，增强企业凝聚力；同时，也会积极发动公司管理人员以及员工捐款，奉献自己的一份爱心，让一丝一缕的爱汇聚成一束强烈的光，照亮心底的阴郁，形成一股强大的暖流，温暖一颗心、一个家庭。

远大印务生产三部的代晓波是一名腿部残疾员工，因为勤奋上进，他有了自己的家，还生了一个女儿和一个儿子，这一切都给他带来了对美好生活的进一步期待。原本是一个温馨美满的家庭，苦难却从女儿的出生开始了。代晓波的女儿患有严重的脑瘫和癫痫，需要长期康复治疗和药物治疗，生活完全不能自理，每个月仅仅是女儿的护理费用就需要2000多元。家中老父亲也是残疾人，身残体弱，已经没有劳动能力。为了支撑起这个家，本来不适合参加试卷印制工作的代晓波却强烈要求"入围"，不料"入围"期间却两次病倒。一边是困难重重的家庭遭遇，一边是顽强独立的生活信念，代晓波的精神感动着每个人，远大印务决定对这个家庭伸出援助之手，"远大爱心基金"资助其10200元，帮助代晓波一家渡过难关，重燃生活的希望。

已经在远大印务工作24年的艾仪霞也是"远大爱心基金"的受益者。2016年，双手天生残疾的艾仪霞遭遇了一场重大交通事故，不仅身心上受到沉重打击，生活上也因为住院治疗的巨大花费陷入了拮据。公司知道她的困难后，立即以"远大爱心基金"的名义一次性资助了8000元。在艾仪霞住院的8个月时间里，不仅每月工资照发，远大印务董事长张爽还经常去医院看望她，当张爽亲自将8000元的"爱心"交到艾仪霞手里，并嘱托她要好好保养身体，未来的生活一定会越来越好时，艾仪霞动情地说出了藏在内心最朴实的告白："我爱远大，远大就是我们的家。"

---

① 中国国情，《重庆市远大印务铸就品牌公益20余载　心存善念　行则久远》，2018年1月31日。http://guoqing.china.com.cn/2018-01/31/content_50366019.htm

2. 成立残疾人联合会——让爱之"光"更热

作为一家民政福利企业，远大印务在做大做强的同时，从未忘记肩上的另一份责任，热心公益慈善事业的脚步从未停歇。2012年，重庆首家由企业组织成立的重庆市远大印务有限公司残疾人联合会（以下简称远大残联）正式挂牌成立[①]，为履行扶残助残的社会责任提供更强有力的组织保障。

远大残联为进一步加大扶残助残的服务力度，每年都会以不同的主题，让残疾员工们过一个特殊的节日——"助残日"[②]。在"助残日"这一天，远大残联会组织开展针对残疾员工的技能培训、心理疏导、趣味运动，以及文艺表演等丰富多彩的助残活动和文体活动，帮助他们发展兴趣爱好，为他们搭建展示自我的舞台，让原本对生活一筹莫展的他们，重新燃起追求幸福生活的勇气和信心，实现了扶残助残与企业增产增收的双赢。

自从多了远大残联这个倍加关心公司残疾员工的专设组织后，只要有益于残疾员工的优惠福利政策，远大残联都会积极为他们申请协调。2014年7月，经远大残联向北部新区残联办、人和街道积极争取，为公司满足条件的20名听障员工和2名肢体残疾员工争取到了助听器20套和假肢2套。活动当天，拿到辅助器具的残疾员工都格外激动和开心，尤其是听力残疾员工，当他们戴上助听器、当爱的电波将清晰的声音传到他们耳边的那一刻，每个人的脸上都洋溢出无比灿烂的笑容，不断地用手语表达着深深的感激之情。

3. 加入国际劳工组织——让爱之"光"更远

2018年7月31日，国际劳工组织全球商业与残障网络中国分支在中国北京正式成立，旨在推动中国建立一个尊重、欢迎和包容残障人士的职场环境。远大印务成为该网络中国分支的14家创始成员之一[③]。所有成员企业将共同努力，分享经验和知识，为残障人士融入中国商业社会而减少障碍、提高效率。国际劳工组织将提供技术支持，为企业在招聘和留用残障员工方面提供硬件条件和解决方案。

---

① 远大印务内部宣传资料，《重庆远大聚众集团有限公司及各子公司发展历程暨大事记》（2012—2022）。
② 远大印务内部宣传资料，《事业》（1992—2012年远大聚众集团二十周年文集），2010年。
③ 远大印务内部宣传资料，《事业》（2012—2022年远大聚众集团三十周年文集），2018年。

通过联合国国际劳工组织残障平等就业（中国）项目的培训，远大印务对"残障"有了全新的定义和认识：人人都可能是残障者，当戴眼镜的人取下眼镜，当你身处语言不通的地域，当你因为意外而摔伤，这时你就是残障者。通过培训，远大印务也学习到了对残障人士相关称谓和用语的正确使用、与残障有关的法律法规、如何为残障者提供合理便利以及如何在公司内部实施残障融合等内容，更懂得了工作能力的好坏与残障没有直接联系的道理，树立了平等的意识，对企业今后残障融合工作的改进有了更加清晰的认知。

远大印务在成立之初就投身于助残事业，吸纳残疾人士到企业工作，不仅关注企业内部的残疾群体，还积极投身全社会的扶残助残活动，为社会各界捐款、捐物达数百万元。2014年5月16日，在人民大会堂召开的第五次全国自强模范暨助残先进表彰大会上，远大印务董事长张爽荣膺"全国助残先进个人"称号，并受到国家主席习近平的亲切接见[①]。张爽在感到无限光荣的同时，也更加意识到远大印务要把这份光荣当成动力，继续为扶残助残事业逐梦远行。

- 亲近社区"生活圈"，共创人民群众所向往的美好生活"幸福圈"

渝北区政府为认真贯彻落实国家《关于支持新产业新业态发展促进大众创业万众创新用地政策的意见》（国土资规〔2015〕5号文），提出打造一个满足三代人文化教育、运动健康需求的生活剧场，将文化创意、教育培训、数字信息、文化空间、运动天地、社区文体中心六大平台融为一体，打造渝北区首个"文化教育，运动健康"文化创意产业园。

远大印务作为深耕渝北人和片区多年的有社会责任的民营企业，始终将企业的商业模式与社会服务创新紧密结合，积极探索各种途径深化和落实社会责任，创建企业实现其社会价值的可持续发展模式。2014年，远大印务决定将渝北人和厂区整体迁出，依托老厂区的历史沉淀，投资4000余万元打造亲子文创园区，既拓展企业经营业态，又满足社区群众对美好生活的向往，助推区域文化产业转型发展。

2021年6月，以亲子教育、运动健康为主题的文化创意园区——"远大·

---

① 远大印务内部宣传资料，《事业》（2012—2022年远大聚众集团三十周年文集），2014年。

山那里"亲子教育公园①正式竣工，实现了从传统制造业到文创园区的转型。项目寻找传统与现代的融合点，撷取传承数千年的礼、乐、射、御、书、数六艺中华传统文化精髓，融入当代亲子、教育、艺术、运动、社交功能，以"新六艺"为主题，精准对位城市新中产日益升级的精神文化消费需求，打造集共享办公、艺展中心、亲子体验、体育场馆、文化剧场于一体的沉浸式体验文化创意园区，为区域文化体育活动提供了一个配套更完善、服务更全面的场所，为周边区域家庭的亲子教育提供"一站式"配套服务，以满足其家庭三代人对文化、体育、社交生活的不同需求。

• 心怀"国之大者"，扛牢安全保密社会责任

"做有社会责任的企业"是远大印务的企业使命之一，作为国家秘密载体印制企业，坚守安全保密的社会责任就是远大印务践行这一使命的重要体现。多年来，公司一直秉承国家利益高于一切、安全保密责任重于泰山的理念，通过经常性组织学习、培训国家保密相关法律法规，严格贯彻实施国家秘密载体印制相关制度，优化整改各项保密措施，签订保密承诺书等途径，将风险识别和风险防控落在全方位、全流程、全人员。

经过远大印务上下联动、全员努力，从内部准备到市级初审，再到数次整改完善，通过极其严格的国家级复审，2014年8月19日，远大印务领取了《国际统一考试试卷/涉密防伪票据证书甲级印制资质》证书，远大印务成为重庆市唯一同时获得国家统一考试试卷印制甲级资质和防伪票据证书印制甲级资质的企业②。面对这来之不易的资质证书，远大"印刷人"意识到只能更加严格要求自己，用更加严谨的工作态度、永不松懈的思想、坚定的保密意识、严格遵守公司保密规章制度的自觉行为来维护这份神圣的荣誉和使命，推动远大印务再上一个台阶，建设成为全国一流的涉密印制基地。

诚信、专业、创新，正是远大印务多年来坚守的企业经营理念。抱着这样的信念，远大印务一举成为重庆市最大的综合性国家涉密载体印刷企业和重庆市唯一的试卷定点印刷企业，连续23年为重庆市财政、地税和国税提供安全周到的

---

① 重庆两江新区官网，《旧厂区"变身"亲子乐园 两江新区再添一文创园区》，2021年4月1日。http://www.liangjiang.gov.cn/Content/2021-04/01/content_10145286.htm

② 远大印务内部宣传资料，《事业》（2012—2022年远大聚众集团三十周年文集），2014年。

票证印制服务，连续 13 年为重庆、贵州和湖北的考试提供安全、保密、准确、按时的试卷印制服务，其财政、税收票证印制能力和市场份额均位列重庆市第一，从未发生过信息泄露事件，有力维护了社会的公平正义，得到了客户的高度肯定和信任。

● 水到渠成——实现可持续发展

企业履行社会责任已经发展到非常重要的时期，从盈利原则延伸到可持续发展的观念，负责任的社会生产企业应当厘清所生产的产品对社会、个人是否会产生问题。企业战略思维要有"善"的理念，实现企业的经济价值与社会责任的有效融合。

远大印务秉承古人格言中"博学之，审问之，慎思之，明辨之，笃行之"的理念，在社会责任履行方面取得了显著的成就。在社会高速发展的今天，远大印务始终不忘初心，牢记使命，将社会责任视为企业发展的核心，不仅积极履行社会责任，而且担负起了推动社会进步和和谐发展的使命。

远大印务深知成功属于过去，只有主动履行社会责任，才能真正实现企业的可持续发展。远大印务在环保方面致力于推动绿色印刷，采用环保材料和先进技术，减少对环境的污染；在员工福利保障、人才培养等方面亦不遗余力，让员工感受到企业的温暖与关爱。古人曰："为天地立心，为生民立命，为往圣继绝学，为万世开太平。"远大印务正是以此为信念，不断努力履行社会责任，为构建和谐社会贡献力量，始终以人民的利益和需求为最高标准，牢记企业的使命，努力回报社会，实现可持续发展。

新时代、新担当、新作为。在未来征途中，远大印务将更加深入思考，探索履行社会责任的新模式、新方法、新举措，进一步提升公司履行社会责任的实践水平。正如孟子所言——"人无善志，虽勇必伤"，企业只有立下远大的社会责任志向，才能真正实现企业和社会的可持续发展。企业必须时刻保持敬畏之心，始终牢记社会责任，不断创新业务模式，不断提升社会影响力，才能真正成为引领行业潮流的示范者，为实现更加美好的和谐社会作出更大的贡献。

开发者观点

用良知服务社会，让美好无处不在

成　卫　副教授/重庆理工大学 MBA 学院

◆ **案例开发缘由**

重庆市远大印务有限公司自成立以来，一直用行动履行企业的社会责任，作为重庆市优秀文化企业和"两新"组织党建工作市级示范企业，公司积极承担社会责任，设立"远大爱心基金"，成立企业残疾人联合会，加入国际劳工组织，积极参与农村扶贫、帮扶微型企业等社会活动，为社会各界捐款、捐物，坚定执着于和谐社会的建设与爱心事业的发展。

作为一家民营印刷企业，远大印务为什么要积极践行企业的社会责任？如何在企业发展与履行企业社会责任之间求得平衡？企业如何向"善"？这些疑惑驱使案例团队积极联系远大印务的董事长张爽，借助于本案例团队与远大印务长期友好的项目合作关系，在远大印务相关部门的积极配合下，案例团队系统收集来自公司宣传部门提供的一手内部资料，以及公司官网、官方微信公众号、新闻报纸、多媒体平台相关报道、行业报告、书籍期刊等渠道的二手资料，包含远大印务创立与成长过程中的重大事件、影响因素、荣誉奖励以及面临的相关问题等内容，经过资料整理、归类、分析，最后梳理出完整的调研问题，为后续的企业实地调研、企业创始团队专访打下坚实基础。

◆ **实地调研新发现**

2023 年 8 月初，案例团队走进远大印务，围绕"用良知服务社会，让美好无处不在"这一主题，对以远大印务董事长张爽为首的企业决策团队进行了 5 个小时的专访与交流。在访谈交流过程中，案例团队了解了远大印务的发展历程、企业的核心业务及竞争优势，特别是针对在企业发展壮大的同时如何回报社会、履行企业的社会责任等问题进行了详细的访问。张爽董事长敞开心扉，回顾自己一路走来的心路历程，让案例团队清楚地了解了远大印务如何通过多年连续不断的爱心善举，向社会传递企业的责任心和人文关怀，从而成为行业内公益慈善事业的引领标杆，实现企业发展与社会责任的和谐统一。

案例团队在调研中发现，远大印务的社会责任从厚待残障员工开始，当将这样的社会责任理念融入远大印务的企业文化和价值观后，随着文化和价值观在企业的渗透，社会责任就会成为远大印务各级人员决策所必然考虑的因素之一。然而，远大印务是如何将社会责任融入企业文化和价值观中的呢？首先，远大印务的董事长张爽怀有利他、利社会的社会责任理念，正如他办公室座位上方所悬挂的"厚德载物"那幅大字所含之义：做人要增加内涵，做事要贡献社会。在调研访谈中案例团队发现，远大印务董事长张爽用言行很好地诠释了什么是"厚德载物"，并将它内化为远大人的共有特性，形成一种远大印务的文化符号。其次，张爽董事长带出了一个拥有同样社会责任理念的核心管理团队，这个团队成为将社会责任理念融入企业文化和价值观的有力传播者，共同践行为追求全体员工物质和精神幸福的同时，做有社会责任的企业，不断提升残障员工的进取精神，实现共同富裕的企业使命。

◆ 洞察企业新认知

案例开发团队对远大印务的经营理念和社会责任价值理念进行了深度的调研访谈，经系统梳理与总结，团队一致认为，远大印务创造共享价值的社会责任实践之路主要体现在以下四个方面：

一是打造学习型党组织，以实现员工职业生涯可持续发展为目标。2011年，重庆远大印务有限公司党委获批成立，远大印务坚持党建引领，投入专项资金来完善党员活动场所及设施建设，充分发挥党建凝心铸魂作用。创建"良知学院"，带动远大印务全员学习国家政策法规、中华优秀传统文化、公司制度等。发起"与书香为伴，与智慧同行"读书心得分享活动，积极营造"爱读书、读好书、善读书"的企业学习文化氛围，将自我革新（心）融入远大印务的"基因"，将自我革新（心）化作远大人的本能。

二是热衷于扶残纾困公益事业，以不断提升残障员工的进取精神为目标。创业的艰辛让远大印务创始人张爽具备了急人所急、解人之困的高贵品质，他开始向残疾人士伸出橄榄枝，并让残疾员工在远大印务享有普通员工都羡慕的"偏爱"，更授人以渔让他们自强、自信、自尊、自立，激发他们对更美好生活的向往与追求。"爱他们，也爱他们的家人"，远大印务成为他们坚强的后盾，让他们心无旁骛地追逐梦想。

三是致力于社会服务，以共建和谐幸福社区为目标。作为深耕人和片区多年的民营企业，远大印务秉承服务区域经济发展的初心，积极响应政府号召，将老厂区转型打造成为渝北区首个"文化教育，运动健康"文化创意产业园，为周边区域家庭的亲子教育提供"一站式"配套服务，满足人民对美好生活的不断向往。

四是珍视品牌信誉，以守法诚信为目标。"诚信经营、客服至上、精印快捷、保密安全"是挂在远大印务大厅墙上的16字企业精神，也是其赢得客户的最大法宝。

◆ 案例开发总结

当中国已经发展成为世界第二大经济体时，为什么中国企业履行社会责任的水平仍然处于"起步者"阶段？最根本的原因在于，不少中国企业对社会责任概念的认识并不清晰，简单地将社会责任与公益、慈善画等号，因此认为这是大企业才应该履行的责任，处在创业初期或发展期的中小企业完全不用考虑。

事实果真如此吗？管理大师迈克尔·波特认为：社会责任远非一项成本、一个约束条件，或者一种慈善行为，而是一个孕育机会、创新和竞争优势的源泉。本案例中的远大印务也用创造共享价值的社会责任实践之路告诉我们，社会责任不只是做公益和慈善，践行社会责任不仅能提升企业文化内涵和品牌影响力，还能增强员工的凝聚力，最终反哺企业核心竞争力和战略决策力，从而让企业在一个与社会、环境相融合的状态下实现可持续发展。

远大印务的实践证明，一个成功的企业，或者有着文化内涵的企业，其战略思维必定要有"善"的理念，都应该有其真正的善举，愿意做慈善，学会如何做慈善，是企业承担社会责任的一种体现。从战略角度看，如果企业能把自身手中可观的资源、专业知识和洞察力投入到对社会有利的活动中去，那么社会责任就有可能成为推动社会进步的重要动力。企业和社会是相互依存的，社会的进步必然也会促进企业基业长青。

一路走来,在远大印务董事长张爽及其班子成员的正确引领下,"远虑谋事、大志成业、厚德载物、宁静致远"已成为每一位远大人刻在心里的文化符号,"慈心为人,善举济世"已流淌在每一位远大人温暖的血液里,他们用感恩的心善待企业,并将这样的"善"念延续到社会。我们深信,作为个性化、安全印刷的服务专家,并长期致力于残疾人士公益慈善事业的远大印务,必将成为客户依赖、员工自豪、社会认可的西南印刷行业最具影响力的行业标杆!

● 实践理论启示

远大印务践行社会责任的实践表明,随着中国传统企业日趋向智能化方向发展,印刷行业作为国民经济与社会发展的重要支柱,其生产管理方式、技术服务水平和创新能力都在走向数字化、智能化的深层变革,这就要求企业战略思维中要有"变"的理念。企业不能仅仅关注经济利益,还要将社会责任纳入企业决策和战略制定的核心内容,这种践行企业社会责任"善"的思维方式在当今商业环境中至关重要,因为企业需要与社会共同发展、和谐共生,这也是"善"的初衷。

作为传统行业,印刷行业数字化转型已经成为市场应用技术的主流,远大印务在抓创新、重环保、促转型方面已经走在了行业的前沿。敢于直面问题,"刀刃向内",在变化中寻求突破,准确识变、科学应变、主动求变,在"变"中创造价值。把"用良知服务社会,让美好无处不在"的理念植根于公司文化,时刻践行社会责任,用"善"的举措促进社会和谐发展。这种"变"与"善"的理念一脉相承,在远大印务实现了完美统一。

远大印务以创新为核心,这种创新的前提是对"变"的认识,不仅在印刷技术方面不断突破,运用"创新驱动战略"理论,为企业带来竞争优势,提高市场占有率,增强盈利能力。在"变"的同时,远大印务持之以恒的社会责任"输出"一直没变,始终践行着企业"善"的社会责任。自公司成立以来,以关爱残障人士为己任,积极采取措施,帮助他们融入社会,提高生活质量,积极参与各种社会公益事业,包括环保倡导、慈善捐赠、教育支持等。远大印务的社会责任实践在产业转型中体现出了社会影响力,这是企业社会责任与品牌价值的协同发展,社会责任不仅仅是一种道德承诺,它还可以提高企业的品牌价值,社会责任实践能够吸引更多的客户和投资者，提高品牌价值，有助于企业长期发展、基业长青。

党的二十大报告首次提出，高质量发展是全面建设社会主义现代化国家的首要任务，强调坚持以推动高质量发展为主题，完整、准确、全面地贯彻新发展理念，加快构建新发展格局。2023年，印刷行业由高速增长转为高质量发展的任务十分迫切，"十四五"规划明确提出印刷行业要抓创新、重环保、促转型，让绿色智能成为企业升级转型的引擎，推动印刷行业高质量发展。远大印务在创新、环保、产业转型等方面展现出了出色的社会责任，通过创新，公司提高了竞争力；通过环保，降低了环境风险；通过产业转型，促进了社会稳定。这一系列实践不仅有助于企业的可持续发展，还为社会和环保做出了积极的贡献。

远大印务以"变"和"善"的理念来引领企业发展的经验值得其他企业学习和借鉴。将社会责任融入企业战略，实现经济繁荣与社会进步的和谐共赢，这一模式，也值得广大研究者进一步观察和探索。

附录

附录1：远大印务大事记

附表1　远大印务的重大事件

年份	重大事件
1992	·在石板坡防空洞作坊式印制名片、信封、信笺等零散产品 ·重庆远大印刷厂在金紫山生产队废旧租赁房正式成立
1993	·厂址迁至红旗河沟车队、人和镇九建等地，在人和镇老街征地建新厂房，并成立重庆市八一彩印厂
1994	·厂址迁至人和镇老街新厂房 ·租赁第一台轮转印刷机微机票据生产线
1995	·成为重庆市财政局定点印制单位
1996	·引进日本专用票据胶印设备 ·成为重庆市地方税务局定点印制单位

续表

年份	重大事件
1997	・重庆市八一彩印厂改制为重庆市远大印务有限公司 ・购置组合式微机票据生产线
1998	・兼并渝北区纸箱厂 ・自主改造 FC600 配页打号机
2000	・自主制造 PM500 型商业表格轮转配页打号机
2002	・成为重庆市国家税务局定点印制单位 ・兼并成都市专用凭证印刷厂
2004	・建设国家秘密载体印制基地 ・兼并重庆市市容印刷厂 ・批准成立重庆市国家保密局文件销毁站（现更名为重庆市涉密载体销毁中心） ・成立中共重庆远大印务有限公司支部委员会 ・自制自动碎纸机、打包机，自主研制"UV 背黑机"和"UV 覆盖机"
2005	・新建厂房并迁至人和街道镜泊中路 5 号 ・成立试卷印制中心 ・成为国家保密局批准的重庆市国家统一考试试卷定点印制企业 ・成立重庆市远大印务有限公司工会委员会
2006	・自主研发 QHZJ-01 可变信息质量监控系统 01 型［至今已开发出第三代（QHZJ-03）］
2007	・成立共青团重庆市远大印务有限公司支部委员会
2009	・成立 IT 产品印制中心，开始涉足 IT 产品业务
2010	・自主开发带红外十字线的 CCD 摄像头的轮转机弯版机
2011	・获上级党组织批准成立重庆市远大印务有限公司党委，并成为市级党委示范基地 ・成为重庆市十大文化产业示范基地 ・"远大爱心基金"正式启动 ・被评为全国印刷包装十佳特种印刷企业
2012	・重庆远大残联正式挂牌成立 ・远大印务被认定为"高新技术企业"和"中小企业技术研发中心" ・成立重庆远见信息技术有限公司
2013	・获评 2013 年度中国印刷业"创新十强" ・四川远大被认定为"高新技术企业"
2014	・董事长张爽获评"全国助残先进个人"，受到国家主席习近平接见 ・远大印务获得重庆市和谐劳动关系 AAA 级荣誉称号 ・四川"远大爱心基金"正式启动
2015	・获得国家秘密载体甲级印刷资质 ・远大印务获评重庆市残疾人工作先进集体
2016	・荣获"2016 中国印刷业最佳雇主"
2017	・远大印务开发药包业务，实现业务转型

续表

年份	重大事件
2018	·搬迁到水土新厂区 ·获得四项新型发明专利 ·成为国际劳工组织全球商业与残障网络中国分支创始成员
2019	·成立"中共重庆远大聚众集团有限公司委员会" ·"远大·山那里"亲子教育公园建设完成
2020	·获得涉密光电磁介质乙级保密资质 ·开展"远大·智慧档案中心"项目建设
2021	·荣获重庆民营企业科技创新指数100强 ·荣获重庆民营企业社会责任100强
2022	·在"先锋引领·创就梦想"评选活动中荣获成渝双城残疾人创业先锋助残类银奖 ·获得重庆市生态环境局两江新区分局颁发的《环保诚信企业》荣誉 ·获得重庆市和谐劳动关系企业AAA认证

资料来源：远大内部资料。

附表2 远大印务的主要荣誉

年份	主要荣誉
1997	·重庆市扶残助残先进个人
2000	·重庆市渝北区社会治安综合治理工作先进个人
2001	·重庆市渝北区政协工作先进个人
2004	·重庆市渝北区尊师重教先进个人
2006—2008	·重庆市涉密资质单位保密工作先进个人
2010	·重庆市印刷行业十佳经理人
2011	·安全生产先进个人
2012	·被重庆市委市政府授予"重庆市优秀民营企业家"荣誉称号 ·全国安全社区建设先进个人 ·重庆市北部新区优秀共产党员 ·中国公益总会重庆工作委员会公益慈善企业家
2013	·重庆市企业文化建设突出贡献人物 ·重庆市北部新区"两新"组织优秀共产党员 ·获得由重庆市残疾人福利基金会颁发的关爱残疾儿童爱心活动爱心助残单位
2014	·获评全国助残先进个人，受到国家主席习近平亲切接见
2010—2015	·被重庆市渝北区委、人民政府、人民武装部评为"双拥"模范个人
2017	·被重庆中华传统文化研究会评为"传承弘扬中华优秀传统文化先进个人"

续表

年份	主要荣誉
2019	·被重庆市渝北区工商联（总商会）评为"十佳奉献奖" ·被评为两江新区十大年度经济人物 ·被重庆市社科联评为优秀共产党员 ·被评为"2018年重庆市优秀企业家" ·当选"新中国70周年印刷业时代先锋"
2021	·荣获由中国印刷技术协会颁发的商业票据印刷分会勇担社会责任优秀企业

资料来源：远大内部资料。

附录2：远大印务的主要业务

重庆市远大印务有限公司成立于1992年，现落户于两江新区水土高新科技产业园，占地面积55亩，建筑面积4.7万平方米，总投资2.8亿元，企业注册资金1亿元，现有员工400多人。经过30多年的发展，公司如今已成为集票据票证、试卷、IT配套印刷产品、包装彩盒、防伪标签及出版物印制于一体的综合性印刷企业，年生产能力超10亿印。

远大印务主要业务如下：①卡盒包装印刷，为企业提供卡纸类包装的一体化解决方案，提供设计、印制、配送等全流程服务；②智慧档案，围绕文档全生命周期提供文档综合服务解决方案，包含文档收集整理、数字化加工、实体档案一体化托管服务、数字化文档储存、文档安全销毁；③文印中心，为各类单位提供驻点文印服务、涉密文印服务、定点印制服务；④票据票证印刷，为各企事业单位提供票据、票证、标签等专业印制服务；⑤制卷，为各级考试院、各类院校提供制卷服务；⑥其他涉密类印制，为各类涉密单位提供相应的涉密印制服务。

资料来源：远大内部资料。

附录3：远大印务的企业文化

用景仰的眼，凝望远大的天空；满怀感恩之心，回望先行者用汗水写下的历史；用勤劳的双手，共同创造更加美好的家园。

远虑谋事，大志成业——这是远大印务的立业精神！

不是每一个人都可以为社会立下丰功伟绩，但每一个人都可以为自己的责任和义务尽一份力。在远大，每一个人都应该诚信做人、专业做事、不断创新，以确保公司的基业长青。

使命：为客户提供安全、精确、高品质的个性化印品服务

定位：个性化、安全印刷服务专家

愿景：成为客户信赖、员工自豪的西南最具影响力的印刷企业

价值观：诚信、专业、创新

管理方针：人为本、法为则、质为优、境为美、敛为衡

资料来源：远大内部资料。

国网重庆电力：以"春苗之家"初探 ESG 履责之路[*]

案例概要

长期以来，国家电网有限公司以高质量、广范围、跨职能的方式履行多重社会责任，树立了良好的负责任的央企形象。国网重庆市电力公司立足本土，响应国家号召，携手社会组织，创立了"春苗之家"公益项目，开启了公司的 ESG（Environmental，Social and Governance，环境、社会和公司治理）初探之路。"春苗之家"于 2009 年启动，投资 900 余万元，截至 2022 年共建成 100 所重庆乡镇小学活动教室，开展主题活动 700 余场，惠及留守儿童 12 万人。国网重庆市电力公司青年志愿者服务队因"春苗之家"公益项目两次获得全国中国青年志愿服务项目大赛金奖。14 年以来，国网重庆市电力公司多次改善"春苗之家"基础设施，确保极端天气下儿童的正常学习条件，并持续开展绿色环保理念，传播公益活动，向社会普及绿色用电观念。本案例通过对国网重庆电力"春苗之家"公益项目进行梳理，呈现能源型中央企业如何在新发展理念指导下探索有效的 ESG 社会责任的履行方式，思考具有突出资源编排能力的大型公司如何实现环境责任和社会责任的有效联动，助力各地政府缓解发展不平衡问题，实现区域社会可持续发展。

---

[*] 本案例由重庆理工大学 MBA 学院吴朝彦副教授、周俊杰、何彦霖和陈佳林同学撰写。本案例旨在作为 MBA 教学中课堂讨论的题材，而非说明本案例所述的管理行为是否有效。

国网重庆电力：以"春苗之家"初探 ESG 履责之路

案例正文

• 引言

2023 年 9 月 5 日，第十二届中华慈善奖表彰大会在人民大会堂举行，国家电网有限公司（以下简称"国家电网公司"）获评"捐赠企业"奖，这是国家电网公司第九次荣获该奖项。中华慈善奖是我国政府颁布给企业的慈善类最高奖项，九次获奖，是党和国家对国家电网公司长期践行公益事业的肯定，也是其长期以来以集团化运作、品牌化发展，聚焦主责主业的慈善事业效果的印证。国家电网公司和各省份分公司一直深入贯彻习近平总书记关于新时代弘扬企业社会责任的重要指示，全面履行政治、经济和社会责任，践行"一切为了人民、一切依靠人民、一切服务人民"的公司理念。

国家电网公司各省级公司根据所处区域特征和社会基础，分层次地参与扶弱济困、疫情防控、乡村振兴、生态保护、应急救援等公益慈善事业，解决多种社会难题，为国家电网公司树立"责任央企"的形象贡献力量。2010 年，国网重庆市电力公司（以下简称"国网重庆电力"）提出践行民生责任十项行动，以此作为公司履行社会责任、服务民生的重要实践指导。留守儿童关爱行动是国网重庆电力根据区域特色制定的重点公益项目。2010 年 8 月，重庆市委副书记、市文明委主任张轩对国网重庆电力建设"春苗之家"的构想给予了充分肯定[①]。2010 年，国网重庆电力因"春苗之家"公益项目被评为"全国未成年人思想道德建设先进单位"，国家电网"春苗之家"公益项目获得第八届中国青年志愿者优秀项目奖；2014 年，"春苗之家—光束行动"获得第四届中国青年志愿服务项目大赛全国金奖；2018 年，"春苗之家—爱的电波"获得第四届中国青年志愿服务项目大赛金奖。2020 年，"渝电春苗之家"完成商标注册，在服务效能和传播效果上实现优化升级。

---

① 涂吉祥、王燕：《重庆公司迎峰度夏十项行动惠民生》，《国家电网报》，2010 年 8 月 11 日，第 001 版。

• 国网重庆电力"春苗之家"项目发展历程

1. 责任与爱意：片瓦立锥的"春苗之家"

2013年的全国妇联调查报告显示，全国有农村留守儿童6102.55万人，占全国儿童总数的21.88%。农村留守儿童高度集中在中西部劳务输出大省（市区），例如重庆、四川、安徽、江苏、江西和湖南等地。重庆市的农村留守儿童数量庞大。2018年，重庆农村户籍人口约2050万人，常年外出务工人员800余万人，农村留守儿童130余万人，其中处于学龄前和义务教育阶段的儿童占26.94%。这些儿童分布在位置偏远、交通不便的渝东北、渝东南地区，他们能享受到的成长资源和发展机会很少。小学阶段是儿童身心发育的关键时期，也是价值观形成的重要时期，父母外出务工或者监护者长期缺位，会导致儿童无法正常社会化，容易产生性格缺陷。重庆市政府、民政局、妇女儿童联合会均认为关注农村留守儿童健康成长是刻不容缓的任务。2010年6月，中共重庆市委三届七次全委会将关爱农村留守儿童工作列为当前民生工作十件大事之一，要求切实培养和照顾好全市130万农村留守儿童，解除农民工的后顾之忧。

国网重庆电力立即响应市委号召，以建设"春苗之家"为关爱落脚点，"撬动"各方资源，切实解决留守儿童各种难题。在共青团重庆市委、重庆市志愿服务工作指导中心的指导和支持下，国网重庆电力团委展开深入调查研究，了解了农民工子女的生活、学习现状，收集农民工子女的实际需求，分析社会爱心人士参与关爱行动的目标和能力，确定了"春苗之家"农村留守儿童关爱行动的公益目标和可行性论证。

2009年3月，国网重庆电力团委成立项目组，在重庆市"一圈两翼"区域内首选5所学校建设"国家电网春苗之家"，围绕农民工子女学习辅导、心理情感和文化娱乐三项主要需求，设计"春苗之家"的基础设施建设和活动主题内容，从教室的功能分区、设施设备配置，到管理制度、活动具体细节等方面，制定出标准规章制度。

2010年，国网重庆电力召开新闻发布会，面向全社会发布"践行民生责任十项行动"，计划用三年时间践行服务民生十项行动，其中"渝电春苗之家"关爱留守儿童公益项目为重点项目。公司在发布会上宣布，要在2011年底之前完成第一阶段建设任务，在重庆每个区县建设 2~3 个"春苗之家"，总共建成 57 个"春苗之家"。

重庆市委常委、市委宣传部部长、市文明委副主任何事忠给予"春苗之家"项目高度评价，他表示："孩子是祖国的希望、民族的未来。国网重庆电力此举能带动更多有爱心的企业和社会人士积极投身到关爱留守儿童的行动中，让阳光照耀到每一个需要帮助的角落。"①

2. 担当与能力：遍洒温暖的"春苗之家"

2010 年 8 月 16 日，重庆市优秀农村留守儿童夏令营活动开幕。夏令营活动的重要一站是参观国内规模最大的渝北智能用电小区。在小区内，来自全市各区县的 51 位优秀农村留守儿童拿起遥控器操控各类家用电器，了解太阳能光伏发电等电力新科技。借助留守儿童的夏令营活动，国网重庆电力开展了"国家电网春苗之家"现场参观推进会，各地分公司领导干部实地参观已建成的"春苗之家"，试点单位介绍建设经验和注意事项，与同行交流探索更好的项目拓展和管理模式。经过各方商议，达成了扩建"春苗之家"的共识。

首先，厘清了"春苗之家"建设思路。国网重庆电力动员下属公司团委对口援建和管理辖区内每一个"春苗之家"，调动分公司的人力、物力、财力，完成"春苗之家"的基础建设工作，配齐教学教育设施，将公司内部青年志愿者设定为"家长"角色，定期深入"春苗之家"开展各类主题活动，陪伴留守儿童，在情感上给予足够的关心和关爱；同时通过深入浅出的方式引导留守儿童树立正确的世界观、人生观、价值观，科学有效地完成思想教育目标。

其次，落实了"春苗之家"建设标准。基础设施标准为每个"春苗之家"占地面积 60~100 平方米，设施设备配备及装修布置费用 6~7 万元。学校提供的教室建筑使用面积在 50 平方米以上，符合安全标准，室内进行必要的简单装修，统一悬挂规范的"国家电网春苗之家"标牌，布局合理，布置温馨。除配置桌椅、书架外，基本设施做到了"七个一"配置，即一部电话、一台电脑（能上网）、一台电视机（29 寸左右）、一台影碟机（DVD）、一台电子琴、一批青少年读物、一套娱乐器具和体育用品。

---

① 王颖：《关爱农村留守儿童，关怀下一代成长：重庆公司建设"渝电春苗之家"奉献爱心》，《国家电网报》，2010 年 8 月 25 日，第 004 版。

最后，创新了"春苗之家"活动形式。"撬动"社会各方资源共建公益项目，"做活"志愿服务。国网重庆电力团委以"春苗之家"为平台，举办优秀农民工子女夏令营，设立渝电爱心奖学金，组织开展"青春光明行""我与春苗共成长""爱的小橘灯"等志愿服务主题活动，推动直属团组织成立志愿者服务队，走进"家"，积极开展"七个一"活动，即每年定期与农民工子女进行一次谈心，辅导读一本好书，开展一次主题活动，进行一次家访或给家长一封书信，组织观看一部电影，组织一次集体生日，举行一次法制、安全或心理讲座。学校为"国家电网春苗之家"配备专门的辅导老师和管理员，将团体心理辅导、课外阅读、文体活动、音乐和视频教学等课程定期分班级分轮次安排在"春苗之家"开展，按需安排学生与父母通电话或视频聊天。

按照上述建设标准，国网重庆电力在 2010—2015 年投入资金 800 余万元，建成覆盖全市 38 个区县的"春苗之家"共 100 所。

3. 持续与希望：创新发展的"春苗之家"

在"春苗之家"的基础设施建设任务完成后，国网重庆电力开展了后续的公益活动，创新发展模式，将长效、优质、全面确立为"春苗之家"建设的下一阶段建设目标。在这一阶段中，公司明确了公益项目良性运转的资源分配与融合、公益项目顺利实施的议题与流程、公益项目正常完成的经验与反思，并在形成稳定运营管理的基础上，思考公益项目的创新发展路径。

"春苗之家"公益项目覆盖重庆 100 所小学，持续、稳定、优质地完成项目运行目标，需要丰富的人财物资源支持。国网重庆电力以党建引领组织活动，打造组织先锋队伍，鼓舞组织内部青年增强干劲，激励各分公司团委守正创新，激活"春苗之家"活动顺利开展的内部能量。

在公司党委的领导下，国网重庆电力陆续建设了两支社会服务队伍，分别是红岩共产党员服务队和青年志愿者服务队，对贫困户和留守儿童开展长期、全面的帮扶和服务。红岩共产党员服务队是党委领导下的综合服务队，共有 113 支，参与"春苗之家"关爱留守儿童服务和乡村振兴"扶智扶志"行动 77 次，长期负责"春苗之家"基础建设任务，定期检查和升级春苗之家设施设备，帮扶留守儿童 1.5 万名。

国网重庆电力共青团委和旗下的青年志愿者队伍是另一支"春苗之家"建设的主要力量。2023 年，共青团重庆市委书记廖传锦对公司青年队伍在 14 年中创办、服务"春苗之家"给予高度评价，他认为国网重庆电力共青团在推进青年工作落地基层方面走在全市前列。团委领导的青年志愿者队伍在建设和发展"春苗之家"公益品牌方面贡献突出，分别组织不同的活动主题，联合参与"国网情暖春苗心""光束行动""爱的电波"等志愿服务行动，三次获得中国青年志愿者奖项。

"春苗之家"公益项目的经验和反思活动确保了项目的创新高质量发展。每次大型主题活动结束后，项目组织方都会及时总结和反思活动过程中的问题和经验，分析反馈信息，为下一阶段的活动打好基础。2018年，"春苗之家""爱的电波"系列公益活动与重庆仁怀青少年社会工作服务中心协同完成。活动开展前期进行了为期三个月的留守儿童现状调查分析，确定儿童需求和活动主题；活动结束后，完成留守儿童成长报告和"春苗之家"项目品牌影响力调查，总结"春苗之家"项目开展过程中的经验与不足，以确保后续活动的开展。

4. 参与和沟通：品牌赋能的"春苗之家"

国家电网公司始终把品牌建设作为发展战略的重要内容。自2018年起，国家电网公司品牌连续5年位居全球公用事业品牌50强榜首，2016年起连续7年获得中国最具价值品牌榜首。作为国家电网公司的子公司，国网重庆电力创新品牌建设和传播管理，通过品牌符号化，传播"国网故事"和"渝电事迹"，向广大人民展现国家电网公司服务重庆经济社会发展的过程与成效，通过加强沟通，获得社会各界的理解、信任与支持。

2014年，"春苗之家"开始实施品牌建设，这是国网重庆电力首个公益品牌。"春苗之家"品牌化以后，联合重庆市"光明基金会"，为项目实施争取更多的资金支持，完善管理机制，统筹活动策划，使"春苗之家"不仅成为重庆市关爱留守儿童的知名品牌项目，更在全国志愿服务领域获得肯定与推广。

在对"春苗之家"进行了初期品牌建设规划后，将"春苗之家"命名为"渝电春苗之家"，设计了品牌视觉传达系统，包括品牌名称、品牌标识，并于2019年完成了商标注册。"春苗之家"的商标体现了品牌的内涵与定位。春苗是少年儿童的象征，两个成年人代表成熟的社会力量，为儿童撑起片瓦之地，并献出爱心，托起儿童成长的希望，寓意"春苗之家"将整合社会力量，奉献爱心，托举少年儿童成人成才。

从"春苗之家"项目启动到"渝电春苗之家"公益品牌成立，国网重庆电力主动适应"互联网+"新语境,在项目运作过程中,注重将企业社会责任品牌建设与推广深度融合,一方面通过问卷调查、访谈等多种方式与帮扶对象积极对接,精准评估需求,形成能够被需求端所感知的独立公益品牌;另一方面,通过自媒体与主流媒体联动,全方位、立体化传播"春苗之家"关心、呵护、帮助农村留守儿童健康成长的项目宗旨,国网重庆电力采用全媒体的传播方式,通过电网头条视频号、国家电网视频号、快手、抖音、B站、微博,以及中央、市级和属地的相关媒体等各类平台进行宣传,提高了"春苗之家"公益品牌形象的知名度和美誉度。

2009年,"春苗之家"项目启动,国家电网公司的门户网站、《国家电网报》、公司下属媒体等平台均对其进行了全方位的报道。2011年,"春苗之家"项目制作《有爱就有家》DV短片,拍摄关爱留守儿童微电影,在新浪网开设专题网页,刊载报道26条,摄影作品32件,引发了网友的热烈讨论,社会人士称赞"国家电网很有爱"。2017年,重庆各区县"春苗之家"帮扶儿童编排节目登上央视网《大手牵小手》(重庆行)栏目。2018年,"春苗之家""爱的电波"活动覆盖了中国新闻网、华龙网、巫溪电视台、国网重庆电力微信公众号等多个媒体,宣传活动历时10个月,在电力系统内部和重庆本地社会引发了广泛关注和好评。2022年7月,国网重庆电力"国网情满春苗心"主题活动以短视频的方式记录每一场活动,在公司团委公众号"青春渝电"视频公众号上播放和推广,开启了公益品牌的短视频传播尝试。2023年,每一次"春苗之家"活动现场播放的短视频都吸引了少年儿童和家长的注意,并获得了在场家长和儿童的赞许。

• 国网重庆电力以"春苗之家"探索ESG履责之路

党的十八大以来,党和国家高度重视企业社会责任工作,2015年,国务院发布《关于改革与完善国有资产管理体制的若干意见》,明确将履行社会责任纳入国有资产管理考核指标。2023年5月,国资委产权局发布《提高央企控股上市公司质量工作方案》,提出要"贯彻落实新发展理念,探索健全ESG体系。中央企业集团公司要统筹推动上市公司完整、准确、全面贯彻新发展理念,进一步完善环境、社会责任和公司治理(ESG)工作机制,提升ESG绩效"。国网重庆电力紧跟时代发展要求,在履行企业社会责任的同时,注重社会责任项目的有效管理和融会贯通，兼顾环境、社会、治理三方责任平衡。"春苗之家"是国网重庆电力履行 ESG 社会责任的典型案例，通过对社会公益项目的有效运营，促进和联合环境责任和内部治理责任的高质量实践。

1. 环境履责："春苗之家"的绿色管理和运营

绿色发展要求企业在成长过程中融入人与自然和谐共生的理念，坚定不移走绿色、低碳、循环发展路线，每个企业都应根据行业特征制定履行绿色发展理念的特色内涵和具体目标。国家电网公司将人与自然和谐发展绿色理念落实在主营业务中，将注重保障电力供应、积极应对自然灾害、保证电力安全可靠供应三项措施制定为绿色发展重要指标，并以能源保供为基础，节能提效为助力，推动清洁低碳、安全高效能源体系建设，争当绿色发展和清洁能源转型的理念推动者、实践先行者。

国网重庆电力秉承国家电网公司履行环境责任的思路，将环境责任融入"春苗之家"公益项目，在"春苗之家"活动推进过程中，通过绿色管理理念指引，加大以"春苗之家"为代表的乡镇小学环保设施投入力度，全力保障重庆极端天气下的供电稳定，履行绿色发展理念指引下的环境基础责任；通过系列环保公益活动宣传绿色发展意识，将生态文明思想、低碳节能思想传递给少年儿童，带动家庭成员共同养成节约用电的习惯，实践绿色发展理念的环境管理责任。

（1）"暖冬计划"保供应，电力教室显爱心

重庆地处西南腹地，多山区、多雨季，冬季潮湿阴冷。为了保证贫困山区学生能够在冬季安心学习，国网重庆电力于 2015 年实施"暖冬计划"，解决重庆市海拔 800 米以上 80 个贫困村 970 所高海拔地区中小学冬季取暖问题，保证 20 万名贫困地区中小学生冬季暖气和空调用电充足。公司配合重庆市政府，开展 800 米以上中小学和幼儿园实施电力改造配套工程，改造线路，添置墙暖、电烤炉等现代取暖设备，确保学生在冬季上课之时能够自如地伸手出来看书写字，下课也能在教室里自由活动。为了确保"暖冬计划"在寒潮到来之前完成，重庆红岩共产党员服务队加班加点，快速推进，于 2015 年 12 月底完成公司供区内 970 所学校的所有设施改造。自从教室安装了暖墙，学生们再也不用每天提着取暖用的小火盆翻山越岭来上课了。

事实上，为了顺利实现"暖冬计划"，国网重庆电力投入 51 亿元进行农村电网改造，电网线路容量由原来的不足 0.5 千伏，涨到接近 3 千伏。改造过程中，

电力改造队采用"保姆式"服务,将责任分配到队,确保按时保质完成任务,并用耐心和热情的服务态度为农村群众办实事①。

2023年,国家电网公司启动"电力爱心教室"公益项目,该项目以改善中小学生和贫困儿童的教育环境、补充教育资源为目的,重点对符合条件的学校进行照明设施改造。重庆市北碚区歇马街道大磨滩小学、石柱县桥头镇桥头小学和秀山县龙凤坝镇塘坳小学成为"电力爱心教室"试点学校。国网重庆电力捐赠了39.8万元,为三所小学率先实施了光源环境改造及特色化校园公共设施升级。重庆北碚供电公司共完成歇马街道大磨滩小学8间教室智能护眼灯光改造,改善面积约384平方米,常态化检查维护学校各类用电设备10余次,安装15盏光伏路灯改善走道及操场照明,帮助学校改善、提升学习环境、基础设施;开展科普进校园等活动5次。秀山供电公司目前已完成龙凤坝镇塘坳小学8间教室智能护眼灯光改造,安装护眼灯94盏,改造线路350米,改善面积432平方米,并于2023年9月初通过现场检测验收。石柱供电公司对石柱县桥头镇桥头小学13间教室进行了室内光源环境及照明线路改造,将156套老旧照明设备更换为亮度合适、频闪合格的护眼灯,原有普通开关换成智能控制面板,满足学生不同学习场景对光源的要求,全面优化提升学生用眼和学习环境。

国网重庆电力将持续深化"电力爱心教室"公益品牌建设,充分发挥电力行业优势,综合运用各类资源,让学生们在明亮的环境中学习,并持续开展"奉献光明·点亮梦想"志愿服务,宣传安全文明用电知识,增强环境保护意识。

(2)节能用电进校园,宣传"碳"路新征程

环境责任不但在于人与自然和谐共处、以基础设施保障用电顺利,还在于加强环保公益活动的举办,传递绿色发展新理念、国家电能新政策,树立普通民众节能环保新思想。国网重庆电力通过"春苗之家"项目,将"绿水青山就是金山银山"、生态环保新技术、清洁能源新发展、节约用电新技巧等环保意识传递给中小学生,通过课堂教育、主题教育、趣味体验式教育,让中小学生理解可持续发展的意义,并通过少年儿童带动全家养成节能环保习惯。

2023年,国网重庆电力将绿色环保意识融入"春苗之家"项目,开展"小手拉大手,情暖春苗心"关爱主题活动,秉持"你用电、我用心"服务理念,

---

① 国网重庆市电力公司微信公众号,《投51亿"变脸"!国网重庆市电力公司农网改造升级惠乡民》,2016年8月19日。https://mp.weixin.qq.com/s/i1j7_XV4ytVUiKeY57tOOw

志愿者们通过宣讲节约用电知识、赠送学习用品、开展趣味活动等多种形式，帮助孩子从小养成文明用电的生活习惯。

5月下旬，在"六一"儿童节和"六五"世界环境日来临之际，渝中区"水电气讯"红岩先锋联合服务队、重庆南供电公司、重庆北供电公司、永川供电公司、璧山供电公司、合川供电公司、铜梁供电公司、大足供电公司、长寿供电公司、国网万州公司、丰都供电公司等各地分公司与下属机构分别走进小学课堂，给学生普及清洁能源知识，增强绿色环保意识，倡导绿色环保、科学节能的消费理念。学生们不但增长了许多节约用电、错峰用电的相关常识，也知道了绿色低碳社会需要每个人和每个家庭贡献出自己的力量[①]。

2. 社会履责："春苗之家"对留守儿童的帮扶

2009年，国网重庆电力启动"春苗之家"公益项目，至今已延续14年。在这14年中，公司联合重庆市光明基金会，累计投入超过900余万元，开展留守儿童关爱活动700余场，惠及留守儿童12万人。经过长期的公益实践，"春苗之家"逐渐提炼出三大活动主题，在留守儿童的帮扶和成长路上长期发挥着作用，从生活保障到成长监护，再到素质发展，初步覆盖了儿童成长的关键环节。

（1）"阳光爱心小组"，点亮寒门求学梦

2005年，国网重庆电力秀山供电分公司运维检修部的瞿秀泉发起了"阳光爱心小组"贫困生帮扶活动，以"每天捐助一元钱，帮助寒门学子重拾求学梦"为主旨，连续18年走访和捐款给贫困学生，资助其完成学业。截至2020年，秀山"阳光爱心小组"累计资助学生65名，资助金额50余万元，被资助的学生中已有54人考上大学，46人走上了工作岗位。瞿秀泉表示，希望用自己的实际行动帮助农村贫困儿童走出困境，在这些儿童心中播下善良和希望的种子，将爱护和帮扶传递下去。接受过爱心资助的儿童在长大成才后，也加入了"阳光爱心小组"，帮扶处于困难中的下一代。杨小兵曾是爱心小组的帮助对象，工作以后他通过"阳光爱心小组"已资助2名学生完成学业；曾得到爱心小组资助的邓露琴毕业后于2013年加入了"阳光爱心小组"，继续奔走在崎岖山路上给贫困学生们送去关爱和帮助。

---

① 人民网，《国网重庆市电力：文明用电进校园，绿色低碳与童行》，2023年6月1日。http://cq.people.com.cn/n2/2023/0601/c365412-40440731.html

国网重庆电力将瞿秀泉资助贫困学生的模式进行拓展，在各区县成立了22个爱心助学小组，学习和发扬秀山"阳光爱心小组"帮扶行动，并以"点亮求学梦"为主题，将帮扶活动推广到"春苗之家"公益项目中。截至2022年，已经推进深度贫困地区100个"春苗之家"帮扶留守儿童项目，组织青年志愿者与留守儿童开展一对一帮扶，进行学业指导和心理辅导，帮助贫困家庭子女完成学业计划、接受良好教育。国网重庆电力也发动了职工募捐活动，一对一地资助了99名品学兼优的极度贫困学生，并承诺持续捐助，直至他们参加工作。

（2）"爱的电波"，留守儿童素质发展小课堂

2018年4月，为了提升"春苗之家"活动质量，联合其他社会组织加入关爱留守儿童关爱公益项目，国网重庆电力团委与仁怀社工合作，前往国网石柱县供电公司和彭水县供电公司，开展名为"点亮心空"的电网志愿者系列培训，为26名青年志愿者讲解志愿服务的相关要求，培训志愿者技能，提升"春苗之家"志愿者的服务能力和水平。

2019年，"爱的电波"系列活动正式开启，该项目以留守儿童素质发展为主要任务，包括两种类型的活动：儿童个人层面，"爱的守护"安全教育系列服务、"爱的滋养"成长发展系列服务；家庭层面，"寻爱之旅"亲情重塑系列服务。在为期10个月的"爱的电波"活动周期内，"春苗之家"一共策划了13次主题，从"爱的电波"志愿者青葱关爱行动、"爱的滋养"成长发展服务、"爱的守护"安全教育服务、"寻爱之旅"亲情重塑服务四个板块出发，累计为5所学校的留守儿童开展65场活动，服务约7000余人次。

青少年由于身心发育不成熟，相对于成年人更易受到各种危险的侵害，在各种突如其来的侵害面前，他们对于危险的辨识能力和应变能力，即自我保护的意识，是其免于侵害的关键所在。"春苗之家""爱的守护"关怀活动联合黔江区蓝天救援队、奉节县消防大队的专业志愿者，到5所留守儿童学校开展"消防隐患防火墙"消防安全体验、"防灾自救对对碰"趣味游园会和"安全小卫士"安全自护能力提升课堂等主题活动共计15场。在活动过程中，通过安全知识讲解与实际操作的结合，将安全小常识融入其中，并在学校安全知识教学课堂上，进一步提升学生的安全自护技能。

"爱的滋养"主要以"优势视角"让儿童学会尊重生命、理解生命的意义以及生命与天人物我之间的关系，学会积极地生存、健康地生活与独立地发展，并通过彼此间对生命的呵护、记录、感恩和分享，健康成长。"春苗之家""爱的

滋养"活动到沿河小学、大垭乡中心校、通城小学,针对1062名留守儿童分别开展了"七彩斑斓,牵手成长"留守儿童梦想课堂、"爱的成长式"留守儿童生命教育课堂和"墨韵书香"主题读书会等15场主题活动,营造了轻松愉快的学习氛围,增强了学生的读书兴趣,促进知识更新、提高综合实践能力。

"爱的电波"第二项服务是国网重庆电力志愿者队伍与仁怀社工携手,分别到各所学校跟进收集典型的留守儿童学生资料,与学生进行一对一的面谈和交流,深入了解学生的学习、心理、生活和家庭情况。其间,跟进了巫溪县通城小学4名、城口县沿河小学3名、奉节县6名、石柱县6名、彭水县8名,共计27名留守儿童。通过与学生的深度交流,"春苗之家"活动组织者了解到留守儿童的情感需求,并有针对性地满足不同儿童群体的需求。重庆外出务工第一大县——开县南门镇东阳小学8岁的留守儿童彭顺,在"春苗之家"活动的帮助下实现了自己的儿童节"微心愿"——和远在新疆打工的父亲通电话。每月定期一次访谈,组织儿童与父母加强情感连接,这一举动既加强了父母对留守儿童的关心和监护,又缓解了儿童的孤独感。

另外,"春苗之家"在节假日组织开展亲子活动,创造家长与子女深度沟通的机会。例如,"爱满中秋情似月"留守儿童中秋节活动,由电网志愿者和社工一起为每所学校的留守儿童送去中秋节的祝福,开展做灯笼、送月饼等特别的活动;又如,利用学校家长会的契机,在奉节九盘小学、彭水大垭乡中心校等分别开展"世界和我爱着你"、"爱的抱抱"亲子趣味运动会,邀请家长来到学校,以游戏的方式让家长认识、了解孩子,增强亲子关系和留守儿童情感归属。

(3)"光束行动",聚焦农村留守儿童精准扶贫

2016年,为积极响应国家精准扶贫号召、缓解农村留守儿童成长问题,国网重庆电力开展针对深度贫困乡镇的留守儿童精准扶贫"光束行动"公益活动。据负责人张秋韵介绍"光束行动"意为"一束光照亮留守儿童成长之路",是国网重庆电力响应国家精准扶贫号召,聚焦农村留守儿童成长问题的一项专项关爱行动,主要在开县、城口县、秀山县、涪陵区、万州区等18个扶贫工作重点区县实施[①]。

通过前期的调研走访,国网重庆电力在重点区县确定了100名家庭特别贫困

---

① 国网陕西省电力公司官网,《脱贫摘帽 精准高效——国网重庆电力扎实开展"阳光扶贫行动"》,2016年8月18日。http://www.sn.sgcc.com.cn/html/main/col9/2016 - 08/18/20160818174326193902283_1.html

的留守儿童作为精准帮扶的对象。行动招募了 100 名青年志愿者，以"1+1"结对关爱为主要推进方式，帮助留守儿童提升自我保护能力、加强与父母的沟通，协助留守儿童家长返乡创业就业。志愿者为每名帮扶留守儿童建立档案，实施动态管理，兼顾留守儿童共性需求和个性需求，帮助其健康成长，直到年满 16 周岁或家庭条件转好。国网重庆电力负责人介绍，关爱留守儿童、为务工家长免除后顾之忧、帮助儿童健康成长是"软"扶贫。"硬"扶贫可以直接或间接带来经济效益，而"软"扶贫扶助的是心灵，脱的是未来的"贫"，这是"光束行动"的深远意义。

国网重庆电力还联合当地的用工信息平台与机构，帮助留守儿童的父母返乡就业，从根本上解决留守儿童的教育和监护问题。城口县高楠镇黄河村的冉光玉就是留守儿童父母返乡就业的受益者之一。重庆城口供电公司员工牟丹阳作为对口帮扶的青年志愿者，了解到冉光玉的父亲冉孟付外出打工时患有矽肺病不能干重体力活儿，但为了一家人的生活又不得不努力在外奔波。恰逢重庆城口供电公司与当地政府联合推出"电力安全护线员"公益性岗位，牟丹阳极力推荐冉孟付参加供电公司组织的电力知识培训。如今冉孟付已成为一名电力护线员，负责 4 个台区、10 千米左右线路的巡视、清障等工作，每年有了 5000 元固定收入，供电志愿者还众筹给他买了一台吸氧机，一家人重新点燃生活的希望。针对"电力安全护线员"这一公益性岗位，为贫困群众解决就业问题，开展电力护线技能培训 30 次，实现了 193 名贫困人员和返乡人员上岗就业，实现了儿童关爱和扶贫工作的双赢。

正是因为意义重大，效果显著，"光束行动"在第四届中国青年志愿服务项目大赛暨 2018 年志愿服务交流会中，从 590 个优秀志愿服务项目中脱颖而出，获得金奖，2020 年，"光束行动"再次获得第十二届中国青年志愿者优秀项目奖。

"光束行动"公益活动取得较好效果后，国网重庆电力下属各分公司分别在辖区内开展"光束行动"，从 2016 年一直持续到 2022 年，对留守儿童的关爱一直没有减弱，关爱的形式和内容在不断丰富。截至 2022 年，公司的志愿者们通过"光束行动"开展家访、心理疏导、关心慰问、作业辅导，帮扶学生人数达到 900 多人次[①]。

[①] 行讯宝，《国网市电力公司·把爱照进你心底》，2020 年 6 月 1 日。https：//www.hangxunbao.com/z/22271050.html

(4) 渝电入学堂,"春苗之家"再启航

突如其来的新冠病毒感染疫情打乱了原有生活秩序,为了重塑留守儿童和贫困儿童的生活信心,切实解决特殊时段留守儿童的生活问题,让留守儿童更加全面、正确、直观地掌握防疫知识,提高自我预防、集体防治的防疫处置能力,增强留守儿童爱党爱国爱家的积极情感,国网重庆电力凝练出"国网情暖春苗心·同舟共济抗疫情"主题关爱活动。2020—2021年,重庆合川供电公司、重庆巫溪供电公司、重庆丰都供电公司、重庆秀山供电公司、重庆垫江供电公司、重庆川东公司深入各地"春苗之家",分享抗疫英雄事迹,学习克艰奉献精神,传递抗疫正能量。

2022年,"春苗之家"凝练出"国网情暖春苗心·强国有我跟党走"关爱主题,通过活动向儿童讲解"双碳"知识、全球变暖、清洁能源等内容,将爱国强国热情前置、融入少儿价值体系;2023年,"春苗之家"提出"国网情暖春苗心·筑梦奋进新征程"活动主题,从中国深度、中国跨度、中国精度、中国速度四个方面解读党的二十大报告,并将重庆非遗文化、电力学堂、红色故事、抗战先烈等融入活动中,引导留守儿童树立崇高信仰,厚植家国情怀,坚定理想信念。

3. 治理履责:"春苗之家"助力电力青年成长

企业可持续发展理论要求重视公司制度的变革和创新,确保管理层通过适当的程序和方法处理企业可持续发展问题。很多公司的社会责任 ESG 履责框架设计思路上都汲取了企业可持续发展理论的这一思想精髓,ESG 中的 G(治理)并非通常意义上的公司治理,而是指将环境议题和社会议题纳入治理体系、治理机制和治理决策中,避免治理层过度专注经济议题而忽略环境议题和社会议题。从这个意义上说,ESG 中的治理可被视为贯彻和实施企业社会责任有效实施的一种机制[①]。

"春苗之家"项目作为国网重庆电力长时期、广范围的公益活动,如何设计可持续发展机制、保证项目的长期运行动力、持续提升运作效率,这不但关系着"春苗之家"项目的长期效果,更关乎公司公益责任履行的组织设计和治理。就平常情况而言,经济组织承担社会责任一段时间后,常常流于形式,会出现社会责任与成立初衷脱嵌现象。为保证全市 100 所"春苗之家"持续发挥应有作用,

---

① 刘力钢:《企业可持续发展模式研究》,《辽宁大学学报(哲学社会科学版)》,2000 年第 3 期,第 12~15 页。

需要组织加强思想引领，强化服务初心，提升服务质量，加强奉献精神。第一，需要公司从组织内部秉承持续发展理念，培养队伍积极、长效的行动活力；第二，需要保证"春苗之家"教室场地的维护常新，给需要关爱的儿童一个基本的家庭场所；第三，需要组建稳定的关爱队伍，长期深入到重庆各地的"春苗之家"开展关爱活动；第四，需要更新活动主题，根据学龄前儿童、小学生、中学生的成长特点，社会发展的环境特点设计适当的活动主题，全方位覆盖留守儿童的生活、成长、监护工作。围绕上述工作，国网重庆电力在推进"春苗之家"社会公益活动中，整合内部和外部资源，使组织成员进一步厘清政治、经济、社会责任，提高认知，加强工作绩效。

（1）围绕党组织建设，凝聚高质量青年服务队伍

国网重庆电力以习近平新时代中国特色社会主义思想为指引，秉承"安全、优质、经济、绿色、高效"的发展理念，通过"党建+"模式，全面提升价值创造能力，特别是在社会责任领域，主动对接民生实践，架起联系群众的服务桥梁，开辟青年成长路径。

国网重庆电力在党委和团委的指导带领下，整合公司青年力量，将青年技术人员和青年服务人员组成的红岩青年志愿者服务队设计为"春苗之家"长期的活动主力，青年技术人员在实现"春苗之家"教室场地和设备更新任务的同时，通过传递技术知识助力留守儿童了解用电安全知识和先进电气技术，保障生命财产安全，提升学习兴趣。青年志愿者在开展留守儿童帮扶活动的同时，也在不断完善自身技术和人格，拓展职业维度和坚定信念。

2011年5月，团中央青年志愿者工作部部长郭美荐在赴重庆市潼南双江小学"国家电网春苗之家"调研时，称赞国网重庆电力带了好头，青年志愿者在助力留守儿童健康成长之路上功不可没。国网重庆电力红岩青年志愿者服务队因长期投身于"春苗之家"建设，创新留守儿童项目主题与实践，先后获得团中央首届、第四届、第八届中国青年志愿服务项目大赛金奖，第十二届中国青年志愿者优秀项目奖。国网重庆电力黔江共青团组织持续开展并深化十余年"春苗之家"志愿活动，多次获得重庆市"五四红旗团委"，重庆市"5个100"示范性团组织[①]。国网重庆电力巫溪供电公司通城供电所先后获得"重庆市工人先锋号"、

---

① 黔江共青团公众号，《黔江区2个团组织被选树为重庆市"5个100"示范性团组织》，2023年7月20日。https://m.sohu.com/a/704703731_121106884/

"国家电网有限公司工人先锋号"、国网重庆电力"五星级红旗班组"等称号；2023年"五一"前夕，荣获"全国工人先锋号"称号。自"春苗之家"活动开启以来，通城供电所连续十四年高质量地完成了"春苗之家"活动，时刻关注山区留守儿童身心健康，主动在活动中融入乡风文明建设，成为国网重庆电力基层组织实践乡村振兴的优秀案例①。

（2）围绕公益品牌建设，整合高质量同伴队伍

共青团重庆市委、重庆市青年志愿服务指导中心，一方面积极发动与学校结对的志愿者深入"春苗之家"开展关爱活动，另一方面以"春苗之家"为志愿服务供需对接平台，引导社会爱心人士、社会志愿者走进"家"，开展关爱活动。"春苗之家"逐渐形成"公司+团组织+学校+志愿者"的共建共享的运行管理模式，即公司负责主体建设，团组织负责协调推动，学校负责日常管理，公司志愿者、结对志愿者定期开展志愿服务活动，社会志愿者主动参与志愿服务。国网重庆电力先后与光明基金会、重庆青年志愿者服务基金会、重庆仁怀青少年社会工作服务中心、重庆江北幸福加社会工作服务中心、重庆青年研究学会等组织携手合作，开展了深入的留守儿童需求调查，精细化关爱服务，探索驻校模式的留守儿童工作方式，拓展活动主题，创新活动方式，举办国网主题的"国家电网青春光明行"、"大手牵小手"结对帮扶活动，以及渝电主题的"我与春苗共成长""国家电网情·渝电春苗心""'渝电春苗杯'爱心桥""春苗之家——'手'护爱计划"等关爱活动700余场次。

• 尾声

经过14年的持续建设，国网重庆电力"春苗之家"公益项目取得了较高的社会评价，并成为公司履行社会责任的一张名片。在国家电网系统内部，"春苗之家"项目获得了广泛好评，在重庆地区也存在一定的知名度，尤其获得了留守儿童所在社区成员的赞誉。2024年，国网重庆电力确定了"春苗之家"活动的全新主题"国网情暖春苗心·科技创新助成长"。公司品牌建设负责人表示，在数字技术和人工智能逐渐成为经济发展主要引导力的今天，一定要给农村地区的

---

① 上游新闻，《国网巫溪供电公司通城供电所：点亮大山深处的一束光》，2023年5月26日。https://www.cqcb.com/county/wuxi/wuxixinwen/2020-03-09/2242009_pc.html

孩子多普及科技知识，激发他们的技术研发兴趣，培养他们关注技术和科学发展的意识。璧山、丰都、合川、铜梁、巫溪等电力分公司志愿者已经率先开启了"春苗之家"的电力技术趣味项目，通过实验展示了电力的功效，并普及了绿色电力技术开发的现状，以及绿色能源未来发展的方向，取得了良好的活动效果①②。

与此同时，负责人也表示，"春苗之家"公益项目发展到现在也存在瓶颈。"春苗之家"公益项目虽然有一定的工作规划，但主题相对简单，每年以完成常规活动为主要内容，与其他组织开展的关爱留守儿童公益项目比较雷同，缺乏活动创新。另外，社会力量的参与度依旧欠缺，项目资源主要依靠国网重庆电力系统内部供给，其他外部利益相关企业参与度较低，没有充分发挥多方协同优势，形成公益品牌塑造合力。"春苗之家"是国网重庆电力的公益品牌，但品牌塑造和宣传工作也还有待系统化。如何让更多的人了解"春苗之家"、加入"春苗之家"、传播"春苗之家"，这是负责人一直思考的问题。

开发者观点

国家电网央企负责任品牌形象在重庆的落地实践

吴朝彦　　副教授/重庆理工大学 MBA 学院

◆ 案例开发缘由

案例开发团队最初与国家电网重庆市电力公司的合作项目是品牌规划与建设。在 2021 年和 2022 年，世界品牌实验室（World Brand Lab）发布的《中国 500 最具价值品牌》报告中，国家电网品牌连续七年位居榜首，成为迈进世界顶

---

① 《重庆日报》，《重庆合川"电力老师"进课堂　情暖童心护成长》，2024 年 3 月 2 日。https：//www.cqrb.cn/zhuankan/2024-03-02/1894409_pc.html

② 新华网，《重庆璧山：开展"国网情暖春苗心　科技创新助成长"主题关爱活动》，2024 年 1 月 12 日。http：//www.cq.xinhuanet.com/20240112/8345588dc40249b495d3ea6a41a46b7a/c.html

尖品牌阵营的中国代表。在新一轮竞争格局中，国家电网公司已经将品牌战略与国家战略和全球趋势紧密联系，激励和敦促全国各级分公司开发区域品牌特色，加强分公司品牌建设。国网重庆电力已经建设了 36 个子品牌，但这些子品牌应该如何发展、如何分类体现渝电特色、如何履行 ESG 责任指标，是国网重庆电力面临的新挑战。

在资料分析过程中发现，国网重庆电力已经建设了几个特色品牌，在电力系统内部和社会各界赞誉有加，分别是党建品牌"红岩服务队"、青年人才培育品牌"黄桷树"、电网业务服务品牌"红岩电先锋""红岩电管家"、公益品牌"渝电春苗之家"、文化品牌"渝电青松"。案例团队后续展开了对国网重庆电力 24 个单位的访谈，内容覆盖品牌建设工作总结、特色项目介绍、品牌传播策略、社会责任实践、对公司品牌建设的建议等方面，调研时长共计 2440 分钟。最后调研结果显示，在所有品牌中，建设时间最早、系统性最完善、影响力最大的是"渝电春苗之家"公益品牌。公司员工对"渝电春苗之家"的评价极高，认为这是能够代表国网重庆电力奉献社会的标杆项目，也是红岩精神"爱国、团结、奋斗、奉献"的具体社会实践。项目不足之处在于对外传播不够充分，未能让社会各界了解并加入"春苗之家"项目建设。这些意见引起了团队的兴趣。"渝电春苗之家"是个怎样的项目？为何获国网重庆电力员工有如此高的评价？国网重庆电力领导为何要长期建设这样的项目？带着这些疑问，案例团队分四次调研了国网重庆电力党委党建部、党委宣传部、营销部、建设部，经过详细讨论，案例团队产生了将"渝电春苗之家"公益项目开发成企业社会责任案例的想法。

◆ 实地调研新发现

对"渝电春苗之家"二手资料进行收集、梳理和分析以后，团队围绕"企业社会责任"这一主题设计了有关"春苗之家"建设的系列相关问题，并就这些问题与负责人进行交流。在交流过程中，关于"春苗之家"公益项目的建设缘由、建设过程、资源来源、建设成果、发展瓶颈、后续规划等问题逐渐清晰，也明晰了"渝电春苗之家"品牌在国网重庆电力品牌矩阵中的角色和职能。

首先，国网重庆电力党委和团委非常肯定"春苗之家"项目的建设成果与社会口碑，并认为该品牌是公司社会责任工作的具象化，体现了电网系统结合区域社会特征开展的有针对性工作，承载了深刻的重庆电网企业文化基因。其次，

"春苗之家"项目具有丰厚的前期工作积累和荣誉成果,已经连续运行了十四年,是未来计划持续开展工作和不断加强建设的公益项目。国网重庆电力将主导"春苗之家"公益项目的开展和品牌建设,并整合更多的社会资源以促进该项目的高质量发展。最后,随着时代变化,"春苗之家"项目需要创新发展,创新方向和路径还在探索之中。目前"春苗之家"阶段性任务已经顺利完成,在硬件设施建设和主题活动开展这两方面取得了显著成效。如何在"春苗之家"项目中融入新时代新元素,是下一步需要考虑的问题。例如,数智化技术的应用、Z世代少年儿童差异性需求、设计多方获益的公益系统等,这些需要通过创新性设计,提档"春苗之家"项目的发展速度和公益效果。

◆ 洞察企业新认知

经过多次调研和分析资料,案例开发团队确定了"春苗之家"公益项目的特色和写作主题,并在讨论过程中对企业社会责任课题和"渝电春苗之家"品牌建设产生了新认知。

第一,在联合国提出可持续发展理念以后,习近平提出人类命运共同体理念,要以共同利益观达成可持续发展目标。发展不平衡造成的各种问题,需要有能力的组织和个人主动承担更多责任,促进人类共同进步。"能力越大,责任越重",这句话适用于政府和社会对大型企业承担社会责任的期望,并以ESG评价指标的方式量化企业履责实践效果。

国家电网公司作为能源型中央企业,具备得天独厚的资源禀赋和市场条件,不但创造了巨大的经济价值,在调动资源方面的能力也远超其他类型企业。正因如此,国家电网公司肩负着更加重大的社会责任,在维护国计民生和促进发展两个方面,必须全面承担政治责任、经济责任、环境责任、社会责任。对大型企业提出社会责任的义务具有合法性和合理性。"春苗之家"公益项目连续十四年的建设无疑是国网重庆电力履行社会责任的表现,具有央企履责的表率作用,值得大力传播,以此融合更多社会力量加入社会共建事业。

第二,团队成员一致认为,企业履行社会责任的关键是责任管理能力,很多企业还未重视责任管理能力的建设工作。企业能够高质量履行责任、达到ESG评级的优秀水平,必须有整体的责任管理结构设计,包括企业责任认知、责任履行过程、责任效果评估、履责工作传播四个部分的内容。责任管理能力又可以具体分为上游的资源整合能力、中游的项目运行能力、下游的责任沟通能力等复合式管理能力。如果管理者能力不足，即使拥有诸多资源，也无法形成涓滴效应，无法惠及弱势群体和帮扶对象。

国网重庆电力的"春苗之家"公益项目持续运行十四年，覆盖重庆所有区县，连续多年获得国家级志愿者项目金奖，效果的广泛度和持续度超越了大多数公益项目，这体现了国网重庆电力较高的责任管理水平，在责任组织、责任融合、责任沟通三个方面有效促进了"春苗之家"项目长效运行。责任组织体现在项目启动之初就详细规划了"春苗之家"的建设理念、建设标准、建设能力；责任融合体现在活动实施制度化、标准化、流程化，便于一百个"春苗之家"按既定框架开展活动；责任沟通体现在主动与利益相关方沟通传播"春苗之家"建设成效，包括正式的官方新闻发布会和常态下的新媒体日常沟通，向行业系统内外传递国网重庆电力负责任的央企形象。

◆ 案例开发总结

经过对国网重庆电力"春苗之家"公益项目案例的开发，团队一致认为，大部分企业都应该将社会责任纳入发展战略计划。现代企业责任不应该只是传统认知中的慈善捐款，而是融合责任于经营业务的商业模式创新，努力实现经济价值和社会价值相辅相成，这样才能实现企业和社会的长效发展。

国网重庆电力的"春苗之家"公益项目的建成、复制、推广、运行体现了能源型央企在地方履行社会责任的担当，能够为相关企业在社会责任选择、社会责任履行、社会责任传播方面提供经验借鉴和参考。虽然案例撰写的目的不在于向全国各地推荐建设"春苗之家"，或者刻板模仿公益项目开展模式，但是经验和思路是可以借鉴和复制的：企业履行社会责任应该考虑地区特色、行业特征、企业性质三个基础要素，并由此决定承担哪些社会责任、如何承担社会责任。目前 ESG 社会责任已经成为上市公司的必尽义务，可以预见，未来社会责任要求将会逐渐拓展到各类型企业。企业如何将社会责任纳入公司发展规划，如何在能力范围内承担社会责任，这是时代的要求，也是国家和社会的需求。因地制宜、量力而行、尽职尽责，这是国网重庆电力"春苗之家"案例带给企业履行社会责任实践的宝贵经验。

• 实践理论启示

近年来,国家电网启动二级分公司履行社会责任创新实践评选赛事,一方面是促进各地分公司广开思路,创新社会责任履行方式,因地制宜地履行社会责任实践是一项创新课题;另一方面也是向社会各界展示国家电网公司在各地的社会责任履行成果。由此可见,公司履行社会责任已经不再是传统印象中的好人好事、捐款捐物等简单事件,它已经成为系统性、长期性的公司事务。在本案例上体现出了企业社会责任的相关概念和效果。

卡罗尔于1991年提出了认可度较高的企业金字塔模型,他认为企业应该自下而上遵守经济责任、法律责任、伦理责任、自愿责任,分别对应生存责任、必尽责任、应尽责任、愿尽责任。以改善特殊人群福祉的社会慈善属于愿尽责任,企业对于"做什么"企业社会责任具有自由裁量权。波特于2011年基于市场竞争逻辑将企业社会责任赋予战略竞争色彩,考虑如何实现经济价值和社会价值的兼顾,将企业如何履行社会责任划分为了战略型和利他型两种类型。战略型企业社会责任与经营业务相关,企业通过履行社会责任实现社会效益和经济效益的双重收益。利他型社会责任是人道主义社会责任,涉及改善社会福利,实现人文关怀,与企业是否盈利无关。是否将社会责任与企业战略相结合,企业也具有较高选择权,"怎么做"以及"做多久"也由企业自由决定。战略型企业社会责任具有可持续性优势,是大多数企业选择的社会责任履行方式。然而解决结构性社会问题可能导致商业价值较少,只能依靠公益、慈善、帮扶等方式缓解,多数企业不愿意履行这种资源消耗巨大的社会责任。

由此可见,企业在选择履行社会责任时,具体做什么、如何做、做多久并没有严格规定,全凭公司的资源能力和价值理念决定。国网重庆电力选择了回报率最小的社会慈善项目,并持续运营十四年,充分体现了公司服务理念和资源编排能力。国家电网以"人民电业为人民"为企业宗旨,坚持以人民为中心的发展思想,将"一切为了人民,一切依靠人民,一切服务人民"设定为企业社会责任实践方向。国网重庆电力在继承国家电网的履责理念同时,还融入了重庆特有的红岩精神,将"坚如磐石的理想信念、合舟共济的爱国情怀、艰苦卓绝的凛然斗志、百折不挠的浩然正气"凝聚为国网重庆电力的红岩企业精神,将"坚如磐石"和"合舟共济"分别聚化为社会责任的履行宗旨,指导公司整合和投入资源，关注区域社会发展不平等的问题。国网重庆电力筹集和投入了大量资源，以物质和精神帮扶的形式关爱留守儿童群体。因此，"春苗之家"公益项目是基于公司理念，以人文关怀和社会福利为目标的利他型社会责任项目，该项目充分体现了国网重庆电力履行社会责任的服务性宗旨，也体现了央企投入大量资源提升社会福利的决心和能力。

附录

附录1 "春苗之家"发展大事记

附表1 "春苗之家"发展大事记

年份	重大事件
2009	·在重庆市五所小学开启试点 ·探索统一实施标准，为全面推进项目奠定基础 ·制定统一的场所配置与配套设施标准 ·网络传播：《重庆市共青团：携手在渝央企打造"国家电网春苗之家"》
2010	·稳步建设"国家电网春苗之家" ·召开"国家电网春苗之家"现场推进会 ·重庆市委副书记、市文明委主任张轩对"国家电网春苗之家"给予充分肯定 ·获团中央第八届"中国青年志愿者优秀项目奖"
2011	·全面完成重庆40个区县100所"国家电网春苗之家"的建设 ·举办国网、渝电主题活动共计700余次 ·形成"公司+团组织+学校+志愿者"的管理模式 ·联合"青春光明行"志愿者服务队与"红岩服务队"开展"春苗之家"长期活动 ·团中央青年志愿者工作部部长郭美荐称赞国网"国家电网春苗之家"项目 ·短视频传播：制作《有爱就有家》DV短片 ·连续两年协办"感受新重庆"优秀农村留守儿童夏令营 ·微电影传播：策划"富民兴渝、电力先行"的关爱留守儿童履责行动，拍摄微电影并在新浪网开设专题，刊载报道26条、作品32部
2013	·组织5000名志愿者走进"国家电网春苗之家"，家访350次，举办讲座200场次 ·南川供电公司共青团市民学校青年志愿者与"春苗之家"留守儿童共度端午

续表

年份	重大事件
2014	·完成商标注册、VI 设计 ·江津区开展"小小心愿卡，供电公司圆梦在行动"活动 ·大足区供电公司团支部开展"衣旧情深 爱暖春苗"活动 ·南川区供电公司开展"走进春苗之家，贴近春苗之心"活动 ·大足区供电公司牵手留守儿童共庆"六一"儿童节 ·获得首届"中国青年志愿服务项目大赛"金奖 ·获评"全国未成年人思想道德建设先进单位"
2018	·央视网报道《大手牵小手》（重庆行） ·举办"爱的电波"标杆活动 ·国网重庆电力关爱农村留守儿童"光束行动"、巴南区"点灯人"亲子阅读推广计划获第四届中国青年志愿服务项目大赛金奖
2020	·彭水县开展"青春光明行"活动 ·武隆区供电公司开展关爱留守儿童活动 ·南川区供电公司携手水江镇中心校开展"六一"关爱活动 ·潼南区供电公司团委开展"向日葵"暑假课堂
2021	·国网重庆石柱供电公司团委开展"国网情暖春苗心，同舟共济抗疫情"主题关爱活动

资料来源：本案例整理。

附录 2　春苗之家所获奖项

附表 2　春苗之家所获主要奖项

年份	主要奖项
2010	·"国家电网春苗之家"公益项目获得第八届中国青年志愿者优秀项目奖 ·国网重庆市电力公司因"春苗之家"公益项目被评为"全国未成年人思想道德建设先进单位"
2014	·"春苗之家—光束行动"获得第四届中国青年志愿服务项目大赛全国赛金奖 ·重庆市关爱留守儿童的知名品牌项目
2015	·中国青年志愿服务项目大赛金奖
2018	·"春苗之家—爱的电波"获得第四届中国青年志愿服务项目大赛金奖
2020	·"光束行动"再次获得第十二届中国青年志愿者优秀项目奖 ·"渝电春苗之家"完成商标注册，在服务效能和传播效果上均实现了优化升级
2022	·中国青年志愿服务项目大赛金奖

资料来源：本案例整理。

马上消费:"科技+金融"双轮践行社会责任[*]

案例概要

  金融行业履行社会责任,符合行业发展之道。马上消费自成立以来,以"科技+金融"的形式为履行社会责任赋能。以金融服务为切口,帮助农村信用体系建设,深入乡村开展爱心活动的同时引导用户理性消费;以科技为锚,撬动乡村振兴的难点和打通绿色发展的堵点;以普惠金融、知识普及和智慧养殖的形式赋能乡村振兴;依托科技手段,倡导低碳办公,推进全面降碳,践行绿色发展路径。本案例通过对马上消费践行社会责任的行为进行剖析,探索科技赋能金融行业的作用方式以及"科技+金融"助力社会责任的内在规律,旨在引起读者对消费金融行业"科技+金融"模式的思考,并为消费金融行业深入发展提供管理借鉴。

---

[*] 本案例由重庆理工大学MBA学院李巍教授、丁超博士、朱晓林、李雨洋和杜超同学撰写,并得到马上消费技术总监、马上科技发展基金会公益项目统筹人高砚先生的支持。本案例旨在作为MBA教学中课堂讨论的题材,而非说明本案例所述的管理行为是否有效。

案例正文

- 引言

2023年4月，由重庆市科学技术协会主管、马上消费金融股份有限公司（以下简称马上消费）捐赠并发起的重庆马上科技基金会揭牌成立。马上科技基金会是在重庆市民政局登记注册的市级非公募基金会，也是全国消费金融行业的首家独立公益基金会。该基金会致力于依托马上消费在人工智能、大数据领域的科技自主研发优势，为公益赋能、为慈善添彩。目前，其已规划了"授渔计划""蓝天计划""匠人计划""人间烟火计划""麦田计划"五大公益项目[①]。马上科技基金会的成立，意味着马上消费的乡村振兴赋能之路再上一个新台阶。在揭牌仪式上，马上消费董事长赵国庆回忆道："自2021年入局乡村振兴以来，马上消费积极承担社会责任，依托自身的科技优势，利用自主研发的技术，攻克了乡村振兴中的诸多难点、堵点。我们这一路走来，虽然困难重重，但也成绩斐然。"作为重庆本土企业，马上消费在创立伊始便受到了政府等相关部门的大力扶持。"人应当怀有感恩之心"，因此赵国庆认为，"积极践行社会责任，是回报社会最好的方式"。

作为一家经中国银保监会批准、持有消费金融牌照的技术驱动型数字金融机构，马上消费积极响应国家乡村振兴战略号召，将解决"三农"问题视为企业的使命与目标，探索以"科技+金融"双轮驱动为内核的乡村振兴赋能之路。历经一系列的摸索与实践，马上消费在深度结合机器视觉、人工智能、云计算等先进技术的基础上，向相关银行和保险公司开放平台数据并建立紧密合作，首创"金融科技+银行+服务"的智慧养殖新模式，不仅帮助农户解决贷款难、养殖风险高等难题，还搭建起智慧养鸡公益大数据平台，实现AI自动体重监测、AI鸡群数量监测、体温疾病监测、鸡舍环境监测、动物健康安全溯源和预警通知等功

---

① 新浪财经，《消费金融行业首家独立公益基金会在渝诞生》，2023年4月4日。https：//finance.sina.com.cn/jjxw/2023-04-04/doc-imypfhpc3035998.shtml

能，有效提升了农户养殖附加值，实现助农增收。此外，马上消费还在其线上平台设立了乡村振兴专区，打造"线上乡村购物节"，扩宽农产品销售渠道，助力乡村振兴；同时，创办乡村英才学堂，以开发式帮扶为宗旨，积极引导小镇青年、应届毕业生和退伍军人三大群体投身于家乡建设，聚焦于为人才培养免费提供网络教育，培养乡村建设的骨干力量，激活乡村振兴的内生动力。

● 企业简况

马上消费成立于2015年6月，是原中国银行监督管理委员会批准设立的持有消费金融牌照的全国性金融机构，由重庆百货、中关村科金、物美控股、重庆银行、阳光保险、浙江中国小商品城等共同发起设立，注册资本13亿元，是国内注册资本第三大持牌消费金融公司。2018年6月，马上消费正式获批增资至40亿元，成为内资第一大消费金融公司。增资后的马上消费将持续加大金融科技研发投入，进一步扩大市场份额，提升普惠金融服务能力，初步形成"马上贷""安逸花""马上金融"三大产品体系[①]。同时，马上消费与高校、科研院所建立长期合作关系，通过成立博士后科研工作站，将理论创新和技术创新结合，不断进行科技自主研发，培养和储备了一批高级科研人才，为马上消费的科技创新奠定坚实的基础；与此同时，马上消费逐步上线智能空号检测系统、唇语识别活体检测系统、边缘计算智能算法库、智能打断服务、智能语音质检系统等自研技术。

2020年，马上消费通过打造科技金融生态圈，在以科技金融为内核，以生态协同为连接的金融命运共同体框架下，促进各金融机构合作伙伴在资金、流量、场景、数据、科技等维度的融合发展，以实现合作伙伴生态的协作共赢。从此，马上消费与生态合作伙伴逐渐进入深度融合、开放发展的新阶段，这也意味着金融行业的转型和变革开始进入"深水区"。2021年，马上消费发布《乡村振兴路线图2.0》，计划实施"5+1"行动，初步建立起乡村振兴的服务体系，即数字普惠金融、知识帮扶、科技助力、消费帮扶、金融知识普及，以及一个金融服

---

① 搜狐网，《马上金融，引领消费新升级》，2018年7月6日。https://www.sohu.com/a/239603131_252348

务乡村振兴开放平台①。2022 年，马上消费推出的智能风控体系，以大数据为基础搭建科学模型与体系架构，打造"数据+技术+场景"的风控生态，以"科技+金融"双轮驱动为核心解决农户征信融资难等问题。随着马上科技发展基金会的挂牌成立，马上消费的"乡村振兴路线图"将书写更广阔的画卷。

作为全国头部、重庆首家持牌消费的数字金融机构，马上消费以"科技+金融"为核心驱动，累计投入科研费用逾 34 亿元，科技人员超 2200 人，累计申请发明专利 1647 件，稳居行业首位，共参与 66 项国家及行业标准制定，并发布了全国首个零售金融大模型"天镜"②。凭借科技研发创新能力，公司荣获中国人民银行重庆市分行 2023 年度"金融科技工作"先进单位表彰，获得重庆市政府颁发的"重庆市企业创新奖"省级荣誉。

● 发展阶段

1. 企业初创阶段（2015—2017 年）

2015 年，前京东首席战略官赵国庆在重庆创立马上消费，立志让马上消费成为全球最被信赖的服务商。正式开业之前，赵国庆就已经组建起来自国际知名公司以及在风险控制、产品开发、数据分析等方面的专家团队；同时，确立了以线下客户挖掘为基础、线上互联网推广为引擎的差异化产品设计业务模式，通过基础设施、互联网平台、渠道、场景四个方面的协同拓展建立核心竞争力③。开业当天，马上消费推出首款产品——"马上贷"。该款产品可以实现三分钟放款、信用循环额度、免面签，为前端用户申请贷款提供极大便捷；在后端，风控团队在业务的整个生命周期（产品开发、审批、账户管理、催收、核销回款）都会对各种风险进行甄别、衡量，让风险马上得到控制④。到 2015 年末，马上消费的注册用户累计已突破 100 万人。2016 年初，马上分期 App、安逸花

---

① 证券日报，《数字金融助力乡村振兴 马上消费发布〈乡村振兴路线图 2.0〉》，2021 年 8 月 6 日。http://www.zqrb.cn/jrjg/hlwjr/2021-08-06/A1628224674947.html
② 东方财富，《马上金融用科技赋能 双碳经济+乡村振兴两翼齐飞》，2022 年 3 月 8 日。https://baijiahao.baidu.com/s?id=1730046548193774584&wfr=spider&for=pc
③ 闫岩：《国内首款互联网消费金融产品上线》，国际商报，2015 年 6 月 19 日，第 A01 版。
④ 马上消费金融官网，《前京东高管赵国庆的马上金融公司开业》，2015 年 6 月 19 日。https://www.msxf.com/news/xwxq/46

App 正式上线，初步形成"马上贷""安逸花"等马上消费的产品体系。

马上消费作为持牌消费金融公司相当于国家给予一定的信用背书，给了广大消费者一个判断和选择的硬指标，也容易获得政策支持和资源倾斜。持牌消费金融公司的优势主要体现在两个方面：一是资金成本低。消费金融公司可以通过接受境内股东的存款、向境内金融机构借款、发行金融债券、同业拆借等方式融入资金；而小贷和其他类型公司的融资只能通过自有资金进行，融资成本将明显高于消费金融公司。二是经营规模扩张优势[1]。消费金融公司的经营杠杆可以达到8~9倍，而包括小贷公司在内的其他机构由于融资方式受限，其资产端的扩张能力有限[2]。正是基于上述逻辑，马上消费迅速崛起，在成立一年后的2016年下半年实现业务爆发性增长，正式进入周放款量一亿元时代，标志着企业迈入了从稳健起步到快速发展的新阶段。

2. 快速扩张阶段（2017—2019 年）

有效解决获客、风控和运营这三个方面所面临的问题，是马上消费能够迅速扩张的关键。在获客方面，由于产品的小额分散，无论线上还是线下推广都非常困难；在风控方面，由于中国征信体系不完善，通过数据来解决风险定价也需要很长时间；在运营方面，无论是对客户进行催收还是与银行进行联合放款、联合风控，由于巨大的客户量和系统升级速度的被动提升，都面临巨大的压力。基于此，马上消费决定通过科技手段解决这些问题：在获客方面，通过技术创新打造能够适应千人千面的业务场景；在运营方面，以数据驱动技术迭代，构建灵活的审批系统以适应庞大的客流量；在风控方面，以技术升级搭建互联网开放性平台，对接审批体系以便于发挥风控能力，保障资金的安全稳定。

2017 年，马上消费陆续发布人脸识别技术 2.0、XMA 智能客服系统以及智能联络中心系统 ICC 三大创新技术成果。其中，人脸识别技术 2.0 识别精准度达到 99.99%，在识别准确度上领先于国内同类的活体比对人脸识别产品。该技术大幅降低了由身份假冒所带来的资金损失，同时也能最大限度地保障用户的个人

---

[1] 中国 IDC 圈，《逐鹿消费金融：电商平台最具潜力　分期购物平台崭露头角》，2016 年 8 月 3 日。http://cio.idcquan.com/95692.shtml

[2] 中国经济网，《马上消费金融暴露风控短板　征信违规被罚39万》，2017 年 4 月 21 日。http://finance.ce.cn/rolling/201704/21/t20170421_22230456.shtml

信息和权益①。XMA 智能客服系统能够为用户提供全天候、标准化的服务,涵盖售前业务咨询引导和售后服务。同时,该系统充分平衡了智能应答与人工客服:当人工坐席在回答问题时,客服机器人可识别具体问题并从知识库中匹配最优答案推荐到人工界面,客服人员选择答案直接回复给用户,不仅能够解决一线员工业务知识水平参差不齐而导致服务质量不稳定的问题,而且降低了人工主动查找答案的操作成本,充分发挥人机互助的最大效用,在服务的"量"与"质"之间找到最优平衡点②。智能联络中心系统 ICC 则能够有效解决预测试外呼联络中心研发难题,以科技创新赋能金融业务③。

随着马上消费持续地技术创新和不断地挖掘技术潜力,其合规能力、运营能力、自主获客能力、确保资金用途能力和风控能力得到稳步提升。未来国家对消费金融的监管将会变得越来越严,而符合监管要求是企业的生存底线,马上消费想要持续生存和发展下去,就必须做到以更高的标准严格律己。因此,合规能力能够使马上消费足以应对越来越严的监管。运营能力能够让马上消费服务更多的客户,提高用户体验,这对于维持原有客户群体和发展新的客户有重要的意义。在自主获客能力方面,马上消费能够根据该能力找到真正有需求的目标用户群,绘制精准的用户画像,提供符合用户需求的产品服务,且能够改善风控水平。消费金融要确保资金的真实用途,引导资金用于消费,就需要确保资金用途的能力。马上消费通过在贷前、贷中、贷后全流程的各个环节采取多种措施加强信贷资金管控,确保贷款的真实用途。在风控能力方面,持牌消费金融公司可以对接央行征信系统,对用户的授信模型和催收策略有巨大帮助,从而影响其风险表现④。

3. 业务升级阶段(2019—2021 年)

随着人工智能、区块链、大数据等数字技术的迅猛发展,普惠金融已上升为

---

① 马上消费金融官网,《马上金融消费发布人脸识别技术 2.0》,2017 年 10 月 17 日。https://www.msxf.com/news/xwxq/463

② 腾讯财经,《马上消费金融推智能客服 XMA AI 应用提升服务效率》,2017 年 11 月 22 日。https://www.msxf.com/news/xwxq/162

③ 东方网,《马上消费金融自主研发 ICC 以科技创新赋能金融业务》,2017 年 11 月 24 日。https://www.msxf.com/news/xwxq/166

④ 证券时报,《赵国庆:消费金融任重道远 必须构建可持续发展的核心能力》,2017 年 12 月 15 日。https://www.msxf.com/news/xwxq/173

国家战略。而消费拉动经济增长战略的不断推进，使消费金融行业及机构存在的意义已不仅仅是满足用户借款需求、分期付款需求，也在无形中推动该行业由此前"广撒网"式的粗放式发展向精细化的高质量发展转变。在此背景下，消费金融行业及机构该如何利用新技术深度挖掘用户需求？如何纵深拓宽场景提供更多服务？如何引导用户正确认识、使用金融服务？如何保障用户隐私数据安全？

马上消费通过以技术为内核，深挖消费场景、构建伙伴生态圈等方式，不断探索提高服务质量的路径。2019年，马上消费聚焦开放平台，对云平台、人工智能、大数据、区块链、生物识别五大技术持续进行创新，将消费金融业务中的数据、用户、流程、服务及价值，通过数据中心、客户端等技术手段实现打通，成功实现了系统化、统一化、平台化运营，以及智能化、实时化的线上服务①。同时，经历了前期的野蛮生产，马上消费深刻地认识到消费金融业务的发展必须与消费场景相结合——"无场景，不金融"。一方面，马上消费广泛深入挖掘全生活周期的消费场景，使场景快速适配能力成为其核心技术竞争力。目前，马上消费已累计接通消费场景180余种，与线下19万多家商户建立合作，构建了能够适应不同场景下动态实时需求变化的系统，为大众带来了更加多样、方便的消费方式②。另一方面，马上消费也依托人工智能、云计算、大数据等前沿技术能力，为行业用户提供全场景智能化的客户服务与营销综合应用解决方案。目前，马上消费已面向智慧零售、智慧酒店等多个场景输出自己的技术方案。此外，马上消费与生态合作伙伴光大信托联手打造的"得助·AI智慧双录"，能够实现面向客户销售产品的双录环节线上化、智能化、自助化、实时化、标准化运营，既能提升服务效率，又能提升客户体验，更快更好地为客户提供技术支持③。

4. 战略变革阶段（2021—2023年）

2021年6月，中国人民银行、原中国银行保险监督管理委员会发布《金融机构服务乡村振兴考核评估办法》，被业界视为金融助力乡村振兴的考核"指挥棒"，其中很重要的一点是持续将普惠金融服务到农村。马上消费作为一家普惠

---

① 中国科技新闻网，《由个体幸福到实体赋能：马上金融打造金融科技"样板间"》，2019年10月9日。https：//www.zghy.org.cn/item/202481515502686208
② 安和财经，《四年2200亿　马上金融CFO郭剑霓发表演讲》，2022年7月26日。https：//baijiahao.baidu.com/s？id=1739394726969991032&wfr=spider&for=pc
③ 金融界网，《马上金融携手光大信托开展金融科技创新合作》，2020年3月25日。https：//baijiahao.baidu.com/s？id=1662101678170424481&wfr=spider&for=pc

金融的实践者，面对监管要求，给出了自己的努力方向：践行《乡村振兴路线图2.0》，通过实施五大行动（即数字普惠金融、知识帮扶、科技助力、消费帮扶、金融知识普及）和建设一个金融服务乡村振兴开放平台，助力乡村振兴[①]。同年7月，在面临国家提出的"2030年前达到峰值，2060年前实现碳中和"的"双碳"目标下，马上消费积极响应国家碳达峰、碳中和战略，将环境保护、节能减排视为企业社会责任的重要任务，积极探索低碳发展的技术创新与商业模式创新，不断以科技力量完善绿色金融服务和管理体系，探索一条"金融+科技+碳中和"的绿色创新发展道路[②]。

2022年，在《乡村振兴路线图2.0》的指引下，马上消费深入开展金融知识普及教育，提升广大群众金融风险防范意识；将技术服务能力与小额分散的信用贷款模式结合，不断降低普惠金融的服务门槛，服务、普惠大众，甚至将服务延伸至农村地区，覆盖信用记录缺失、传统金融服务盲区的农村消费群体；同时，依托于安逸花等App，举办"乡村振兴购物节"，帮助广大农户解决农产品的销路问题，实现助农增收；此外，马上消费结合机器视觉、云计算、人工智能等技术，研发了智慧养鸡大数据平台，能够实现AI自动体重监测、AI鸡群数量监测、体温疾病监测、鸡舍环境监测、动物健康安全溯源、预警通知等功能，实现24小时全天候的养鸡守护，帮助农户解决养鸡行业中的诸多实际困难[③]；最后，以"千里马·乡村英才培养"计划，帮助乡村培养人才，积极挖掘乡村振兴的内生力量，引导青年人才致力于服务乡村振兴。2023年，马上消费推出"马上绿洲"公益项目，推出"个人碳账户"，促进用户践行绿色低碳行动[④]。同年，马上科技发展基金会成立，致力于依托马上消费在人工智能、大数据领域的科技自主研发优势，为公益赋能、为慈善添彩，如今已规划了"授渔计划""蓝天计划""匠人计划""人间烟火计划""麦田计划"五大公益项目[⑤]。

---

① 证券日报，《数字金融助力乡村振兴 马上消费发布〈乡村振兴路线图2.0〉》，2021年8月6日。http://www.zqrb.cn/jrjg/hlwjr/2021-08-06/A1628224674947.html

② 雪球网，《马上消费金融用科技赋能 双碳经济+乡村振兴两翼齐飞》，2022年3月17日。https://xueqiu.com/2366437600/214439243

③ 北青金融网，《马上消费：实现绿色发展和乡村振兴同步 推动绿色乡村建设》，2022年2月18日。https://baijiahao.baidu.com/s?id=1725064347673310129&wfr=spider&for=pc

④ 华夏时报，《消费金融行业试水个人碳账户，多家金融机构引导节能减排》，2023年3月3日。http://m.caijing.com.cn/article/290798

⑤ 中国金融新闻网，《赋能乡村振兴 消费金融公司有"数智"》，2023年6月5日。https://www.financialnews.com.cn/jigou/xfjr/202306/t20230605_272239.html

• 履行社会责任

1. 身体力行，投身公益事业

（1）服务延伸，助力农村信用体系建设

在马上消费服务的客群中，60%的客户是没有信用卡的，30%的客户是没有征信记录的[①]。马上消费为了服务于传统银行不能覆盖的普惠客群，使金融更加具有公平可得性，已经为600多万"信用白户"建立了信用记录。此外，在服务信用记录缺失、传统金融服务盲区的农村消费群体方面，马上消费持续将普惠金融服务向基层、县域、乡村和社区不断延伸，已为超过3700万的农村用户和超过4400万的县域用户和农村居民提供消费金融服务，其中农村累计交易额超过1700亿元，县域交易额超过2400亿元[②]。这对完善中国的信用建设、推动信用社会的建设起到"螺丝钉"的作用——虽渺小但必不可少。短期来看，这是马上消费将社会责任融入商业模式中的一小步，但长期而言，将是对信用体系建设和普惠金融推进的一大步。

（2）精准扶贫，深入山村开展爱心活动

爱不会因距离而缺席，马上消费通过一个个小小的善举将爱心传递到大山里，点亮孩子们的梦想，为他们带去希望[③]。2017年，马上消费为四川省宣汉县一所小学修建了多功能运动场；组织"黄盒子"主题公益义卖活动，支持中国偏远山区眼疾患者和眼盲儿童的救治。2018年，马上消费为重庆市城口县沿河乡开展精准扶贫公益捐款活动，募集的善款为孩子们购买了电子设备、教学用具、体育用品、食堂餐具等学校急需的物资；为重庆市黔江区金溪镇清水村捐赠爱心鸡舍栅栏；为石柱土家族自治县金竹乡小学捐衣捐物，由"马上爱心小分队"为山区的留守儿童购置棉服、书包等物资，并送至孩子手中。2019年，马上消费为重庆市彭水县贫困山区学生捐赠款项物资；向重庆银保扶贫基金会捐款

[①] 新华社客户端，《4年累计放贷达2200亿元 马上消费金融如何做到笔均不到3000元？》，2022年6月25日。https：//baijiahao.baidu.com/s? id=1637292411852211772&wfr=spider&for=pc

[②] 中国经济新闻网，《马上金融5年逐梦之路，始终不忘初心》，2022年9月22日。https：//www.cet.com.cn/wzsy/cyzx/2665837.shtml

[③] 马上消费提供，《马上消费·企业社会责任（ESG）报告》，2022年8月19日。

20万元，定向扶贫于彭水县大垭乡建卡贫困户。2020年，马上消费由党支部牵头，发起爱心捐赠公益活动，给四川省凉山贫困山区的孩子们送去马上人的暖暖心意；发起"衣暖人心"旧衣捐赠活动，为大山里的孩子带去关爱；联合重庆当地社区公益机构，常态化收集家庭和个人闲置废旧衣物，经过整理与环保处理后，捐赠给社会无人监管抚养的孤儿、流浪儿童以及养老院老人等。2021年，马上消费通过互联网的方式将公益活动全面"嫁接"起来，联动马上消费的员工、持股股东、千万用户、十万合作商户及社会各方参与人员，带动千百万人共同参与公益活动，号召大家共同践行社会责任，回报社会。截至2023年底，公司累计投入了100万余元用于公益事业，惠及3000余人。

（3）救灾一线，积极参与发挥技术优势

2016年，江苏盐城遭遇龙卷风袭击，马上消费团队第一时间联系当地市委、共青团，作为志愿者奔赴灾区参加抢险救灾工作。2017年，四川九寨沟遭遇地震，马上消费第一时间免除了灾区内全部贷款客户的贷款利息共计约23万元，同时联系专业捐赠中心和专业救援队伍，向灾区捐赠水、食品和衣物等必需品，积极投身救灾工作。2019年，四川宜宾发生地震，马上消费累计为用户减免息费50余万元。2021年，河南连日暴雨，特大水灾牵动全国人民的心，马上消费宣布捐赠200万元，管理团队及全体员工联合捐赠328万元，累计捐赠528万元驰援河南抢险救灾[①]。

2019年底，新冠病毒感染疫情暴发后，马上消费快速响应，首期捐赠100万元支援武汉，并向已驰援武汉的两批重庆医疗队人员赠送相关保险，总保额近亿元。此外，马上消费对受疫情影响的客户差异化豁免罚息、罚金，合理延后还款期限，以减轻受疫情影响客户的还款压力。马上消费还利用AI、大数据、云计算等技术优势，实现"云呼叫中心"分布式部署，保障防疫期间线上信贷金融供给，并面向全国合作伙伴及有需要的企业免费开放云呼叫中心和智能外呼机器人，助力更多企业应对疫情、顺利复工复产[②]。

（4）风险预警，引导普通用户理性消费

随着消费金融市场的蓬勃发展，切实做好金融消费者权益保护正受到相关部门的日益重视。作为一家持牌消费金融机构，马上消费自诞生起，始终秉承合规

[①] 马上消费提供，《马上消费·企业社会责任（ESG）报告》，2022年8月19日。
[②] 中国经济新闻网，《马上金融5年逐梦之路，始终不忘初心》，2022年9月22日。https://www.cet.com.cn/wzsy/cyzx/2665837.shtml

经营的宗旨，一方面通过高效便捷的消费金融服务提升广大民众的生活水准，同时，积极引导消费者理性消费，不要给自己背上过高的债务负担；另一方面积极引入最新科技，从产品开发的前端审核到产品运营过程的风险预警，再到贷后管理的积极应对，都务必做到规范操作，认真对待与尊重每一位消费者的诉求，通过充分沟通与彼此理解达成"共识"，让消费金融服务更具温度。要实现从源头对金融消费者权益的全方位保护，需要持续完善风控体系。一直以来，消费金融业务的核心就是风控，需要通过科技赋能加大对风险的管控，更精准地识别用户的消费场景，更好地理解用户的消费需求，向不同用户精准推送更合适的消费金融产品服务，消除众多不必要的消费金融服务纠纷的同时，真正做好金融消费者权益保护工作。

此外，在积极落实小额、分散的消费金融业务模式的同时，马上消费还将自主研发的收入偿债比模型融入整个风控体系，作为业务部门做出信贷决策与风险精准定价的重要变量。这个收入偿债比模型，主要是通过机器深度学习等先进智能科技，动态地时时关注分析每个用户最新的收入偿债状况，避免他们过度负债影响自身偿付能力，从而更有效地进行合理适度授信，引导他们理性消费与健康消费[①]。作为风控科技的一项全新尝试，收入偿债比模型的诞生，既彰显持牌金融机构借助创新科技支持理性消费、健康消费的决心，又令消费金融产业承担起相应的社会责任，助力经济好转的同时推动社会和谐发展。

2. 科技金融，赋能乡村振兴

（1）金融惠普，促进农村发展

马上消费在三个方面实现了突破：一是通过科技手段降本增效，利用自主研发的线上审批系统，对申请人进行风险量化评估、高效审批；二是通过科技的投入，实现从金融的可得性到金融的定价普惠性的转变；三是基于1.9亿注册用户，制定"普、惠、质"协同发展的未来战略，即"差异化的普""商业可持续的惠""全方位的质"。"差异化的普"，即以差异化的定价、供给和体验来服务客群，这对马上消费提出了更高的要求，也倒逼平台精细化运营能力的提升。"商业可持续的惠"，即践行社会责任，实现降成本、扩大服务覆盖面、控风险

---

① 张末冬、徐贝贝：《消费金融公司如何实现合规稳健发展》，《金融时报》，2021年4月7日，第004版。

三大功能，因此"惠"也是马上消费核心竞争力的体现。"全方位的质"，即全面提升风控能力、客户体验、社会责任、企业文化和团队凝聚力。通过发挥自身科技优势，马上消费精准触达县域、城乡，持续发展面向县域、乡村用户的数字普惠金融，为用户提供"有温度"的金融服务，满足居民合理消费需求，提升金融服务的可得性，缩小城乡金融服务差距。

数据显示，截至 2023 年底，马上消费服务农村用户 3300 万人，交易总额近 6500 亿元；服务县域用户 3900 万人，交易总额超 8000 亿元，共计为超 900 万信用"白户"建立征信，培养用户信用观念，积极促进行业整体信用体系建设的发展。马上消费积极响应国家"促消费"政策的号召，在"五一"、中秋节、国庆节等重要节点推出促消费活动，通过安逸花 App 的营销活动共计发放 104.2 万张消费券，发放减免息费券价值 2386 万元，安逸花分期商城分别在 3C 数码、家居日用、乡村振兴产品等领域开展 289 场免息惠民活动，共计为 345 万新用户发放购物消费优惠券福利，为实体经济注入更加强劲的金融力量，有力地支持"扩内需、促消费"目标的实现。此外，马上消费还积极打造金融服务乡村振兴开放平台，整合资源突破单点局限，形成金融服务乡村振兴合力，由单向帮扶向共赢转变，充分发挥数字金融优势，畅通普惠金融服务"最后一公里"。基于乡村振兴开放平台，可以实现产品聚合、功效撮合、需求对接等功能；在借助自营商城安逸花在 C 端的流量与客群的基础上，马上消费累计为相关产品带来超过 7000 万次的曝光，并结合优惠券等运营手段提升 B、C 两端的交易频次与体验①。

(2) 知识普及，培养乡村人才

马上消费计划实施"千里马·乡村英才培养计划"，并在重庆市奉节县康乐镇落地首个知识教育示范点，捐赠办公电脑等设备，有助于实现居民远程学习和乡村数字化②。具体而言，马上消费依托自研的音视频呼叫中心，建设乡村振兴知识传播平台，整合课程资源、师资资源、硬件资源、流量与通道资源，面向小镇青年中的应届毕业生、退伍军人、返乡创业者三大群体，提供包含创业就业、劳动技能、农业科技等在内的免费网络教育，培养乡村振兴骨干力量。目前，马上消费依托"得助智播"开通了在线学习平台"新农人学堂"，已初步搭建起完

---

① 北青金融网，《马上消费：实现绿色发展和乡村振兴同步 推动绿色乡村建设》，2022 年 2 月 19 日。https://baijiahao.baidu.com/s?id=1725064347673310129&wfr=spider&for=pc

② 蒋元锐：《"马上消费"：打造首个消费金融乡村振兴知识教育示范点》，中华工商时报，2021 年 9 月 7 日，第 005 版。

整的课程体系。通过在线学习课程，马上消费助力培养乡村人才，积极挖掘乡村振兴的内生力量，更好地引导青年人才致力于服务乡村振兴。

针对广大农村地区金融知识匮乏的情况，马上消费依托数字化、智能化手段来加强农村金融教育，建设金融教育示范基地。融合线上线下资源，通过全天候、常态化的方式，针对农业经营主体、中小学生、乡村干部、返乡创业者以及易受骗等弱势群体，提供反欺诈、保险、理财、信用、数字金融实用技巧等知识培训，弥补城乡数字鸿沟，改善乡村金融生态环境。截至目前，马上消费通过开展金融知识普及教育，推进"扫黑除恶"整治、"反洗钱"和抵制"非法集资"等专项活动，累计辐射人数850余万。马上消费协助多地的公安机关严厉打击虚假电信网络诈骗，捣毁各类诈骗窝点20余个，抓获犯罪嫌疑人300余人，保护了人民群众财产安全、共建和谐社会[1]。

（3）智慧养殖，保障农户增收

马上消费利用自身科技优势，建立一个中心，即乡村振兴数字化赋能中心；服务一个中间力量，即围绕种植、养殖、乡村旅游、电子商务等开展技术指导，培养爱农业、懂技术、善经营的新型职业农民；最终覆盖三个智慧产业，即"家禽·智慧林下养殖""畜牧·智慧养牛""种植·智慧立体农业"，为乡村振兴提供强有力的科技支撑。

在洛碛镇一家林下土鸡养殖场，马上消费的"智慧林下养殖项目"正式落地。在此之前，马上消费通过调研了解到，农户在经营养鸡场的过程中遇到了诸多实际困难，例如，山地散养土鸡，鸡的活动范围变广，人工计数很费精力。针对目前散养土鸡行业的一系列痛点，结合机器视觉、人工智能、云计算等技术，马上消费研发了智慧养鸡大数据平台，包括后台管理系统、移动端小程序和数据展示大屏。目前已实现的核心功能包括：AI自动体重监测、AI鸡群数量监测、体温疾病监测、鸡舍环境监测、动物健康安全溯源、预警通知等功能，让整个养殖过程一目了然，任何问题都能随时掌控[2]。

首先，通过摄像头观察鸡的精神状态，养殖人员可以随时检测及精准观察，迅速判断鸡是否生病，对生病的鸡实现实时目标分割。其次，通过大数据实现目

---

[1] 时代周报，《从乡村振兴到共同富裕 马上消费金融坚持走长期主义路线》，2021年9月29日。https://baijiahao.baidu.com/s?id=1712217316031761856&wfr=spider&for=pc

[2] 赵国庆：《提振农村消费活力向科技创新要答案》，《中国农村金融》，2022年4月25日，第008版。

标跟踪，养殖人员可以轻松获取鸡的数量和位置，降低鸡的失踪率，保证收益；通过自动称重系统，可以随时了解鸡的成长情况并确定售卖时间，保证收益最大化。最后，通过智慧养殖系统，马上消费帮助养殖场实现健康、绿色养殖。养殖人员即便不在鸡舍，也可以通过智慧平台第一时间掌握鸡的健康情况以及鸡舍温度、湿度、氨气浓度和二氧化碳浓度，实现24小时全天候的守护①。"智慧林下养殖项目"可以有效地为养殖户提升附加值，提升产品形象，带动销售②。

3. 低碳环保，创新绿色发展

（1）培养绿色文化，倡导低碳办公

在创业初始，马上消费坚守绿色发展模式，倡导绿色低碳的企业文化，全方位打造绿色文化体系，坚持绿色运营，旨在提升员工低碳意识，鼓励低碳办公、低碳出行。对内，马上消费开展了低碳主题宣传、低碳小知识、节能小贴士等活动，设计并张贴"低碳办公"专题宣传标识，如倡导双面黑白打印，杜绝一次性用品；倡导员工低碳生活、绿色出行等，从细节、小事做起践行低碳绿色理念。此外，马上消费还根据与碳排放相关的人力消耗、能源消耗、纸张消耗、金融云服务器消耗等环节，测算碳排放，并利用技术解决消耗问题。对外，马上消费启动"安逸花5.5低碳品牌"公益活动，活动主题为"绿色地球，逸起守护"，呼吁大家低碳出行，多乘坐公共交通工具；拒绝塑料，超市购物尽量使用环保布袋。倡导从个人做起，节约用水、节约用电，提升大众低碳意识，养成低碳生活习惯。截至2021年末，马上消费已实现全线上无纸化服务，累计减少碳排放91.19万吨，深入践行全流程数字化绿色金融服务。同时通过多种方式，已累计实现绿色消费交易额17.26亿元，促进绿色消费49.25万笔③。

（2）以科技促绿色，推进全面降碳

截至2021年12月，马上消费通过自然语言处理、智能语音识别、语音合成等人工智能技术，在客户服务方面持续推动智能机器人服务，已累计减少碳排放近1500吨；在货前、货中、货后各个环节，优化审批流程和审批规则，从客户

---

① 钱箐旎：《金融科技赋能乡村振兴》，《经济日报》，2021年9月10日，第010版。
② 经济参政报，《马上消费金融：实践智慧养殖 助力数字乡村 绘就乡村振兴的最美底色》，2021年10月13日。http://www.jjckb.cn/2021-10/13/c_1310242339.htm
③ 北青金融网，《马上消费：实现绿色发展和乡村振兴同步 推动绿色乡村建设》，2022年2月19日。https://baijiahao.baidu.com/s?id=17250643476733110129&wfr=spider&for=pc

贷款合同、货款凭证等方面持续推动电子化、无纸化、线上化，实现"零纸张"服务，累计减少碳排放近 70 万吨；通过自研金融云平台，构筑稳定、可信、合规、敏捷的金融行业数字化底座，其弹性、扩容缩容的能力较传统方式可节省上千台服务器，已累计减少碳排放近 6000 吨；通过促进平台绿色消费，已累计实现绿色消费交易额 12.06 亿元①。截至 2022 年 2 月，马上消费已经形成一系列绿色科技成果，包括智马平台、智能语音质检等 23 个科技产品，神经渲染、口唇预测等 30 项技术，以及 89 项人工智能专利。"科技+绿色"成为马上消费最亮的底色。这为保障全体人民身心健康、提效降耗、减少污染等提供了有力的技术支撑，同时使绿色数字技术真正成为促进乡村绿色、低碳发展的新动力，推动绿色乡村建设。

2023 年 3 月，马上消费正式上线"马上绿洲"公益项目，推出"个人碳账户"，促进用户践行绿色低碳行动②。用户在平台上的无纸化操作等绿色低碳行为均可获得碳积分奖励，并自动存入碳账户。在安逸花 App 上，用户首次访问"马上绿洲"，会获得一棵待浇灌的小树并开通个人碳账户。点击使用能量浇灌小树，让小树升级。小树从 1 级升到 7 级，个人碳账户即可获得 5 到 50 分不等的碳积分。除了玩游戏赚取碳积分，能量获取的方式也包括玩飞刀游戏、能量风车，在"智慧养鸡场"线上认领、喂养小鸡，每天在"金币乐园"签到领取金币、玩转盘赢取金币，在"夺宝岛"玩抢金币游戏等。此外，"马上绿洲"还设置了"绿洲任务"，用户访问碳百科知识库、"智慧养鸡场"、助农商品和乡村振兴视频，也能获得碳积分③。其中，碳百科知识库意在向用户宣传、普及节能减排知识，如绿电概念、乘坐地铁出行每人每公里可减少多少碳排放等。

（3）践行绿色金融，创新发展路径

"2030 年前达到峰值，2060 年前实现碳中和"，"双碳"目标的提出是基于国内、国际两个大局作出的重大战略决策。马上消费积极响应国家碳达峰、碳中和战略，将环境保护、节能减排视为企业社会责任的重要任务，积极探索低碳发展的模式创新和技术创新，不断以科技力量完善绿色金融服务和管理体系，探索

---

① 刘四红：《马上消费党委书记曹景泉：践行全流程数字化绿色金融服务》，《北京商报》，2021 年 12 月 24 日，第 011 版。

② 《华夏时报》，《消费金融行业试水个人碳账户，多家金融机构引导节能减排》，2023 年 3 月 3 日。http://m.caijing.com.cn/article/290798

③ 蒋牧云、张荣旺：《个人碳账户再"扩列"市场期盼数据互通》，《中国经营报》，2023 年 3 月 20 日，第 B07 版。

一条"金融+科技+碳中和"的绿色创新发展新道路。2021年7月,马上消费正式对外发布《"碳达峰·碳中和"路线图2.0》,内容涵盖绿色化运营、构建低碳文化等,多维度地展现企业践行绿色金融,参与节能减排的实际行动,明确行动方向和目标,争取2030年实现净零排放。

马上消费结合自身人工智能、大数据、云计算等核心技术,充分利用"大数据+AI+金融云"三大核心平台共振的强大数字化"引擎",通过推动大数据、人工智能、金融云、生物识别以及区块链五大技术相互融合,实现金融服务"四化",即流程数字化、业务数据化、场景智能化、基础设施云化。依托数字化能力打造极致用户体验、推进全场景弹性覆盖、降低服务成本,推进金融服务全面降碳、绿色增长。马上消费依托自身领先的科技能力深度推进全流程数字化经营,实现金融服务全环节全流程全面降碳,使企业充满绿色发展活力。马上消费将继续发挥科技创新优势,积极参与政府节能减排项目以及传统产业智能化改造,与政府合作研发一套通用的碳排放数据管理中心系统,并提供配套的技术服务;同时,积极参与地区性、全国性绿色金融企业联盟,结合外部优势资源,在绿色科技领域加强理论研究与交流合作,积极参与构建国家、行业的绿色金融标准化体系。

● 尾声:打造乡村振兴公益生态圈

马上消费以"科技+金融"双轮驱动为内核赋能乡村振兴与绿色发展,已探索出一条独特的创新路径。马上科技基金会的成立,则预示着马上消费的社会公益事业与乡村振兴战略迈上了新台阶。不同于传统基金会的运行模式,马上消费把公司特长和能力融入企业社会责任,以"科技,让公益更出彩"为使命,秉承"授人以鱼不如授人以渔""助人自助"的公益理念,通过科技赋能代替"捐钱"这种普遍的帮助方式,用科学技术助力农户,打造公益新亮点。2023年初,马上消费以马上科技发展基金会的名义已新增和落地重庆十余个区县智慧养鸡项目。

在创办马上科技基金会时,赵国庆表示:"我们要把基金会打造成AAAAA级,拿到基金会的最高奖项,打出我们的名气。"但要实现这一目标却十分艰难,因为目前重庆的基金会已经超过100家,基本已经饱和。一些高管指出,最好的方式是与其他基金会达成合作,联合筹建乡村振兴的专项账户。但赵国庆最终依然选择打造自己的基金会："我们要将基金会打造成精品，打造出自己的名气，把公益活动从传统的、简单的赋能模式转变成形成品牌效应的方式，让更多的人参与进来。"面对这一目标和相应的挑战，赵国庆站在马上消费智慧养殖的可视化数字大屏之前，信心十足。

开发者观点

洞察中国乡村振兴浪潮中的创业力量

李　巍　教授/重庆理工大学 MBA 学院

◆ 案例开发缘由

乡村振兴战略是习近平主席在党的十九大报告中提出的战略。报告指出，农业农村农民问题是关系国计民生的根本性问题，必须始终把解决好"三农"问题作为全党工作的重中之重，实施乡村振兴战略。2021 年 4 月 29 日，十三届全国人大常委会第二十八次会议表决通过《中华人民共和国乡村振兴促进法》，这表明聚焦乡村振兴的制度环境正在持续优化。改革开放的成功实践已表明，制度环境能够激发或阻碍一个国家的创业活力，这种影响作用在强调采用创业方式创新性地解决社会问题的社会创业活动中更加凸显。马上消费的创新实践已表明，社会创业作为社会变革的催化剂，与缓解贫困、弥补市场失灵、促进企业包容性发展和助力乡村振兴等重大现实问题联系密切。随着乡村振兴、生态文明建设等国家重大战略以及"大众创业、万众创新"和"互联网+"等创新驱动发展战略的实施，中国社会的创业活动正在发生一些重要变化，值得广大研究者进一步观察和探索。

作为重庆市首家经原中国银监会批准设立的科技驱动型消费金融公司，马上消费自创立之初就受到案例开发团队的密切关注，并展开了周期访谈和交流活动。团队早期对于马上消费金融的关注点主要集中在其"数字属性"，无论是金融产品，还是技术创新，都包含着大量数字技术的"加持"，马上消费金融先后获得的"2019中国服务业500强""国家高新技术企业认证""中国人工智能产业发展联盟权威认证"等荣誉或奖项就是佐证。但随着对马上消费金融相关信息与资料的持续跟踪，团队惊讶地发现，作为一家2015年成立的新创企业，马上消费不仅一直在履行企业社会责任，例如积极参与救灾、精准扶贫、献爱心等活动，成立全国消费金融行业的首家独立公益基金会"重庆马上科技基金会"；而且响应党和国家号召，投身于国家的"乡村振兴"与"绿色发展"战略之中，例如，2021年6月发布《乡村振兴2.0战略》，2021年7月发布《"碳中和·碳达峰"路线图2.0》，还获得了"2022年重庆乡村振兴示范案例奖"。

作为一家科技驱动型的消费金融公司，马上消费为什么要积极践行企业社会责任？是为了利还是义？动机的不同会导致参与乡村振兴的方式有哪些差异？这些疑惑驱使团队积极联系马上消费乡村振兴方面的负责人，同时也在进一步收集和完善相关二手资料，以为后续的实地调研访谈做准备。团队系统地收集了来自公司官网及官方微信公众号、新闻报纸、多媒体平台相关报道、行业报告、书籍期刊等渠道近20万字的二手资料，包含马上消费创立与成长过程中的重大事件、影响因素、成果奖项以及面临的相关问题等，特别是在乡村振兴与绿色发展方面的企业管理经验与实践活动。

◆ 实地调研新发现

对马上消费二手资料的进一步收集、梳理与分析，为后续实地调研与企业访谈做好了充分准备。以2023年第一次调研为例，团队围绕"乡村振兴"这一主题设计了具有高度关联性的访谈提纲并提交给马上消费公司审核，在获得允许后进入现场对相关的公司高层管理人员进行访谈与交流。在访谈交流过程中，询问了马上消费现有的主营业务与乡村振兴的差异性、公司在不同业务模式之间转换的原因、乡村振兴业务的盈利方向及可能拓展的盈利模式，以及在乡村振兴业务的具体实施方案和遇到的挑战等内容。

团队在调研中发现，马上消费对于业务发展有着非常清晰的规划，提出"3-5-2"战略方针，即30%的"自营"、50%的"开放生态"以及20%的"金融云"。其中，"自营"是指同行拆借，主要依靠息差获利；"开放生态"是指连接银行和用户，为双方提供有偿的科技服务；"金融云"则是指依托自主研发技术，为银行和保险机构等金融主体提供整体性解决方案。在"3-5-2"战略框架指导下，马上消费规划了公司在乡村振兴方向的发展思路。与二手资料相比，深入现场的调研与访谈让团队更为清晰地了解了马上消费在乡村振兴方面的具体规划和实践活动，真切地感受到马上消费投身乡村振兴的态度和决心，也让团队认识到马上消费作为一家消费金融公司，正以其"科技+金融"双轮驱动的独特优势与能力支撑和赋能乡村振兴相关业务的开展与落地。

◆ 洞察企业新认知

近年来，社会创业作为一种以市场化手段实现社会价值创造的创业方式，是创业领域中一个重要的新兴议题，得到创新创业研究者和实践者的广泛关注。从企业视角看，社会创业也可以视为传统企业履行社会责任的活动。广泛的社会创业活动将对解决社会问题的追求与营利性组织的市场化工具和技术相结合，使创业活动、商业机会和社会公益有机融合，并为社会、经济和制度创造了一个可持续发展的路径。通过系列调研，案例开发团队对马上消费的管理经验和实践特色进行了系统回顾、梳理与总结。团队一致认为，马上消费主要体现出两大特色：

一是加强科技人才队伍建设，深耕数字金融服务领域。作为一家以科技为核心驱动力的消费金融机构，马上消费金融在全球范围内选拔金融、大数据和人工智能等领域的高精尖人才，组建了千余人的技术团队、300余人的大数据风控团队，先后成立了人工智能研究院、博士后科研工作站、智慧金融与大数据分析重点实验室等内部科研平台，还与中国科学院、重庆师范大学等10余所科研院校共建国家应用数学中心，开展横向课题研究，不断提升产学研协作能力，使公司成为技术驱动的、领跑中国市场的消费金融公司。

二是充分发挥"科技+金融"独特优势，积极响应党和国家战略号召，双轮驱动乡村振兴、绿色发展等相关业务发展。一方面，马上消费金融以数字技术赋能智慧养殖，以普惠金融助力农村信贷，利用科技赋能拓展金融服务应用场景，持续扩大和提升用户规模和价值。通过实施"5+1"战略，以数字普惠金融、科技助力、消费帮扶、人才培养、金融知识普及以及乡村振兴开放平台，为解决农业农村农民问题贡献力量。另一方面，马上消费积极响应国家碳达峰、碳中和战略，将环境保护、节能减排视为企业社会责任的重要任务，积极倡导绿色低碳的企业文化，积极探索低碳发展的模式创新和技术创新，不断以科技力量完善绿色金融服务和管理体系，探索一条"科技+金融+碳中和"的绿色创新发展新道路。

◆ 案例开发总结

随着大量负面事件以及舆论充斥网络中，大众会将互联网金融，特别是消费金融与网贷，甚至是与"高利贷"直接联系起来，使基于金融科技的消费金融背上"骂名"。让社会更全面、客观和真实地认识科技金融以及消费金融企业是团队开发本案例的初衷之一，想必也是马上消费及其团队成员的期待之一。马上消费践行企业社会责任的实践表明，随着中国经济的持续增长和制度的逐渐转型，加之数字技术的广泛应用与不断革新，新时代创业实践日益丰富和复杂，创业主体不再拘泥于仅追求经济价值的创造，其创业活动已在促进社会和谐、乡村振兴和绿色发展等方面发挥着重要作用。

作为创业企业，马上消费在乡村振兴方面的实践可以被视为一种典型的社会创业活动。社会创业是社会创业者以社会使命为导向创建社会企业，兼具营利性和公益性，利用商业化手段以创新的方式整合内外部资源，以解决部分社会问题，实现社会价值和经济价值等多重价值的活动，它更强调创业活动的社会价值，将企业部分盈余用于扶助弱势群体等。马上消费自2015年成立以来，便致力于商业机会的识别、创业资源的开发、组织合法性的获取以及外部合作网络的构建，以有效开展和推进制度变迁背景下的社会创业活动。

从创新创业角度看，马上消费在制度变迁环境下的创业活动具有典型的社会创业特征：①社会目标导向，即以解决社会问题或响应社会需求为创业目标。马上消费聚焦乡村振兴的时代需求，以解决社会问题为创业活动的首要目标，在承认创业活动具有经济价值和社会价值双重价值属性的基础上，更加侧重于对社会动机的实现，即运用"科技+金融"解决农业、农村和农民的现实问题。②创新导向，即用创新性的方法或技术提供问题解决方案。马上消费运用自身技术资源，开发"科技+金融"的乡村振兴赋能模式是技术与模式创新融合的典范，以服务创新和产品创新为最终输出，在乡村振兴中践行社会责任。③市场化导向，即以实现社会价值为导向，强调依托市场化的模式和商业逻辑来提高社会企业的专业性，运用市场机制和手段确保公益或半公益项目的可持续性。马上消费的乡村振兴项目不仅注重对"三农"痛点问题的应对，还重视通过商业手段和市场运用保持项目的生命力和竞争力。

消费金融公司高水平地履行社会责任既是企业发展的内生需要，又是顺应时代的明智之举。作为一家创业型公司，以"科技+金融"双轮驱动，有力践行企业社会责任是马上消费作为一家科技驱动型消费金融公司的发展亮点和独特形象。一方面，通过以科技助力乡村振兴为内核的企业社会责任实践，增强了消费金融业务发展的内生动力和社会合法性，得到政府及客户的认可和支持。另一方面，以乡村振兴为抓手攫取制度机会，拓展业务边界，扩大商业网络，体现了马上消费作为创业型企业不断进取、持续革新的企业特色。"永远在前进的路上"是马上消费及其团队所践行和坚持的理念，也是创业型企业保持活力和竞争力的最大法宝。从马上消费身上，我们洞察到中国创业者的进取之心和坚韧之行，也感受到中国乡村振兴伟大社会实践的企业力量。

附录

附录1：马上消费大事记

附表1　马上消费的重大事件

年份	重大事件
2014	·完成股东选择、股东结构搭建、章程合同谈判 ·仅用28天即获得原中国银行监督管理委员会批复（银监复〔2014〕980号文件）
2015	·获得营业执照 ·在重庆正式开业 ·连接央行征信系统 ·"马上金融"App上线
2016	·马上分期App、安逸花App上线 ·自主研发Luma风控系统上线 ·首次增资扩股，注册资本达13亿元 ·与中国移动、中国联通、中国电信三大运营商实现合作 ·首个会计年度实现盈利

续表

年份	重大事件
2017	· 自主研发 G! COLO 智能贷后管理系统上线 · 自主研发 XMA 智能客服系统上线 · 自主研发 Face X 活体人脸识别技术 2.0 上线 · 第二次增资至 22 亿元 · 自主研发 OCR 系统上线 · 自主研发智能联络中心系统 ICC 上线
2018	· 单月纳税突破 1 亿元 · 累计放款额突破 1000 亿元 · 正式获批进入全国银行间同业拆借市场 · 第三次增资至 40 亿元 · 自主研发"马上金融云"正式上线 · 存量客户风险管理平台（ACMP）1.0 上线 · 通过能力成熟度模型集成 CMMI 认证 · 创造税源 10.7 亿元，创造就业岗位 2000 多个
2019	· 获原中国银行保险监督管理委员会批准开办资产证券化（ABS）业务资格 · 人工智能研究院自主研发在线智能空号检测系统 · 自主研发唇语识别活体检测系统正式上线 · 自主研发完成边缘计算智能算法库 · 智能语音系统上线智能打断服务 · 自研打造 AI 智慧双录系统，助力金融行业合规增效 · 首期 ABS 发行
2020	· 2020 年第一期 ABS 成功发行，优先 A 级票面利率仅 3.5% · 注册用户数突破 1 亿 · "安逸花"首批移动金融 App 备案 · 获原中国银行保险监督管理委员会批准发行金融债券 · 人脸识别技术通过银行卡检测中心增强级活体检测认证 · 首期金融债成功发行 · 声纹活体认证系统通过银行卡检测中心（BCTC）检测，国家认证金融级安全标准 · 人脸识别一体机通过公安部检测中心检测 · 声纹活体识别与身份核验系统高分通过工业和信息化部信通院认证
2021	· 成功募集首单银团贷款并完成提款，建立融资新模式，打通融资全渠道 · 通过 ISO 27701 隐私信息安全管理体系认证 · 首份企业社会责任（ESG）报告发布 · 交易额突破 8000 亿元大关、注册用户突破 1.45 亿 · 成功举办 2021 "天马杯"全球高校科技创新大赛

续表

年份	重大事件
2022	・注册用户数突破 1.5 亿 ・截至目前已累计纳税 54.19 亿元 ・安逸花 App 通过工业和信息化部信通院"金融 App 人脸识别安全能力评测" ・国家人力资源和社会保障部、全国博士后管理委员会联合发文，批准马上消费升级为国家级博士后科研工作站 ・马上消费参编三项国家标准，经国标委审核并发布

资料来源：本文整理。

附表 2　马上消费的主要成就

年份	主要成就
2015	・被"中国互联网大会"评为普惠金融的优秀案例
2016	・当选中国互联网金融协会理事单位 ・首批接入中国互联网金融协会信用信息共享平台
2018	・首批签约国内首家市场化征信机构——百行征信 ・"智慧金融与大数据分析实验室"获批成为省部级重点实验室 ・两项申报课题获原中国银行保险监督管理委员会 2018 年度银行业信息科技风险管理课题非银机构组一类成果奖
2019	・赵国庆入选第四批中组部国家"万人计划"科技创业领军人才 ・赵国庆入选科技部 2018 年科技创新创业人才 ・入选"2019 中国服务业企业 500 强" ・当选重庆两江数字经济产业联盟副理事长单位 ・博士后工作获重庆两江新区人才政策激励奖金 ・获评"2019 年度重庆市市级知识产权优势企业" ・入选"重庆企业 100 强"与"重庆服务企业 100 强" ・连续四年入选"毕马威中国领先金融科技 50 企业" ・获得"2019 年度重庆市认定企业技术中心"认证
2020	・入围工业和信息化部新一代人工智能产业创新重点任务揭榜单位名单 ・获得国家高新技术企业认证 ・参与共建的重庆应用数学中心获批"国家应用数学中心" ・通过知识产权管理体系国标（GB/T29490—2013）的认证，成为重庆首家通过该项认证的金融机构 ・静默活体检测技术获重庆市银行协会优秀课题一等奖 ・入选中国金融科技 50 强，获全球知名市场研究机构 CB Insights 的认可 ・入围世界人工智能大会"2020 中国人工智能商业落地价值潜力 100 强榜单" ・7 项自主研发科研成果获中国人工智能产业发展联盟权威认证 ・安逸花获国家计算机病毒应急处理中心 App 隐私与安全检测最高等级认证 ・入选中国电子信息行业联合会"2020 年度软件和信息技术服务竞争力百强企业" ・云呼叫中心应用研究课题获 2020 年重庆银协课题一等奖，连续两次夺得重庆银协课题一等奖 ・智能语音质检系统入围"重庆市人工智能和实体经济深度融合十大应用案例"

续表

年份	主要成就
2021	·连续5年入围"毕马威中国领先金融科技50企业"榜单 ·荣获工业和信息化部"第一期人工智能产业创新揭榜优胜单位"称号 ·荣获工业和信息化部中国信通院"大数据平台安全专项认证" ·上榜世界品牌实验室"2021年中国500最具价值品牌" ·成为首批国家工业和信息化部信通院"人工智能开发平台模型构建"认证单位 ·"FaceX人脸身份核验系统"荣获"中国最佳身份验证技术应用大奖" ·声纹活体认证系统获北京国家金融科技认证中心颁发的"金融科技产品认证证书" ·"基于跨源多维实时分析技术的金融大数据智能风控平台"成功入围行业大数据应用领域试点示范名单 ·连续三年跻身重庆企业100强和重庆服务业企业100强 ·成功入选2021年度重庆市龙头型重点软件企业 ·入选2021中国服务业企业500强（第320名） ·入选2021年度大数据与数据治理相关产业发展试点示范项目 ·入选2021年度企业技术创新专利导航拟支持项目 ·"智能合规和交互技术创新创业团队"入选2021年重庆英才·创新创业示范团队，且为唯一入选的金融机构
2022	·第六次入围"毕马威2021中国领先金融科技'双50'榜单" ·获评中国企业联合会"企业信用评价AAA级信用企业" ·智能客服平台荣获《中国银行保险报》"年度数字化运营优秀案例" ·"智慧养殖大数据平台"入选"中国金融年度优秀社会责任项目" ·入选工业和信息化部"人工智能产业创新任务"揭榜单位 ·副总经理孙磊入选"2021年度重庆市十大杰出青年企业家" ·"智慧养殖大数据管理平台"项目入选2022年重庆数字乡村创新十佳示范案例 ·智能风控管理平台获"2022 IDC中国金融行业技术应用场景创新奖" ·连续四年入选中国服务业企业500强 ·"支撑零售金融全流程数字化智能应用的大数据平台"成功入围大数据产业发展试点示范项目名单，是连续两年获此殊荣的唯一持牌消费金融公司 ·连续四年入选重庆企业100强、重庆服务业企业100强 ·总经理郭剑霓荣膺2021年度重庆市优秀企业家 ·入选国家知识产权局"国家知识产权优势企业" ·成为唯一入围"2022年中国互联网综合实力企业"前100名的金融机构，也是重庆唯一当选的企业 ·连续两年获"工信部大数据产业发展试点示范项目"授牌 ·发明专利破1000件，稳居行业首位 ·"智能知识图谱构建平台"通过工业和信息化部四级测评，成为行业唯一
2023	·成为全国第二家通过高新技术企业复评的金融机构 ·再次成功获批国家重点研发项目立项

资料来源：本文整理。

附录2：马上消费的主要业务

1. 业务介绍

为个人用户提供消费贷款服务，即从银行间同业拆借、同业授信，批转一定的资金给马上金融，然后以 App 的形式形成产品，服务于各种各样场景的用户。在自营方面，作为公司目前的主营业务，主要依靠收取息差来获利。

2. 产品介绍

（1）马上金融 App

马上金融 App 为马上消费推出的一款循环额度的借款产品。用户可以在额度范围内进行分期消费借款。资金来源于马上消费金融股份有限公司或与其合作的具有贷款发放资质的其他金融机构。其产品特点有：①额度高：额度最高可达 20 万元，借钱方便。②效率高：使用"手机号+身份信息"即可申请借款。③操作易：借款进度随时查，还款操作很方便。

附图1　马上金融 App

（2）马上分期 App

马上分期是马上消费旗下子品牌，主要负责公司线上及线下相结合的业务，目前已开通全国各大主要城市，覆盖3C数码、美容、教育、家装、旅游等多个场景，为用户提供最高20万元的消费借款，只需填写简单资料，最快2分钟即可通过审核。资金来源于马上消费金融股份有限公司或与其合作的具有贷款发放资质的其他金融机构。其产品特点是审批快、期数多、品类多、简单易操作。

附图2　马上分期 App

（3）安逸花 App

安逸花马上消费推出的一款循环额度的借钱贷款产品，用户可在额度范围内进行分期借钱贷款，在享受安全、专业、智能、便捷的分期借钱贷款的同时，可以自主提现支付，可享受免息消费服务（限部分商品）。资金来源于马上消费金融股份有限公司或与其合作的具有贷款发放资质的其他金融机构。其产品特点是：①额度高：额度最高可达20万元。②效率高：贷款全程线上，使用"手机号+身份信息"即可申请借款。③操作易：借款进度随时查，还款操作很方便。④可循环：一次授信，循环使用，额度有效期为5年，年化利率（单利）为7.2%~24%。⑤更便捷：小额贷款，现金借款。

附图3 安逸花 App

资料来源：马上消费官网。https://www.msxf.com/product

附录3：重庆马上科技发展基金会

重庆马上科技发展基金会，是由重庆市科学技术协会主管、马上消费捐赠并发起的，原始基金为200万元，是在重庆市民政局登记注册的市级非公募基金会。基金会以"科技，让公益更出彩"为使命，秉承"授人以鱼不如授人以渔""助人自助"的公益理念，依托马上消费人工智能、大数据领域的优势，为公益赋能，"撬动"更多的企业、机构、个人参与到公益慈善事业中来，为公益注入新的活力，实现"人人共享"科技成果的美好愿景。基金会致力于依托马上消费在人工智能、大数据领域的科技自主研发优势，为公益赋能、为慈善添彩。目前，其已规划了"授渔计划""蓝天计划""匠人计划""人间烟火计划""麦田计划"五大公益项目。

马上基金会理事长兼马上消费党委书记曹景泉介绍，"授渔计划"围绕乡村产业与人才振兴，实施"慧养鸡"智慧养殖和"乡村英才学堂"两个项目。其中，"慧养鸡"智慧养殖项目是利用马上消费研发的智慧养鸡大数据平台，通过自动称重、自动计数、体温及疾病监测等手段，对传统养鸡场进行数字化改造，解决行业痛点、提升管理效率，帮助养殖户增强抗风险能力。"乡村英才学堂"

主要是实施"千里马·乡村英才培养计划",面向返乡创业者、应届毕业生、退伍军人及小镇青年等群体,免费提供职业技能、创业就业、农村电商等在线知识培训,培养有文化、懂技术、善经营、会管理的农村实用人才和创新创业带头人,助力乡村发展,增强可持续发展动力。"蓝天计划"为马上消费用户的绿色消费等低碳行为建立碳账户、奖励碳积分,并给予用户用碳积分换取来自乡村振兴帮扶对象的农产品,间接助力乡村振兴。"匠人计划"针对世界前沿科技和国家重大科技需求,每年举办学术研讨、科技创新大赛等活动,奖励有潜力的科技工作者,鼓励科技工作者积极探索科技新领域,助力重庆乃至我国培养青年科技工作者,促进学科发展。"人间烟火计划"则主要关注留守儿童、困难老人等特殊人群,扶危济困。

资料来源:金台资讯,《重庆马上科技发展基金会成立》,2023 年 4 月 4 日。https://baijiahao.baidu.com/s?id=1762233765300386641&wfr=spider&for=pc

附录 4:马上消费智慧养殖平台

马上消费依托自身在大数据分析、人工智能领域的技术优势,自研智慧养殖大数据管理平台,通过开发五大功能,提供一套完备的养殖场数字化改造方案,有效解决散养土鸡行业三大痛点问题,助力乡村振兴发展。

1. 五大核心功能

(1)智慧计数

借用计算机视觉技术,在鸡舍安装摄像头,使用深度学习目标检测模型,对鸡舍内的鸡进行目标检测、计数。大量节省了养殖人员的人力成本,同时增加了盘点的准确性。

(2)智慧估重

借用计算机视觉技术,结合目标检测及跟踪,对鸡舍内的鸡进行估重量测量。同时平台记录每日测量结果,形成成长曲线,供鸡舍管理人员查看。

(3)病鸡自动监测

AI 热感测温,适配不同鸡龄变化情况,大数据优化适配,不影响鸡苗生长,减少人工传统穿戴设备打理的成本。

（4）健康溯源

通过养殖场、马上智慧养殖平台、农产品认证机构、政府监管机构等多方建立区块链安全溯源管理平台。溯源档案信息包括企业信息、生长数据、农场视频数据、产品重量指标、体温监测数据、鸡舍环境数据、防疫检查记录（完善中）、产品检测信息（完善中）、区块链存证（完善中）等。

（5）银农对接

开放相关养殖、经营数据等，帮助银行实现对养殖户的精准授信。让"动产"转换为"不动产"，实现融资需求精准授信，提升农业产业融资可得性。

2. 平台数据输出形式

（1）智慧养殖可视化数据大屏

①24小时实时数据监控；②实时全面展示养殖场数据；③防止人体病菌带入养殖场。

（2）智慧养殖手机小程序

①自动推送养殖日报；②实时推送告警消息。

（3）多租户能力

为政府、银行、保险开通获取数据的权限，自动向政府银行系统推送最新的数据。

资料来源：马上消费官网。https://www.msxf.com/rural/technological

重庆环保所：从环境履责探索者到绿色生产赋能者[*]

案例概要

重庆作为内陆第一工业城市，其健全和先进的制造行业是拉动经济发展的强劲动力，而长江上游的地理位置和工业制造的巨大外部效应使重庆制造企业面临更严苛的环境责任要求，需要寻求精细化、专业化的环保公司来达成环境保护需求，助力可持续发展。在此背景下，重庆环保所应运而生。成立于2018年的重庆环保所深耕工业绿色环保业务，由最初的污水治理项目发展到智慧环境监测服务和固危废中心建造，在短短五年内，其经济效益和社会效益取得突出成效，获得社会和政府的高度赞扬。本案例聚焦环境社会责任主题，从重庆环保所创业机会获取、资源交换、市场开发、商业网络构建等内容分析环境社会责任在此实践过程中的作用，借以突出环境社会责任的重要性以及商业价值。

---

[*] 本案例由重庆理工大学 MBA 学院吴朝彦副教授、李光辉、潘染和冯禹铭同学撰写，并得到重庆环境保护研究所有限公司副总经理牛小东先生的支持。本案例旨在作为 MBA 教学中课堂讨论的题材，而非说明本案例所述的管理行为是否有效。

重庆环保所：从环境履责探索者到绿色生产赋能者

案例正文

- 引言

2023年11月，中国社会科学院企业社会责任研究中心发布了《中国企业社会责任研究报告（2023）》，报告表明，中国企业300强社会责任发展指数为43.5分，整体处于追赶阶段。在报告评估的社会责任（得分为71.7）、经济责任（得分为69.1）、环境责任（得分为68.7）、责任管理（得分为70.1）四个模块中，环境责任得分最低，说明企业履行环境责任的情况欠佳，整体履行环境责任的水平较低。[①] 究其原因，可能是中国企业履行环境社会责任存在技术困境、掩饰动机，或者是环境社会责任不能促进企业获得更好的市场绩效。[②] 如何依托环境企业社会责任实现企业的经济价值和社会价值双丰收，是新时代我国企业必须科学设计战略并有效付诸实践的发展之路。重庆环境保护研究所有限公司（以下简称重庆环保所）依托环境保护责任，创新发展公司业务，五年内取得优异的市场绩效和社会效应，其经验值得同类企业借鉴。

重庆环境保护研究所有限公司前身隶属于西南公司，该公司地处重庆，在"十三五"规划实施期间，以改革创新为动力，通过打赢"防范化解重大风险攻坚战，有效预防法律风险""聚焦民生扶贫，高质量完成脱贫任务""打好污染防治攻坚战，加快建好集团安全环保监控中心平台，打造环保专业化团队"三大攻坚战，履行组织治理、社会民生、环境治理三项社会责任。在"十四五"规划期间，公司聚焦高质量发展，通过"推动产业续承和转型升级""加快推进环保节能技术突破和业务创新""推动工业互联，打造国内一流综合生产服务业集团"三大蓝图计划，落实技术创新、绿色环保、职业关怀、协同发展等社会责任指标，开创发展新局面。

[①] 李扬、彭华岗、黄群慧：《企业社会责任蓝皮书：中国企业社会责任研究报告（2023）》，社会科学文献出版社2023年版，第41页。

[②] 伊力奇、李涛、丹二丽、张婷：《企业社会责任与环境绩效："真心"还是"掩饰"?》，《管理工程学报》，2023年第2期，第37页。

重庆环保所是西南公司三大核心业务中的全新经营主体，也是未来的"本体主业"，其主营业务是为工业企业和制造企业提供降污节能设备改造和整体环保方案设计服务的。以环境保护为主营业务的战略规划源自公司自身以社会责任为己任，也是响应国家"双碳减排"号召，落实生态环保责任的新举措。

2018年，重庆环保所正式独立运营，通过专业化、精细化、特色化、新颖化四大优势，聚焦废水站托管运维、水质污染防治设备铺建、污水处理工程改造、废水废气在线监测、涂装专业化清洁的技术服务，在创业五年内，重庆环保所实现了主营业务收入连翻12倍，近两年同期营业收入平均增长率达171.68%的经济效益，陆续获得包括重庆市环境保护产业协会、中国质量认证中心、市建委以及区应急管理局授予的13项资质证书、14项技术专利，其中包括3项发明专利和11项实用新型专利。

这些荣誉称号肯定了重庆环保所在环保技术开发和实践应用中的成就，也增强了公司探索和赋能绿色环保事业的动力。在西南地区青山绿水环境事业上，重庆环保所勇于探索和攻克工业环保技术难题，创新商业模式，协同上下游企业共同发展绿色经济，提高生态文明，履行可持续发展的责任和时代使命。

● 企业简况

2018年10月，为积极配合国家生态文明建设，加强企业内生动力和需求，扩大公司经营规模和外部市场，西南公司环境保护研究所改制，更名为重庆环境保护研究所有限公司，成为独立运营的环保节能专业公司，专注于以绿色环保技术为支撑的智慧科技生产服务业，形成废水、废气、危废、土壤、运维、技改、设备、药剂、监测、管家等环保业务和产业链条一体化的业务架构，为重庆制造企业提供环保服务。

重庆环保所创建之初，员工仅有18人，缺少核心技术研发人员，也缺乏设施设备和实验室。经过五年发展，专家团队和专业人员迅速扩充，2023年已有员工430余人，其中管理人员10人、技术人员21人、运维工作人员400余人。重庆环保所与多家环境科研单位合作，建成了综合环境检测实验室和博士后流动站，共同攻克环境治理技术难题。截至2022年，重庆环保所已获得国家高新技术企业、重庆市博士后科研工作站、重庆市"专精特新"企业、重庆市科技型企业、重庆市企业技术中心、渝中区企业技术中心、协同（共享）创新基地等多项荣誉称号。取得了实用新型专利授权 23 项、发明专利授权 4 项、软件著作权 5 项，发表论文 9 篇，完成重点科研项目成果 15 项[①]。

重庆环保所运营五年以来，将废水治理、设备改造、废气治理等突破性技术应用于工业和制造业环保业务，在排放治理和智能运维基础上拓展了其他项目，包括工程技术改造和环保方案设计，实现了经济效益和社会效益的双丰收。2019 年，重庆环保所累计签约项目 22 个，签约金额 2200 万元，全年实现收入 835.8 万元；2020 年，通过开发制造业企业环保市场，拓展工程技术改革和咨询项目，实现收入 2678 万元；2021 年，通过拓展省内外工业企业客户，实现营业收入 5970 万元[②]。

重庆环保所总经理王大智在 2022 年公司年度工作总结中提到，正是由于公司坚持党建和政策解读，全体成员团结一心，才凝聚了笃定前行的勇气，取得了开拓创新的成效。回顾重庆环保所发展的短短五年，是以国家需求和社会责任为公司使命和创业机会，以技术突破和人本管理为发展动力，以环境履责、社会履责、治理履责为发展落点的尽责创新之路，也是专精特新探索的转型之路，其发展模式值得相关企业参考和借鉴。

• 审视环境社会责任中的创业机会

党的十八大以来，新发展理念在习近平新时代中国特色社会主义思想中具有十分重要的地位，新发展理念指导经济和社会发展取得了显著成效。对于企业而言，履行社会责任必须坚持新发展理念，推进社会责任必须实践新发展理念[③]。以新发展理念指导企业履行社会责任，应该考虑把成长动力放在创新优势培育，把战略基点放在弥补发展差异，把成长过程融入经济与环境共生，以开放合作寻求共赢，将企业成长与实现共同富裕相联系。

重庆环保所对履行企业社会责任有自己的理解。公司与环境相互依存，在环境为公司提供了创业机会和所需资源的同时，也产生了社会成本和环境代价，公

[①] 来源于重庆环境保护研究所有限责任公司内部资料。
[②] 重庆环境保护研究所有限责任公司公众号，《披荆斩棘 踔厉奋进——环保公司召开 2022 年度工作会议》，2023 年 1 月 29 日。
[③] 黄群慧：《国有企业在中国式现代化建设中的新使命新任务》，《国资报告》，2022 年 11 月，第 35 期。

司需要为负面外部效应承担责任。重庆环保所结合新发展理念和企业社会责任制度规定，从组织外部环境和自身优势两方面把握住了公司创业新风口。

2016年，西南公司开始谋划未来发展方向，寻找公司创业新机会。2019年，西南公司提出发展"一新两翼"发展新思路，其中"一新"是成立重庆环保所，大力发展环保节能业务，定位为公司未来的核心主业。聚焦环保节能产业、创新发展重庆环保所的决定是西南公司基于外部环境和制度要求所做出的创业选择。

（1）国家战略提升了企业环保标准

习近平提出"绿水青山就是金山银山"，党的十八大更是将生态文明纳入"五位一体"总体布局。党的十九大将"两山论"这一"最严格的环保制度"写入党章。2019年3月，政府工作报告指出，需要壮大绿色环保产业，培育一批专业化环保骨干企业，提升绿色发展能力。2021年，国务院印发《2030年前碳达峰行动方案》，明确应"引导企业主动适应绿色低碳发展要求，强化环境责任意识，加强能源资源节约，提升绿色创新水平"。政策指引和社会需求表明，企业必须坚持绿色发展理念，坚持环境、社会、治理（ESG）的发展方向，推动产业结构向绿色低碳转型，推进绿色制造，构建绿色低碳智能制造体系。

重庆环保所深入学习了党的治国理念，并在政策中预测到了未来环境保护的刚性需求，积极响应国家号召，将工业环保项目作为公司创业方向，努力实现公司可持续发展和稳步上升的经营效果。重庆环保所在发展规划中将经济效益与环境效益紧密结合，围绕绿色经济、减污降碳寻求创业机会和商业模式变革点。在已经具备废水、废气、噪声治理以及固废、生态修复等甲级资质，并承担过数十项大中小型环保项目，积累了较好的业绩和口碑的基础上，重庆环保所聚焦所属集团内部的工业企业和制造企业环保需求，开发和创新环保技术，在实践社会责任的同时，使公司迈上创新发展新台阶。

（2）区域经济扩大了环保市场需求

重庆区域经济发展的新方向增加了工业环保和绿色制造的市场需求。2022年，重庆工业总产值突破8000亿元，全国排名第四。未来五年内，重庆将着力建设国家重要产业备份基地，推进重庆制造业的高质量发展，将智能网联新能源汽车发展成万亿级产业。制造业高质量发展必将兼顾经济与环境的双重价值，制造型企业必将履行环境责任，完成绿色管理、绿色生产、绿色运营的环境责任指标。以重庆为中心的高端制造业绿色环保业务市场前景广阔。

重庆环保所自1994年开展环保业务以来，与中国长安汽车集团多有合作，在交通运输设备制造业的绿色环保方面有多个共建项目，积累了良好的系统内部合作基础。依托长安汽车集团有限公司的业务关系，重庆环保所拓展了智能制造企业合作网络，提前切入了工业环保的竞争市场。

（3）时代背景决定了环境责任战略

数字经济时代，企业履行社会责任的策略和实践都随技术和商业模式变革发生变化，企业履责的方式也不仅仅是通过慈善捐赠活动进行第三次财富分配这般简单，而是要在企业的价值理念、战略导向、经营活动中全面体现社会责任，形成经济与社会价值的良性循环，实现长久、共赢、公平、协调的企业社会责任履责效果。因此，企业履行社会责任的最佳方式是将社会责任根植于企业的整体战略和日常运营之中，通过选择与自身业务有交叉的社会议题，构建经济价值与社会利益互通共赢的商业架构，获取企业发展持续竞争优势的同时履行社会责任。从战略性企业社会责任实践角度来看，重庆环保所将核心业务构建在绿色环保社会责任之中，实现了企业发展战略与社会责任的相互内嵌，符合新时代企业履责的全新要求。绿色经济发展和环境社会责任并非单个公司独立负责，无边界组织形式和圈层商业生态造成了环保难题，降碳治污需要产业链上的所有企业共同履行社会责任。环保核心技术创新也需要突破组织边界，跨越行业壁垒整合资源完成技术突破。工业环保和制造业绿色升级，都需要资源深厚、网络广泛、资质过硬的企业协助完成此项任务。环保所多年以来深耕制造业环保业务，能够整合技术资源和市场资源，快速识别和获取公司创业机会，设计合理的商业模式，适应环境对新型工业环保业、制造业环保业的时代需求。

● 整合内外资源突破环保业务难点

管理实践表明，无论是公司创业还是战略管理都非常强调企业资源基础，拥有优质资源基础的企业，能够在创业早期或者环境变化初期更早地洞悉市场需求，整合外部利益相关者提供优质产品；也能在后续动态竞争中，通过已有资源吸引和拼凑其他所需资源，维持长期竞争优势[1]。重庆环保所在探索环境履责的过程中，通过审视自身的资源优势，明确了公司战略方向和具体业务，做到资源

---

[1] Michael E. Porter and Mark R. Kramer, *The Competitive Advantage of Corporate Philanthropy*, Harvard Business Review, December 2002, pp. 56-68.

与能力相匹配,资源与市场相匹配,从而快速突破了制造业环保业务的难点和困境。

(1) 特殊定位下的内外资源整合

重庆环保所成立之初依托西南公司获取了第一笔项目启动金用于攻克核心技术。2019年,西南公司投资374万元用于环保技术研发,同年重庆环保所营业收入达835万元,实现了自给自足。此后,重庆环保所每年保证投入关键技术的经费超过主营业务收入的5%。在2020年营收2678万元、2021年营收5970万元、2022年营收8879万元的情况下,重庆环保所获得了更大的资金使用权,每年投入关键技术研发的资金也在迅速增长:2019年环保研发经费为42.98万元,2020年度研发经费为137.89万元,2021年研发经费为286.85万元。研发经费的逐步增加给重庆环保所提供了开发核心技术的重要资金支持,在一定程度上保证了后续的竞争优势。

除此之外,重庆环保所基于早期市场基础开发拓展制造业环保市场。重庆环保所在独立之前与重庆汽车及特品非金属零部件制造企业、全国汽摩生产制造企业、汽摩零配件设计生产企业、水电设备制造、光伏设备制造等多家企业有诸多业务往来。重庆环保所借助原有市场基础,快速切入到了重庆智能制造和工业制造环保市场,并以重庆地区为起点,向全国扩张。2019年,重庆环保所以废水运维业务为先行业务,完成了西南公司内部的环保项目提档升级,签约了6项废水运维项目、11项技术改造项目、1项光伏运维项目、4项审计咨询项目。截至2022年,重庆环保所以废水运维为本、稳步完成了母公司和深度合作企业的环保技改、涂装保洁等业务,将业务拓展至四川、云南、河南、黑龙江、广东等地区,公司规模持续快速扩大,主营业务总收入突破8800万元[①]。

(2) 责任转变中的环保技术研发

数字技术和数字经济改变了企业的成长规律和阶段责任类型,不同成长阶段的企业具有不同类型的企业社会责任目标,也会采用不同的履行责任模式。随着履责主体经营水平提升和能力成长变化,社会责任议题来源总体呈现从内在驱动向外部共治演进的规律,侧重于其承担的社会责任特征、类型。企业在初创期,普遍考虑将日常运营自觉融入社会议题,保证正常盈利的同时,以商业模式创新为社会创造价值。企业进入成长阶段,在履行社会责任时会呈现更强的主动性,

---

① 来源于重庆环境保护研究所有限公司内部资料。

深度挖掘商业价值与公共性社会议题的交叉点,"撬动"多方共同参与社会责任实践,实现价值共创。当企业发展到成熟阶段时,在组织生态中已具备一定的领导力和话语权,但会出现更多的社会责任失范现象。此时的社会责任议题更多来源于外部共治的压力,企业应自觉履行环境、社会、治理(ESG)的社会责任,发挥维护生态圈健康良好运行的主力引擎作用,并且在社会责任议题中包含更多的政策要求[①]。

重庆环保所目前进入高速发展阶段,在深入履行环境责任的同时,也在"撬动"外部多方共同履行环境社会责任,共创产业链社会价值。环境治理技术是重庆环保所的立足之本,然而,环保技术创新与研发需要专业技术人才团队经过多方协作、长期投入才能有所收获,这是重庆环保所面临的重大难题。2019年,重庆环保所成立初期,技术人员不超过10人,他们不但要开发环境治理技术,还要深入一线解决业务实施问题,以技术人员的时间和精力难以在环境治理技术研究方面取得突破性进展。为了集中资源攻克环保关键技术难题,重庆环保所完成了两项人才管理创新。

第一,联合专业环保技术研发机构和团队,多方共同参与环保核心技术开发,实现核心技术的合力突破。重庆环保所分别与中国科学院重庆绿色智能技术研究院、重庆大学、西南大学、中国赛宝实验室、重庆港力环保集团等高校、科研院所和行业优势企业开展深度对接和务实交流,如与中科院重庆绿能院进行博士后进站合作、项目联合研发合作,积极推进落实重点科研项目研发攻关,为公司环保节能业务降本增效提供技术支撑。重庆环保所取得实用新型专利授权23项、发明专利授权4项、软件著作权5项,在国际重要期刊发表论文9篇,完成重点科研项目成果15项,获得了技术创新的显著成效。

2022年8月,重庆环保所博士后科研工作站与重庆大学叶志洪博士合作申报的"钴基金属有机骨架衍生材料强化电芬顿降解有机微污染物的研究"项目获得重庆市博士"直通车"科研项目计划立项支持,这标志着博士后科研工作站在纵向项目争取方面取得突破。未来,重庆环保所将针对业务需求和产业发展,依托博士后科研工作站在人才引育和创新支撑等方面的优势,充分发挥好其资源

---

① 戚聿东、徐凯歌:《数字经济时代企业社会责任的理论认知与履践范式变革》,《中山大学学报(社会科学版)》,2023年第63期,第165~176页。

协同作用，助力企业创新发展①。

第二，聚合产业链的利益相关企业，通过供应链履责，实现环保业务价值共创。重庆环保所对数字技术背景下的生态圈式商业模式具有明确的认知，并提出，通过技术发展和产品创新，逐步向环保产业链的上、下游延伸等方式，开拓和完善业务板块，提升公司核心竞争力②。目前，重庆环保所在生态圈聚集方面形成了两条路径：第一，与上游供应链企业合作，率先形成技术创新链和技术服务链，在向大型客户提供环保咨询和解决方案时，使用订单式服务，聚集环保技术、环保设备、施工运维供应商，协同完成复杂的综合项目，实现多方精细化服务，完成共创价值；第二，与产业下游合作企业形成区域性产业链条，增加业务黏性，降低合作成本，延伸业务长度。重庆环保所在"十四五"规划期间建设固危废处理中心，以该中心为业务平台，聚力形成集技术开发方、设备供应商、服务提供方、产品再造方、产品销售方于一体的工业环保创新生态链，实现经济价值、社会价值、示范效应三重效能并举的西南地区工业环保产业中心。

（3）管理创新后的内部福利升级

重庆环保所管理人员谈及履行组织内部责任时强调了管理创新。2018年公司改制后，为了确保资源集中用于技术创新和开发，同时提升组织敏捷性以适应外部市场需求，重庆环保所将自身定位为轻资产科技型创新中小企业，在人才招聘和员工管理上实行精兵简政，以"总部员工+项目劳务"的形式创新人员结构。目前，重庆环保所人员配置为总部31人（包括管理人员10人、技术人员21人），各运维站20个，维护工作人员400余人。如何激励新老员工开展创新性工作，做到薪酬公平、晋升有序、用人科学，是重庆环保所所面临的人力资源管理难题。经过实践探索，重庆环保所通过将创新成果与薪酬直接挂钩、大力提拔年轻骨干技术人员当站长、开辟技术人员专业知识提升路径、与科研机构合力培养技术骨干等方式，确保员工的技术成长和职务晋升通路畅通，并在工资福利待遇方面达到业内中上水平。公司的人力负责人表示，重庆环保所的劳务派遣员工，在工作过程中接受了专业系统化的培训和规范化的执行力培养，员工的配合度、规范性和工作能力得到较大提升。

除此之外，公司通过定期培训提高员工的环保意识，加深了员工对工业环保

---

① 重庆环境保护研究所有限公司公众号，《环保公司：博士后工作站纵向项目获得突破》，2022年8月26日。

② 来源于重庆环境保护研究所有限公司内部资料。

重要性的了解。公司还通过绿色意识培训，让员工了解环保相关政策，以及如何在工作中实现环保目标。重庆环保所在国家发布最新政策后，通常采用"一图流"的方式使员工更好地了解环境保护政策法规的前后关系，并据此改变自己的工作和生活习惯，实现绿色办公。在"世界水日""中国水周""世界低碳日"等环保节日，重庆环保所会组织员工学习相关知识或发出倡议，提醒员工为落实"双碳"目标贡献自己的力量。

重庆环保所也在不断提升各项体系制度建设，对员工展开全方位的关怀。对家境困难的员工，公司通过"金秋助学"救济渠道和一些配套资源助力员工的孩子顺利上学；每年组织员工体检，特别是一线工作人员，公司通过有针对性的体检预防工作性疾病，提前保障员工身体健康；通过成立工会，执行津贴福利制度，即使是公司劳务人员，也同样会得到工会的福利待遇，在国家节假日发放相应的慰问品等。

• 重庆环保所对绿色生产的赋能之路

重庆环保所以"做大做强做优"为导向，聚焦工业企业和制造企业降碳减污、智能环保技术，建设了独立的环境分析检测实验室，具备常规污染因子检测能力，能够检测 COD、氨氮、BOD、总磷以及部分重金属污染物，涵盖工业污水检测、生活污水检测、废气检测、土壤检测四个方向。重庆环保所目前已服务重庆市长安、嘉陵、建设等 50 余家工业企业，完成废水治理运维项目、涂装深度保洁项目、工程技改项目、能源管理项目、审计咨询项目等 40 余项，在废水治理、废气治理、降污提标、能源管理等方面为制造业企业和工业企业达成环境社会责任赋予能量。目前，集水污染、大气污染、固废（土壤）检测能力于一体的综合检测实验室以及 CNAS 审核也在逐步完善中，重庆环保所助力绿色经济和低碳环保技术在区域产业链内的应用和普及效果也在进一步提升。

（1）废水治污技术的赋能之路

废水治污是重庆环保所的主要业务，截至 2023 年，重庆环保所申请废水处理相关科技研发专利 20 项，实用新型专利 14 项、发明 6 项。重庆环保所与重庆大学深入进行废水技术创新合作，持续优化废水处理等技术难题，已经通过 DB 系统配套装备，研制出能适应恶劣环境的高性能 DB 净水装置。还有一项核心废水处理技术是电解锰渣规模化综合利用技术研究，作为重庆市科技局第二批"揭榜挂帅"项目，已收到横向基金 50 万元的资金支持，并完成第二批重点科研项目立项和中试生产线验收，公司将继续完成专利受理和现场的中试应用转化①。

截至 2023 年，重庆环保所在废水治理技术方面已取得"UASB 内循环加热装置""一种斜管沉淀池""含铬废水还原中和及废气处理一体化设备"等 9 项实用新型专利授权，同时完成《高压脉冲电絮凝应用于含铬废水处理工程改造》《火力发电厂终端废水零排放工艺探讨》等科研成果论文 9 项。

重庆环保所在废水处理上与多家知名企业达成合作关系，目前，公司已完成机械工业废水处理业务，包括电镀废水、含油废水、酸碱废水以及磷化废水等的处理，并不断向化工制药、钢铁制造等领域拓展新的业务。重庆环保所不仅与高校建立技术研发合作关系，而且面向企业解决实际问题。例如，公司经营的主要项目有建设工业彭州基地废水站、青山工业公司废水站、北方工具公司废水站、长安工业废水站、长安汽车废水运维站、杭州福特废水运维站、洛德化工废水站、望江工业废水站等，这些项目为制造企业解决了工业废水排放难题，为公司在废水处理领域的发展奠定了坚实的技术基础，同时也为打造绿色社会做出了自己的贡献，担负起了属于自身的一份责任②。

随着国家对流域污染的重视，对水体环境质量的要求逐步提高，"碧水保卫战"在各地打响。污水处理厂作为污染物削减地成为新的污染源，污水处理的压力显著增长。在当前环保形势下，污水处理出水水质仅达到一级 A 标准已不能排放水体，必须达到流域水污染物排放标准方能重新排入水环境中。污水处理厂提标升级改造具有较高的紧迫性。重庆环保所为北方工具废水站实施提标改造，通过增加过滤装置，减少了排水悬浮物；增加叠螺机强污泥处置和污泥干化机，将污泥减量化，降低了危废处置成本；增加总铬、COD 在线监测，实时监测排水指标，确保稳定达标排放。这些极大地帮助企业解决了在污水排放设备老化、成本高昂上的难题，提升了北方工具污水处理厂污水处理的能力和水平③。

（2）废气治污技术的赋能之路

现代社会对于企业环保要求越来越严格，其中包括了废气排放标准和限值，合规处理废气是企业必须遵循的，否则就会承担严重的法律责任。重庆环保所就企业解决废气安全排放的难题开发了订单式服务，为客户提供含尘气体及 VOC

---

①②③　来源于重庆市环境保护研究所有限责任公司内部资料。

气体净化处理等项目的咨询、设计、工程实施和运营维护等服务。目前，重庆环保所完成的废气处理业务包括重庆益弘 VOC 废气净化项目，采用了紫外线分解氧化与活性炭吸附组合法将 VOC 去除率提高至 95% 以上，低成本高效率地实现了生产车间的环保标准升级；除此之外，还有长安汽车在渝北和鱼嘴基地食堂油烟净化治理项目以及嘉陵全域机动车辆有限公司废气治理项目等，帮助企业降低废气排放对环境的负面影响，达到国家规定的废气排放标准[1]。

2023 年 2 月，重庆环保所与广东凯凌生态环境科技有限公司（以下简称凯凌科技）签署了战略合作框架协议，双方围绕有机废气治理技术展开合作。重庆环保所发挥在所属集团系统内废气治理产业资源方面的优势，凯凌科技发挥在有机废气吸收净化技术、吸收剂产品方面的优势，实现资源互补，开拓有机废气吸收净化技术与吸收剂产品的推广应用。此外，重庆环保所还向凯凌科技提供资金支持，用于建设 VOC 产业园 BOT（建设-经营-转让）项目以及大型企业 VOC 技改 ROT（重构-运营-移交）项目。重庆环保所认为，VOC 技术具备实用性和先进性，具有广阔的市场应用和发展空间，能够为广大企业用户提供节能、安全、低成本、高效的有机废气处理方案，为碧水蓝天提供更多一分的保障[2]。

（3）数字检测技术的赋能之路

数字技术和绿色低碳结合，发展智能环保产品和服务是环保行业发展的重要方向。建设数智型安全环保运营中心，是安全生产和环保工作在数智背景下对工业环保从业单位提出的新挑战。2019 年 12 月 5 日，重庆环保所承接大型国有特殊制造企业安全环保监控中心建设任务，该中心是该企业安全环保工作数智化试点项目。2020 年，环保监控平台建成并投用，取得了良好的运营效果，全面提升了检测水平和处理精准程度。

安全环保监控中心采用了 JAVA 和微服务架构，对导入数据平台的废水、废气数据进行在线预测，实现了预警报警和事件闭环管理。主要功能是对安全、消防重点部位的实时监控、预警，能够对超员、区域闯入、打电话等 8 种场景进行

---

[1] 来源于重庆环境保护研究所有限责任公司内部资料。
[2] 广东凯凌科技，《废气治理环保签订战略合作协议：凯凌科技 & 西南兵工》，2023 年 3 月 1 日。https：//baijiahao.baidu.com/s？id=1759156372876233677&wfr=spider&for=pc

智能识别①。

经由安全环保中心数据分析后的报警事件连续两年下降，报警事件的平均闭环时间缩短了58.3%，各企业的应急响应速度明显提升，有力地保障了平台覆盖范围内企业无重大环保事件发生。2022年，中心立足平台建设工作，充分发挥预警监控、数据分析等作用，全年累计监测到预警1482次，较同期下降6.5%；报警129次，比同期减少23次；拨出预警电话491次，发出预警短信1887条，"报警时间值班人员响应时间"缩短到1分钟以内；全年为所属集团公司和各企业提供各类统计分析报告166份，有效保障了安全环保风险的可控，为西南公司提升环保安全管控水平、加快推进数字化转型贡献了力量②。

截至2023年，安全环保中心已接入全国13个省份、23家企业、49个排口的废水监测数据和2家企业的废气监测数据，实现了83条线路视频和38个传感器的全时段同时运算，实现了重点排污单位的数字全覆盖。重庆环保所计划使安全环保中心在安全生产、环保监控主要功能的基础上，进一步加强服务公司内部治理的数智化转型。安全环保中心将根据每一个服务对象设计涵盖财务核算、成本管控、报表分析、专业培训、职业健康、线上采购、仓储管理、危废危化管理、智能巡检、设备运维、能源管理、安全管理等组织管理所需的主要功能，并逐渐升级成为常规管理和运行工作的"无人化站点"。这不但是重庆环保所核心业务的创新升级，也是通过数智化技术、环保治理技术、数字治理技术"三位一体"，共同赋能企业客户完成数智转型和环保责任的"点金石"，能够与相关企业协同完成污染防治攻坚战，完成降碳治污的战略目标③。

（4）新能源开发的赋能之路

2023年3月，重庆环保所与重庆奥普智能科技有限公司（以下简称奥普公司）达成合作意向，双方按照"优势互补、资源共享、长期合作"的原则，围绕"碳达峰、碳中和"目标，充分发挥各自资源和技术优势，开展全方位合作，业务互融，实现双方产业的延伸，以促进资源充分利用，助推节能减排、节能增效的高质量发展目标。重庆环保所切入光伏、绿色电能等新能源领域，就光伏、

---

① 重庆环境保护研究所有限公司公众号，2019年12月14日。http：//bqb.com.cn/portal.php?mod=view&aid=32814

② 澎湃新闻，《"环保卫士"当向导！兵器环保万里行正式开始!》，2022年4月26日。https：//m.thepaper.cn/baijiahao_17815702

③ 重庆环境保护研究所有限公司官网，《重庆环境保护研究所有限公司简介》。https：//www.wanyou.com.cn/xnbgcqhjbhyjsyxgs

储能电池、充（换）电设备、动力电池回收梯级开发运用、数字化智能装备的生产车间修建、流水线建设及生产项目，与奥普公司合作，推广建设光储充微型电能循环运用系统，助力各省级、市级、区级、县级政府加快新能源汽车充（换）电的保障服务体系，提升城市低碳环保水平和智慧化程度。重庆环保所发展绿色新能源业务的第一阶段将发挥自身的市场网络资源优势，联合奥普公司新能源充电站优质的场站资源，全面铺开千城万站、千亿市值的绿色电力全国布局业务，助力所属集团新能源汽车产业的充电桩服务建设，同时促进西南地区绿色经济发展。

（5）固危废处置中心的未来之路

为做好重庆市"十四五"固体废物基础设施建设工作，重庆环保所计划在2023年至2025年建设固危废处置中心。固危废中心建立后将达到每年处置危险废物13万吨的预期规模，包括废盐综合利用每年2万吨、废矿物油综合利用每年2万吨、废酸利用每年1万吨、危险废物回转窑焚烧每年3万吨、危险废物物化处理每年0.5万吨、危险废物刚性安全填埋每年5万吨的规模，这一项目将极大地缓解重庆地区的工业固体废物处置压力，有利于解除重庆工业和制造业高质量发展的后顾之忧。

重庆环保所在固危废处置中心的建设中将进一步突破环保技术难题，获得创新型专利技术。在2021—2022年，以工业废水治理技术研发为主，废水类型为制药废水、电镀废水、含油废水和化工废水等，申报专利6项；预计2023—2025年，以危废减量化、资源研发化为主，具体研发方向包括含油污泥减量化与资源化研究，涉重危废污泥处理新技术的研究，申报专利4项。这些专项攻关技术的开发，将进一步提升重庆环保所的市场竞争力和业务处理能力。

固危废处置中心的建成，将给予区域社会绿色发展重要帮助，开启服务企业绿色发展与地方经济建设新征程。第一，重庆环保所将加大对固危废综合利用技术开发的研发投入力度，加强与高校、研究院等科研机构的合作，对现有技术和设施进行创新，提升固体废物的综合利用能力。重庆环保所还将利用电镀污泥资源化利用技术，针对现有的市场和产业需求，差异化和特色化地分类处置、降低成本、规避二次污染和提高金属回收率，寻求电镀污泥处置和资源化综合利用的发展新方向。第二，重庆环保所将采用废矿物油综合利用技术，将废油做到高效率、无污染地回收，发展废油收集与再生的大型循环利用方式。第三，重庆环保所将使用废催化剂资源化地利用技术进行废催化剂的回收利用，降低催化剂成本，变废为宝，物尽其用，推动公司可持续发展的进程，加大对环境保护的积极作用[①]。

- 尾声

自 2018 年公司改制后，重庆环保所聚力发展，效果显著，形成了废水、废气、噪声、土壤治理和固危废处理等多方向、多元化、全链条的环保业务架构。预计到 2025 年，公司通过废水运维、环保治理、固危废处理三大业务板块，与 50 家企业联合，共同建成覆盖西南地区重工业相关的环保业务网络；通过固危废处置中心的建设，进一步开展土壤评估及治理、DB 配套装备的研发和配套业务，预计到"十四五"期末，重庆环保所营业收入将突破 1.5 亿元[②]。

从绿色制造到绿色服务，重庆环保所始终以履行绿色环保责任为己任，将绿色环保意识和技术深入到企业员工和社会的每一个层面。"加强环保，共创美好"不仅是一句响亮的口号，更是具有前瞻性和实践性的战略设计。未来，重庆环境保护研究所有限公司将继续秉持绿色理念，不断完善绿色产业链，用高质量的绿色服务技术去为企业创造价值，为社会创造更绿色、环保、健康的生活环境。

开发者观点

聚焦制造业生态保护，创新履行企业社会责任

吴朝彦　副教授/重庆理工大学 MBA 学院

◆ 案例开发缘由

重庆环保所的上级单位西南公司与案例开发团队有过多次合作，团队负责人参与了西南公司针对"十四五"规划时期相关资料的编撰工作，对重庆环保所

[①②] 来源于重庆环境保护研究所有限公司内部资料。

发展过程较为熟悉。2018年，西南公司调整产业结构，经过股权转让退出连年亏损的业务，提出了以环保节能业务为主体的发展思路。时间一晃而过，研究团队再次与重庆环保所有了合作业务。据重庆环保所副总经理牛小东介绍，虽然受疫情影响，公司发展较为缓慢，但2023年公司的营业收入已经突破亿元，服务企业遍布全国各地，获得了13项专利证书、14项专利技术，并荣获重庆市企业技术中心、重庆市中小企业技术研发中心、重庆市"专精特新"中小企业、重庆市高新技术企业四项荣誉称号。

面对西南公司如此高速高质的发展势头，案例开发团队对重庆环保所的发展故事产生了浓厚兴趣，非常想深入了解西南公司为何在第三次创业时看好环保业务，并将大量资源投入原环境保护研究所，将其孵化为独立运营的有限公司；也非常想了解重庆环保所如何在短短五年内突破环境治理专业技术开发难题，快速实现工业环保市场拓展。重庆环保所近年来做了哪些标志性项目？具有哪些特色？以及重庆环保所会有怎样的后续发展规划？

◆ 实地调研新发现

经过二手资料收集、梳理和分析以后，团队于2023年10月到重庆环保所展开了调研，围绕"制造业企业与环境责任"主题设计了一系列相关问题，与公司负责人开展了三个小时的深度访谈。梳理访谈记录和公司提供的内部资料以后，团队逐渐厘清了重庆环保所的建设过程、资源来源、建设成果、后续规划等问题，也明晰了重庆环保所能够在短短五年之内快速成长的主要原因。

西南公司第三次公司创业选中环境治理行业是基于国家发展战略指导和长期以来形成的企业环保责任实践经验做出的决定。1994年，西南公司成立二级部门——环境保护研究所，开发环保技术，服务内部生产，达成环境要求指标。在此期间，环境保护所积累了改善工业水污染、气污染、土壤污染的实际经验，并取得了一些专利技术，能够协助西南公司下属企业完成环保指标。党的十八大以来，习近平总书记亲自谋划并推动了生态文明思想理论体系创新和制度构建，以"两山论""绿色发展理念""美丽中国建设"引领中国发展新方向。地处长江上游，又以工业为经济支柱的重庆市，必然肩负艰巨的环境治理责任。环境治理目标的达成，需要落实在重庆企业的环保行动上，尤其需要制造企业切实履行环境保护责任，达到治污减排的各项指标。在预测到制造业环保需求在未来会有较大增幅的情况下，重庆环保所凭借原有的环境治理技术基础，快速抓住了第三次创业机会。

重庆环保所负责人告诉团队，公司能够顺利发展与领导的创新思路密切相关。公司以创业效果思维为导向，创造性地通过自有资源"撬动"其他资源，以创新合作的形式获取公司发展的关键竞争力。针对技术突破这项难题，重庆环保所采用出资的方式与科研机构合作，共同开发先进技术。重庆环保所运营管理也具有更灵活的方式，以"固定员工+合同员工"的方式组合人力资源，并设计灵活的激励措施和优厚的福利待遇，充分发挥年轻人的干劲和闯劲。重庆环保所下一步将致力于解决城市固危废问题，将整合原有的废水、废气、土壤治理以及数字管理业务，形成以固危废处置中心为产业核心向各项环境治理业务延伸的不同产业链条，并最终形成西南地区环境治理大生态系统。

◆ 洞察企业新认知

经过与重庆环保所员工和管理人员的深度访谈，团队梳理了访谈资料，并再次收集二手资料，获得了案例撰写的基本框架。在案例完成后，团队成员梳理了案例开发和撰写中获得的新认知，总结为重庆环保所案例的实践启示。

第一，重庆环保所以习近平新思想为指引，以国家战略需求为出发点，积极响应党和国家号召，明确国企责任定位，全面履行企业主体在构建现代环境治理体系中的主导作用。从重庆环保所的履责实践来看，公司将环境责任设计为首要责任，并在公司内部履行了以人为本的社会责任，在这两方面公司都取得了较为显著的成效。

第二，重庆环保所的快速发展得益于公司精准的战略眼光和内外独特资源的运用。重庆环保所对国家发展战略具有深刻的理解，对企业社会责任内涵具有独特的见解，能够结合本地情况预测未来国家和行业的环保技术需求。在此基础上，公司能够充分发挥自身资源的杠杆作用，通过创新合作形式，快速"拼凑"创业资源，再步步为营地实现商业模式构建和创新。

第三，重庆环保所在企业履责方式上的实践创新是以多方合作的方式共克难题，实现多方共赢。企业社会责任的履责方式从应对已有问题发展到降低外部效应，再到构建履责生态圈，实现多方共赢，这是企业三个阶段的社会责任履行方式。重庆环保所在短短五年内，实现了三个阶段的连接和跨越。

◆ 案例开发总结

随着全球气候变暖和环境污染加剧，保护环境已经成为世界各地政府、企业和公民关注的焦点。我国政府提出的新生态文明思想和环境治理理念将在未来持续指引中国企业实现经济和环境的协同发展。制造业企业是我国实现碳排放目标和可持续发展的主力军，绿色转型和环境保护社会责任也将成为制造业企业社会责任的重要内容。通过本案例的开发可以发现，首先，国有制造企业和大型民营制造企业将率先履行环境责任，企业管理者应具备主动履责的意识，提前布局，激活和整合企业内部的资源，起到引领作用。其次，企业环境治理能力会成为核心竞争力之一，这意味着企业绿色能力构建将与数字化转型、创新技术开发、产业链重构等相结合，绿色和环保不再是单一企业的责任，而是商业生态圈的共同升级。最后，制造业企业的绿色转型，既是责任也是风口，能否在新一轮竞争中适应政策要求，并占据有利竞争地位，需要制造业企业做好更具前瞻性和创新性的战略规划。

◆ 实践理论启示

重庆环境保护研究所有限公司在成立后的五年内实现了营业收入超过1亿元的跨越式发展，与其聚焦环保责任、开展公司社会创业和商业模式创新的战略决策密切相关。从理论的角度来看，重庆环保所的案例可以从公司创业和企业社会责任两方面进行解释，具体有以下五个方面的内容：

第一，党的十八大拉开了中国现代环境治理的序幕，在习近平新生态文明思想的引领下，形成了创新性的环境治理理念和治理体系，明确了中国企业履行环境责任的主体地位，规范了环境治理市场行为，形成了中国企业责任体系。企业必须积极践行绿色生产方式，加强清洁生产全过程管理、减少污染排放、提高治污能力和水平。重庆地处长江上游和山峡库区腹心地带，是长江上游的生态屏障；同时，重庆又是西部第一工业城市，工业发展与环保底线必须兼顾，尤其是与长江生态系统和山峡库区密切相关的水、气、土壤的污染治理是必须打赢的守卫战。基于这样的政策和区域背景，西南公司第三次公司创业建立在工业环保业务上具有多重意义，既是大型企业履行环境保护责任的具体实践，也是协助重庆工业和制造业企业提升环境治理能力和环境治理效能的得力助手。

第二，公司创业的成功概率大于个人创业，其原因在于创业机会的精准判断、创业资源的有效聚集、商业模式的创新性都会更具优势。从案例中可以看到，重庆环保所以履行行业环境责任为目标，以国家政策和环保需求为驱动因素，在工业环境保护领域探索创业机会。大型国有企业在创业过程中体现出了卓越的资源禀赋和资源协奏能力，能够迅速整合产业链上下游的资源，快速获得公司的核心竞争力，并通过社会网络拓展市场。通过重庆环保所的发展轨迹和未来规划能够发现，公司战略社会责任的变化和创新也是重庆环保所商业模式的创新。由此可以看出，重庆环保所基于环保履责的公司创业，既能更加深刻地理解大型国有企业如何履行社会责任，又能探讨公司创业的核心问题，为相关企业寻求新的发展方向，同时实现经济价值、环境价值、社会价值三重收益提供经验借鉴。

第三，先进环境治理技术应用于环境保护实践有两个难点：其一是环境治理技术开发需要投入大量资源，其二是先进技术实现商业价值需要市场渠道。重庆环保所以自有资源优势"撬动"了其他资源，突破了环境治理核心技术开发和应用的两大难点。通过提供资金支持与科研机构合作，破解了治污专利技术难题；并通过与行业内的工业和制造业企业合作，快速实现创新技术的市场应用。公司创业的优势体现在资源基础和社会网络对新项目的支撑，但团队认为，资源丰富的公司应该将创业资源优势发挥在利国利民的业务开发上，为技术创新和可持续发展承担应尽责任，这也是重庆环保所案例呈现的价值指向意义。

第四，根据波特的理论，社会责任一般分为反应型、价值链主导型和战略型。反应型社会责任应对的是普通社会问题，价值链主导社会责任应对的是经营生产造成的外部效应，战略型社会责任应对的是竞争环境挑战，以共享价值理念创新商业模式。重庆环保所在发展初期以履行价值链社会责任为主，协助客户完成减排治污的环保任务，减轻生产运营过程中的环境代价。经过五年的发展，重庆环保所固危废处置中心的建设，将解决城市最难的环保问题——垃圾处理业务。在先进技术的加持下，固危废处置中心能够实现变废为宝，引入上下游企业加入价值再造流程，为利益相关方创造多元价值。随着企业成长阶段的不同，重庆环保所实现了更高阶的社会责任履行方式，也由此改变了商业模式设计，实现了价值共创和价值增值。这也说明了在技术快速更新的时代背景下，现代企业能够通过社会责任战略的快速迭代和商业模式创新履行社会责任，进而实现高质量发展。

第五，数智技术和专业技术的高速发展造成了现代公司分工越来越细，边界却逐渐模糊，公司业务的独立性越来越高，但相互嵌入度却越来越深。在可持续发展的大背景下，企业将承担更多的经济、政治、社会、环境、治理责任。以服务各类企业责任履行实践和责任管理为业务的公司将日益增加，重庆环境保护研究所有限公司率先转变成为这样的角色，它的案例能够给相关企业提供借鉴和参考。

附录

附录1：重庆环境保护研究所有限公司大事记

年份	重大事件
2018	·重庆环保所完成公司制改制，将公司事业属性改制为企业独立法人，开始市场化运营 ·公司组建团队，建立工作流程，完善规章制度，完善环保资质，取得了废水、废气、噪声治理甲级资质 ·取得工业废水处理二级运营资质，生活污水处理二级运营资质，固废、生态修复甲级临时资质
2019	·重庆环保所继续完善组织机构建设，团队建设及基础制度、流程规范工作 ·大型安全环保监控中心正式授牌予重庆环保所 ·环保监控平台建成并投用 ·重庆环保所与西南自动化研究所签订智慧环保管理平台项目建设委托协议 ·获得安全生产标准化三级企业资质
2020	·搭建安全环保服务平台，组建专业服务队伍，开发市场拓展项目 ·重庆大学环境与生态学院和重庆环保所签约战略合作协议，授牌"大学生实践基地"和"工业污染治理技术联合创新中心" ·获得建筑业企业资质
2021	·西南公司环保所安全监控平台建成，平台采用本地化部署模式 ·重庆环境保护研究有限公司成为博士后科研工作站 ·北京北方节能环保有限公司与重庆环境保护研究所有限公司达成战略合作协议
2022	·重庆环保所考察了固危废市场，并遴选合适的项目 ·重庆环保所获得高新技术企业证书 ·重庆环保所成为重庆市"专精特新"企业 ·重庆环保所成为重庆市环境科学学会常务理事单位 ·重庆环保所成为重庆市生态环境监测协会会员 ·重庆环保所获得重庆市环保产业协会会员证书 ·重庆环保所获得疫情防控工作优秀单位

续表

年份	重大事件
2023	·重庆奥普智能科技有限公司与重庆环境保护研究所有限公司达成合作 ·广东凯凌生态环境科技有限公司与重庆环境保护研究所有限公司签订战略合作框架协议

资料来源：本案例整理。

附录2：重庆环境保护研究所有限公司主要业务与项目

1. 主营业务与主要客户

融合多维度业务领域，在业务布局层面，聚力发展形成废水、废气、噪声、土壤治理和固危废处置等多方向、多元化、全链条的环保业务的架构。

重庆环保所服务的企业主要为长安、嘉陵等50家工业企业及其分布子公司，分布在重庆、四川、贵州、云南、黑龙江、北京、山东、河北、河南、陕西、湖北、湖南、浙江、安徽、江西、广东等10余个省份。

2. 具体业务

（1）废水治理运维业务

以"工业废水治理+运营"（EPC+O）、废气治理（EPC）、危险废物处置（BOT）和污染工业场地土壤修复（EPC+F）为主要业务方向，在集团层面大力推广含重金属废水"零排放"业务。主要承接年运营规模500万元以上的企业。

附图1　成都汽车零部件产业园（北区）综合酸碱废水处理项目

资料来源：重庆环境保护研究所有限公司内部资料。

附图2　成都汽车零部件产业园（北区）电镀含铬废水零排放处理项目

资料来源：重庆环境保护研究所有限公司内部资料。

附图3　青山工业公司废水站运维项目

资料来源：重庆环境保护研究所有限公司内部资料。

附图4　嘉陵工业废水站运维项目

资料来源：重庆环境保护研究所有限公司内部资料。

(2) 废气治理业务

加快安全环保监控中心的企业废气排口的监测数据接入，以废气排口监测数据为依据，帮助未达标企业进行整改或新建废气处理设施。

附图 5　含尘废气处理项目

资料来源：重庆环境保护研究所有限公司内部资料。

附图 6　VOC 有机废气处理项目

资料来源：重庆环境保护研究所有限公司内部资料。

(3) 提标改造

通过增加过滤装置，减少排水悬浮物；增加一台叠螺机强污泥处置；增加一台污泥干化机，将污泥减量化，降低危废处置成本；加总铬、COD 在线监测，实时监测排水指标，确保稳定达标排放。

附图7　北方工具废水站提标改造项目增加砂滤装置

资料来源：重庆环境保护研究所有限公司内部资料。

附图8　北方工具废水站提标改造项目增加叠螺机压滤污泥

资料来源：重庆环境保护研究所有限公司内部资料。

附录3：重庆环境保护研究所有限公司科技研发成果——专利申请

序号	专利名称	专利类型	受理日期	申请号
1	一种UASB内循环加热装置	实用新型	2020-07-08	202021319219.5
2	一种斜管沉淀池	实用新型	2020-07-17	202021407337.1

续表

序号	专利名称	专利类型	受理日期	申请号
3	含铬废水还原中和及废气处理一体化设备	实用新型	2020-07-17	202021407336.7
4	含六价铬废水还原过程中的酸雾吸收装置	实用新型	2020-07-17	
5	一种叠螺机与污泥干化机联用处理工业污泥的装置	实用新型	2020-07-17	202021407583.7
6	一种可嵌入墙体淋浴节水装置	实用新型	2020-07-02	202021257515.7
7	除镍一体化设备	实用新型	2020-08-20	202021744072.4
8	车间排口	实用新型	2020-08-20	202021744027.9
9	太阳能蒸发器	实用新型	2020-08-21	202021759076.X
10	一种去除废水中六价铬的组合水处理工艺	发明	2020-12-11	202011435167.2
11	一种单兵户外净水装置	实用新型	2021-03-10	202120501166.7
12	一种离心消泡设备	实用新型	2021-04-20	202120801737.9
13	一种简易的物理消泡方法	发明	2021-08-11	202110915326.3
14	叠片式户外便携净水器	发明	2021-11-04	202111299215.4
15	一种封闭式双极电芬顿反应器处理高盐难降解废水的方法	发明	2022-01-12	202210030561.0
16	一种顶阀式滗水器	发明	2022-02-22	202210158579.9
17	斜管沉淀池排泥装置及沉淀池	实用新型	2022-05-13	202221142555.6
18	一种破乳隔油气浮一体机	实用新型	2022-07-16	202221935452.5
19	一种改良的水解酸化反应装置	实用新型	2022-10-27	20222837625.6
20	一种硫改性金属有机骨架电芬顿催化剂的制备方法和应用	发明	2023-02-09	202310090812.9

资料来源：重庆环境保护研究所有限公司内部资料。

刘一手：用心传递"小家"的"大爱"之火[*]

案例概要

为积极响应并践行国家战略，刘一手以"传承火锅美食，弘扬人间大爱"为己任，从经营"小家"到成就"大家"，"用火锅传递爱"，积极履行企业责任，热心社会公益事业，并大力探索海外市场，传播中国美食文化，充分体现了民营企业的担当和责任。自2000年成立以来，刘一手解决就业岗位6万余个，为1000多人圆了创业梦。集团旗下子品牌刘一手心火锅又被称为"无声主题火锅"，为近千名聋哑人士解决了就业问题。本案例从"小爱立企""助残创业""大爱无疆"三个方面详细阐述了刘一手践行企业社会责任的行为，探索后疫情时代刘一手火锅的持续经营模式，以及依托于刘一手火锅的集团多品牌扩张战略，旨在引起读者对社会价值与商业价值良性统一的思考，并为餐饮服务行业多品牌发展战略提供管理借鉴。

---

[*] 本案例由重庆理工大学MBA学院的李巍教授、丁超博士、方洲、余知谦、吕瑶和包玮琨同学撰写，并得到刘一手集团董事长刘梅女士、总裁尹伊女士的支持。本案例旨在作为MBA教学中课堂讨论的题材，而非说明本案例所述的公司管理是否有效。

案例正文

• 引言

2023年10月11—13日,由中国烹饪协会主办,中国烹饪协会火锅专业委员会(简称火锅委)、上海杨国福企业管理(集团)股份有限公司承办的2023年第19届中国火锅产业大会在成都召开[①]。中国烹饪协会及全国各地火锅品牌代表近300人出席会议。在专题演讲环节,重庆刘一手餐饮管理有限公司(以下简称刘一手)董事长刘梅、总裁尹伊等人参与分享,围绕"模式创新""突围破局""降本增效""产业共兴"等主题,分享刘一手的实践经验与心得体会,共同探索"火锅品牌重塑新生",探讨新时代背景下火锅产业新突破、新模式、新增长,期待进一步促进全国火锅产业健康、持续、高质量发展。

刘一手创立于2000年,是专业从事火锅连锁和特许经营的知名企业,在全球拥有1000多家门店,遍及中国31个省份,以及美国、法国、阿联酋、新加坡等10多个国家。在履行企业社会责任方面,刘一手热衷于公益事业,在助残、公益、节约、抗疫、人才培养、创新、文化传承、国际化等方面以实际行动回报社会。在社会贡献方面,刘一手从经营"小家"到成就"大家",不仅解决了就业岗位6万余个,而且为餐饮行业培养了上万名管理人才,帮助1000多人实现了创业梦想。在助残创业方面,2012年创建的公益火锅品牌"刘一手心火锅"成为全国首家"无声主题火锅",其80%的服务员是聋哑人士,助力解决残疾群体的就业问题。依托火锅产业的发展壮大,"刘一手心火锅"为残疾人士提供了诸多的创业发展机会,已成为残疾人士自力更生和融入社会的事业平台。"刘一手心火锅"在全国已开设80多家门店,帮助4000余名残疾人解决了就业问题,开启了他们人生的新篇章。在制止餐饮浪费方面,刘一手向全球1000余家门店发起"厉行节约,反对浪费"的倡议,要求门店制定节约管控和服务标准等,

---

① 中国食品网,《2023第19届中国火锅产业大会在成都召开》,2023年10月14日。http://www.cnfood.com/news/show-390191.html

刘一手：用心传递"小家"的"大爱"之火

包括调整菜单菜品、推出套餐以及制定食材节约管控等系列措施，并通过对员工的培训和宣导来引导消费者合理点餐、减少浪费，全面制止餐饮浪费。在公益慈善方面，刘一手为解决偏远山区优质教育资源短缺问题，联合重庆市慈善总会发起"创益重庆"公益基金，资助重庆垫江大石乡小学教学及学生学习用品长达近10年时间；为残疾歌手、残疾儿童、困难职工、农民工捐款10万余元；发起"善美重庆"公益基金，为重庆公益事业铺设基础设置，捐赠46万元为四川渠县的学校、乡村修路，打通出行"最后一公里"。在抗震救灾方面，刘一手先后在汶川地震、甘肃文县地震、青海玉树地震等抗震救灾事件中，捐款捐物近百万元；新冠疫情防控期间，向湖北省孝感市抗疫一线和重庆援鄂医护人员累计捐助上百万款项的物资；等等。在弘扬中国美食文化方面，刘一手秉承匠心精神，发扬传统火锅文化，为传承中华美食做出贡献；并且，积极开拓海外市场，已在16个国家和地区开设了近70家分店，将中国美食文化传播到世界各地。

• 企业简况

2000年，刘一手品牌创立于山城重庆。历经20余年的拼搏进取，刘一手已从一个街边小店发展成为一家集合了餐饮管理、酱料研发生产、绿色生态养殖、新品牌孵化、国际餐饮拓展、餐饮人才教育培训、餐饮互联网大数据平台等数十家子公司的国际化餐饮集团，全球门店累计开设1000余家，遍布全国31个省级行政区及海外16个国家。秉承"业精于勤、商精于诚"的企业理念与"深耕、成就客户、高效协同、担当、专业、突破"的核心价值观，刘一手坚持以创新为核心驱动力，致力于发展火锅产业生态圈，打造"全产业链生态食材+全方位火锅事业解决方案"平台，并携手全球刘一手人构筑"美食先行火锅引领"的宏伟蓝图。刘一手先后荣获中国餐饮百强企业[1]、中国火锅50强企业、中国名火锅、中国十大火锅品牌、中国十佳火锅连锁品牌、中国火锅知名品牌、中国火锅影响力品牌百强[2]、中国火锅品牌TOP50、中国餐饮最具商业价值榜TOP 50[3]等

---

[1] 中国烹饪协会官网，《2019年中国餐饮企业百强名单》，2020年6月5日。http://www.ccas.com.cn/site/content/205034.html

[2] 《重庆日报》，《中国火锅影响力品牌百强 重庆23家火锅品牌上榜》，2020年10月18日。https://www.cqrb.cn/content/2020-10/18/content_279752.htm

[3] 刘一手官网，《热烈祝贺刘一手集团荣获2023年中国餐饮最具商业价值榜TOP 50》，2023年9月28日。http://www.cqlys.com/newsInfo/968.html

荣誉称号。

• 发展阶段

（1）企业初创阶段（2000—2006年）

刘一手火锅的创始人是一对兄妹，其品牌名称"刘一手"正是源于哥哥刘松，由于其在车祸中失去一只左臂，取"留下来"的"留"字谐音，最终取名为"刘一手"。哥哥刘松在19岁时创业开办了名为"雾都火锅"的火锅店，但其因车祸而痛失一只手臂，使这次创业戛然而止。妹妹刘梅为帮哥哥找回生活信心，于2000年12月与哥哥刘松合伙在重庆九龙坡区石桥铺创建了第一家"刘一手"火锅店。两兄妹相互扶持、坚定信心，诚实守信、严选食材、改进口味，回头客越来越多，短短两个月生意就红火起来。

2001年，刘松、刘梅发现成都的火锅更多是街边小生意，大多数火锅店装修很差，很难拿上台面，菜品、锅底也不讲究，而价格偏偏很贵，于是兄妹俩决定走差异化路线，在11月成立了成都第一家加盟店"四川龙泉店"。随着第一家加盟店的盛大开业，2002年，刘松、刘梅趁着形势大好，默默把刘一手的火锅分店开到10家、100家、1000家……而这标志着刘一手正式走向连锁加盟的道路。2006年，刘一手正式成立了餐饮管理有限公司，同年就在川渝两地发展起来100多家门店。

（2）稳步发展阶段（2006—2014年）

2006年下半年，刘一手为了提升企业的管理能力，花费40万元巨资重金邀请相关专家量身定制，耗费半年时间打造了一套"刘一手管理模式"，包括1000多页的细则、一套软件，以图文的形式详细讲解单店管理和集团管理两大模式，其核心理念是"规范化、细致化、系统化"[①]。"刘一手管理模式"的引进和实施是刘一手火锅事业实现飞跃式发展的基础。按照新的管理模式，刘一手将国际化的产品标准要求、工艺制作要求、服务要求和重庆火锅的传统有机地结合起来，坚持理念连锁、形象与识别连锁、服务与商品连锁、经营管理连锁"四统一"的基本原则。同时，"刘一手管理模式"对火锅产品研发、分店建设、物流管

---

① 新浪财经，《刘一手40万元为火锅店塑思想》，2006年1月17日。https://finance.sina.com.cn/leadership/careerstory/20060117/11402282367.shtml

理、人员控制等各个环节均做出了详细而科学的规定,为刘一手公司走向规范化管理打牢根基。在正式成立刘一手餐饮管理有限公司之后,刘一手成功引入了现代化管理模式,建立起完善的餐饮连锁企业管理模式,成为重庆首家引入科学化管理模式的餐饮企业,正式从本地走向全国①。

除了引入科学化的管理模式,刘一手在2007年至2014年间逐步改造了火锅店铺的数字化系统,并积极探索原材料采购平台的数字化与协同性。刘一手安装了先进的火锅专用油烟净化系统以消除火锅油烟味,装备KTV自助点歌系统、智能化电脑点菜系统以及大型监控闭路电视等设备,并打造了全透明化的菜品加工展示厅。2007年,刘一手入选中国餐饮百强企业名单。2014年,为了更好地完善其供应链体系,刘一手并购了一家大型工厂专门生产刘一手火锅底料,将原来作坊式的底料制作推上了规模化、正规化的道路。同时积极研发一次性牛油火锅、清油火锅、酸菜鱼、麻辣鱼等的底料,以及便携火锅、火锅面等围绕火锅生态的产品。

(3)升级拓展阶段(2015年至今)

自2015年开始,国内的其他火锅品牌开始崛起:海底捞、呷哺呷哺等大型连锁渐成规模,香天下等各式川渝火锅风头渐起,之后越来越多的品牌利用社交媒体线上营业。这时的刘一手反而被后浪盖过,成了"有些落伍"的"老店"。在2015年的十五周年庆上,刘一手发布了"一台两翼三体四场五箭"战略模型:"一台"就是打造全球火锅产业第一平台;"两翼"就是为整合上下游形成全产业链生态食材,打造全方位火锅事业解决方案;"三体"则是"要想我们和顾客或者我们和加盟商、员工走在一起,必须是心在一起,心在一起就是价值观的一致,必须要得到认可,即为情感的共同体,那么必须要有利益的共同体,最后是生命的共同体";"四场"是指打造四个市场,一个国际市场,一个国内市场,一个是刘一手体系外的市场,最后一个就是资本市场;"五箭"则是"五箭齐发发展战略",即企业不断地更新、学习,打造新的企业文化、营销。

但随着刘一手的加盟店越来越多,从总店到各个分店的经营思想时有冲突,在管理上显得有些力不从心。2019年,刘一手决定调整管理模式,对品牌进行迭代升级。在管理模式调整方面,刘一手开展了一系列的高管团队课程培训,培

---

① 人民网,《践民生之志 为企业提供精准产品服务》,2021年12月8日。http://cq.people.com.cn/n2/2021/1208/c367643-35041120.html

育和储备内部管理人才。通过"浓缩 EMBA""招才选将""股权设计""企业大学"等课程的学习，使刘一手的管理者对战略目标又有了新的认知和体悟。

在品牌迭代升级方面，一方面，刘一手以科技创新为引领，积极拥抱数字化浪潮，在 2020 年专门成立数据中心，用大数据为火锅现代化、科技化赋能，率先引进无油烟净化系统、传菜机器人、洗碗机器人、划拳机器人、智能点餐系统、大数据库平台等，推动火锅行业进入"高智能火锅"数字化时代，借助丰富的数字化转型工具提升效率、降低成本，积累和挖掘餐饮消费类数据，用信息化大数据平台推进服务升级及产品创新，加大新品迭代能力和产品多元化布局。即使在新冠疫情期间，刘一手利用大数据平台，锁定用户，精准营销，快速启动外卖市场，抢占先机，在疫情歇业状态下仍然获得了一些微利。另一方面，刘一手主动拥抱"Z 时代"，走品牌年轻化、潮流化、高端化路线，放大品牌优势，拥抱客群变化，增强社交属性，用年轻人更喜爱、更符合市场的方式，将自己的底料、食材、味道，真正植入到消费者心中。

● 小爱立企：彰显民营企业责任担当

20 多年来，刘一手秉承"业精于勤、商精于诚"的企业理念与"深耕、成就客户、高效协同、担当、专业、突破"的核心价值观，以"传承火锅美食，弘扬人间大爱"为己任，热心社会公益事业，积极履行企业社会责任，已解决了就业岗位 6 万余个，为餐饮行业培养了上万名管理人才，帮助 1000 多人实现创业梦想，为 4000 余残疾人解决了就业问题，彰显了优秀民营企业的责任与担当。从经营"小家"到成就"大家"，刘一手践行企业社会责任主要体现在对员工负责、对顾客负责、对加盟商负责以及对社会负责四个方面。

（1）经营"小家"，对员工、顾客和加盟商负责

第一，在对员工负责方面，刘一手建立了一套行之有效的人事管理系统，挖掘外部经营管理人才，开展校企合作，并加强内部的人员管理和人才培育；还成立了"火锅学校"，专注于火锅技术和火锅文化的培训，为更多的年轻人提供创业的机会和平台。另外，通过股权分配让员工真正成为企业的主人，让他们共享经营成果，让刘一手成为所有员工共同坚守、共同建设的家园。2020 年，全球暴发新冠疫情，刘一手积极开展生产自救，打造了一套全新的管理体系，关注人才体系的打造、数据平台的建立以及企业文化的传播；利用企业文化凝聚人心，

让员工感受企业温暖。在新冠疫情防控期间，刘一手既没有裁减员工，也没有缩减员工工资；组织员工每日线上打卡，内容包括学习相关知识。在刘一手集团的组织下，员工们有了主心骨，也就有了抗击疫情和安心工作的勇气与底气。

第二，在对顾客负责方面，刘一手十分重视食材选购与处理，斥巨资打造酱料研发生产基地、绿色生态养殖基地等火锅食材产业园区，保障食材的安全、卫生与健康。例如，火锅底料选用的牛油必须是新鲜、无杂质的部位，经过多次熬炼才能使用；香料则采用了四川当地的特产如花椒、八角、桂皮等，经过精心挑选，确保无掺杂、无霉变。在食材处理方面，所有食材在使用前都需要进行精细的处理。例如，香料需要炒香去苦，辣椒则要去籽去蒂，以保证底料的口感和味道。此外，针对现代人对健康饮食的需求，刘一手还逐渐减少了底料中的盐分和油脂含量，增加了一些具有营养价值的食材和调料，如枸杞、红枣等。

第三，在对加盟商负责方面，刘一手将投资者划分为初创投资者、中小投资者和实力投资者三种类型，并针对不同类型的投资者有针对性地提供全方面的品牌加盟支持与服务体系。例如，针对初创投资者，刘一手建议选择旗下品牌"流口水火锅小面"进行品牌加盟，品牌投资金额不足20万元，投资少，回本快，操作灵活；而对于实力投资者，刘一手则建议其选择"刘一手火锅""刘一手心火锅""六十一度牛杂火锅"等品牌进行加盟，这些品牌知名度较高，供应体系完善，研发体系完备，加盟体系健全，使加盟商更轻松，没有后顾之忧。

（2）成就"大家"，对川渝家乡和社会公众负责

在川渝地区，刘一手经常参加社会公益活动，累计为残疾歌手、残疾儿童、困难职工、农民工捐款10万余元；发起"善美重庆"公益基金，为重庆公益事业铺设基础设施；捐赠46万元为四川渠县的学校、乡村修路，打通出行"最后一公里"；等等。旗下品牌也积极践行企业社会责任，如"流口水火锅小面"在2022年参与了重庆市小面协会和抖音联合发起的公益活动——"善良的小面"。环卫工人可凭爱心券到流口水小面店用餐，免费享用重庆小面；没有爱心券的环卫工人也可以半价优惠享受美味的火锅小面[①]。

刘一手还特别关注川渝地区偏远山区青少年儿童缺乏优质教育资源等问题，联合重庆市慈善总会发起"创益重庆"公益基金，至今已资助重庆垫江大石乡

---

① 流口水火锅小面微信公众号，《小面暖胃！关爱环卫!》，2022年9月14日。https：//mp.weixin.qq.com/s/ytjXASp_ldL87aFP8keMpQ

小学教学及学生学习用品长达10余年时间。2013年6月,听闻重庆垫江县大石镇小学"80后"的"双拐老师"王洪英甘心清贫、愿为教育事业无私奉献的事迹之后,刘一手发起了资助最美乡村教师王洪英老师的活动,购买了电冰箱、席梦思床和床上用品以及全套小学生用的学习用品送交到王老师手中①。2018年,重庆刘一手餐饮管理有限公司参加重庆市慈善总会2018"中华慈善日"捐赠活动,现场捐款30万元资助重庆市贫困区县的教育事业②。

2018年,善美重庆公益慈善基金负责人、刘一手集团创始人刘梅发布了新的公益项目扶持计划③。她表示,在接下来的工作中将以基金为载体,以公益文化传播为宗旨,向全社会弘扬公益慈善精神,助力城市公益环境建设,以公益慈善救助为目标,对弱势群体进行慈善帮扶。

刘一手先后在汶川地震、甘肃文县地震、青海玉树地震等抗震救灾事件中,捐款捐物近百万元。2020年,全球暴发新冠疫情,刘一手积极响应重庆市商委、重庆市火锅协会、重庆市工商联号召,向湖北省孝感市抗疫一线和重庆援鄂医护人员累计捐助上百万元的物资,并积极联系刘一手海外资源为国内输送防疫防护物资,经过多方对接,分别在法国和迪拜订购了1万只医用口罩,为武汉抗击新冠疫情贡献自己的力量。此外,刘一手在疫情之下积极开展生产自救,并快速启动了火锅外卖项目,带领全国门店开展火锅外卖送餐服务,为千家万户送上了安全健康、美味地道的重庆火锅,安抚了人们因缺少食物而惶恐不安的心灵④。2021年,河南遭遇了极端强降雨灾害,刘一手河南长葛店店长朱如意在自身门店也同样受灾严重的情况下毅然挺身而出,不仅联合门店人员积极帮助市民紧急避险、提供支援,还四处奔走,紧急调配物资,为长葛市捐赠了900件消毒药水共计27000瓶⑤。

---

① 舌尖上的重庆官网,《重庆慈善大使刘梅一片爱心撒向全国》,2014年4月25日。http://www.sjsdcq.com/project/20144/201442585144.html

② 齐鲁网,《重庆举行2018中华慈善日捐赠活动 73家爱心单位和个人捐赠6.09亿元》,2018年9月5日。http://news.iqilu.com/meitituijian/20180905/4038919.shtml

③ 大渝网,《汇聚善的力量 2018重庆点赞公益 全民公益文化节启动》,2018年8月2日。https://cq.qq.com/a/20180802/030949.htm

④ 渝商之家微信公众号,《刘梅:希望有华人的地方就有刘一手 用火锅向世界 传递中国美食文化》,2022年12月29日。https://mp.weixin.qq.com/s/_jo621tmbTgJVaQR0Hj-Tg

⑤ 搜狐,《刘一手加盟店(河南长葛)捐赠900件消毒药水共计27000瓶》,2021年7月28日。https://www.sohu.com/a/480014557_120801029

刘一手：用心传递"小家"的"大爱"之火

• 助残创业：以"心火锅"搭建事业平台

（1）创业公益火锅品牌，助力聋哑员工重获新生

刘一手心火锅又被称为"无声主题火锅"，是2012年刘一手集团基于"用火锅传递爱"的初心所创建的专门从事火锅连锁和特许经营的公益火锅品牌，其80%的服务员是聋哑人士，旨在通过雇用残疾员工和连锁加盟模式，为更多的残疾人解决就业问题。"刘一手心火锅"在全国已开设80多家门店，遍布上海、重庆、深圳、沈阳、合肥、海口、无锡、贵阳、长沙等地，已成为残疾人自力更生的事业平台。"刘一手心火锅"品牌成立至今，已先后为上千名残疾人解决了就业问题，得到了政府部门、残联领导、媒体大众的高度关注，多次获得各大媒体的报道，其中包括中央电视台、重庆电视台、成都电视台、海南电视台、财经卫视等；先后获得"中国名火锅""重庆名火锅""质量安全示范单位""爱心企业"等荣誉称号。

刘一手心火锅的企业目标是：个（1个"一"），以重庆刘一手心火锅为一个起点；十（1个"十"），通过艺术团发展、培养、成就十名残疾人艺术家；百（1个"百"），通过"心火锅"成就一百名残疾人企业家；千（1个"千"），通过"心饺"产业成就一千名小老板；万（1个"万"），让一万名残疾人过上有尊严、有品质的生活；亿（1个"亿"），与上亿消费者关注和关怀这个特殊群体，见证所参与企业家的上述承诺。成立之初，刘一手心火锅就秉承"授之以鱼不如授之以渔"的助残理念，围绕"个十百千万亿"的企业目标，坚持走"扶残创业，为残创新，敬残创效，立残创牌"的发展之路，以火锅产业发展作为立根之本，力所能及地为自强不息的残疾人士提供更多创业机遇，在创业过程中不断磨砺、提升其自身素养，逐渐将他们培养成为企业的核心力量，打造"助残创业"之路。

（2）转变聋哑员工思想，使其自强自信融入社会

秉承"授人以鱼不如授人以渔"的助残理念，为完成"个十百千万亿"企业目标，刘一手心火锅首先通过转变聋哑员工思想和调整经营管理模式来帮助残疾人更好地融入集体，获得社会认同，让他们打开心扉重新点燃对生活的期待和希望。

第一，在转变聋哑员工思想方面，刘一手心火锅通过一系列有针对性的培

训,使残疾员工树立"自尊、自信、自强、自立"的精神风貌。由于聋哑人通常有自己的语言体系,他们中的多数人很少与外界接触,因此在从事服务工作时可能存在诸多问题。为此,刘一手首先聘用了专门的培训老师,给整个聋哑员工团队开展手语培训。通过深入交流和沟通,刘一手心火锅逐步建立了以聋哑员工为核心的餐饮服务标准体系。其次,刘一手心火锅挖掘了聋哑员工中有才艺的人,组建了"聋哑员工艺术团",对他们进行集中培训,发挥他们的艺术表演专长,通过登台表演的形式展现聋哑员工的顽强自信和积极向上的生活态度,演绎生命精彩,传播正能量[①]。此外,刘一手心火锅还成立了一个"聋哑员工义工队",通过让他们参与各种献爱心活动,如慰问敬老院、聋哑学校等,让他们看到自己的价值,找到融入社会的自信。

第二,在调整经营管理模式方面,刘一手心火锅积极探索聋哑员工交流与服务模式,帮助聋哑员工更好地融入集体。刘一手心火锅最初成立时,还是采用最普遍的点单模式,这导致聋哑员工在为顾客服务时,需要不断地与顾客进行手语交流。但手语交流对于普通的顾客来说沟通难度太大,刘一手心火锅因此也开始通过各种措施,例如给每名聋哑员工配备"加菜""加汤"等颜色醒目的提示牌,以及后来为他们配备特质的电子手表等来解决与顾客沟通不畅的问题。随后,刘一手心火锅提出了"自助火锅"模式,即将就餐的服务模式转变为自助的形式,从而减少聋哑员工与顾客的频繁互动。

针对普通员工与聋哑员工如何相处的问题,刘一手心火锅有自己的举措。首先,刘一手心火锅组织普通员工学习和使用手语,实现普通员工与聋哑员工的正常沟通和交往。同时,在只用手语而不说话的学习的过程中,普通员工能够进一步体会聋哑员工的生活不易,从而使他们在日常相处中能站在聋哑员工的角度看问题,促进彼此相互理解,拉近他们之间的距离。其次,刘一手心火锅也会通过举办各种活动,将普通员工与聋哑员工组织到一起,让他们在活动中相互了解、彼此融入。刘一手心火锅通过一系列举措,秉承"授人以鱼不如授人以渔"的助残理念,帮助聋哑员工实现从工作上的独立到生活上的独立,最终实现人生的独立。据了解,很多聋哑员工在刘一手心火锅工作之后,转变思想、迎来新生,其中也有一些员工辞职创业,最终实现了人生更好的发展。

---

① 向善文化官网,《刘一手"心火锅",开拓"助残创业"之路》。http://www.xiangshanwenhua.com/sys-nd/93.html

此外，刘一手心火锅也会不定期邀请社会上的聋哑人来店里用餐，给予他们一定的优惠，帮助刘一手心火锅的聋哑员工进一步扩大交际圈，并通过店内举办各种活动，让聋哑人士相互接触、认识。

（3）友好顾客耐心陪伴，爱心投资加盟携手同行

作为一家无声主题的服务型餐饮火锅店，刘一手心火锅的经营与扩张也面临着来自顾客"虽然理解但是压抑"和加盟商"赚钱与公益相冲突"的两大难题。

第一，"虽然理解但是压抑"的顾客问题。虽然刘一手心火锅的大多数顾客对于聋哑员工都十分尊重与理解[1]，但是作为无声主题餐厅，一些顾客还是可能觉得压抑，这严重影响了刘一手心火锅的顾客体验和顾客回头频率。对此，刘一手心火锅推出了以下几点经营策略：首先，针对顾客与聋哑员工的沟通问题，刘一手心火锅积极推行扫码点餐，并利用智能唤醒服务手表、道具指示牌等帮助聋哑员工及时响应顾客需求；其次，刘一手心火锅通过改善聋哑员工艺术团的舞台表演与现场互动，利用简单的手语教学和互动小游戏缓解可能出现的压抑氛围；最后，刘一手心火锅还针对其他公司的团建活动推出团购优惠和特定的舞台表演活动，充分展现聋哑员工的顽强自信和积极向上的生活态度，感染、打动和激励社会大众，助力来此团建的公司开展员工思想教育。

第二，"赚钱与公益相冲突"的加盟商问题。为实现"个十百千万亿"的企业目标，刘一手心火锅希望通过加盟连锁的模式让更多有爱心的投资者加入这个公益事业中来，共同"用火锅传递爱"，为残疾群体提供就业岗位。然而，相对于直营模式，在"鱼与熊掌不可得兼"的情况下，加盟连锁投资者更加关心的是火锅店的盈亏问题。对此，刘一手心火锅主要通过"线上线下培训"和"门店考核评级"这两种方式来帮助加盟商提升经营管理水平，增强收益能力。例如，每个月举办一场有针对性的全国加盟商培训，组建加盟商促进会，通过严密的系统评价与考核树立全国各区域内的标杆店铺，以形成榜样学习和带动效果。

2020年以来，在新冠疫情的冲击之下，刘一手心火锅的经营与发展面临着巨大挑战，刘一手集团也在积极谋划新的变革与转型：将聋哑人分散到各个门店，让"雇用聋哑员工"成为刘一手集团的代名词，而不是刘一手心火锅的专属；或是将刘一手心火锅做到更加"小而美"，以固定价格供应无限量的食物。

---

[1] 搜狐新闻，《这家火锅店的服务员都不说话，但顾客却毫无怨言》，2019年9月15日。https://www.sohu.com/a/340987061_137546

但无论哪一种形式的变革，刘一手心火锅都将面临诸多挑战。

● 大爱无疆：火锅出海传播中国美食文化

"中国文化，美食先行，火锅引领，一手先锋。"为了让世界更加了解重庆火锅、中国美食，刘一手集团董事长刘梅立志将"刘一手火锅"打造成为驰名中外的美食品牌，实现"有华人的地方就有刘一手"的宏伟目标。自2010年起，刘一手开始探索海外市场。刘一手布局海外市场，不仅是希望将"火锅"这一独特的中国美食传播到全世界，让漂泊在海外的中华游子能够吃到家乡的味道，而且希望能够在赚取外汇的同时提升重庆火锅、中国美食文化的全球影响力。

海外第一家店的创立，既是偶然也是必然。2008年前后，刘一手在国内市场的扩张已进入稳步发展阶段。2010年10月1日，中国国庆节当天，刘一手在迪拜创办了海外市场的第一家火锅分店，将五星红旗插到了门店上面，正式开启了刘一手火锅的国际化之路。随后，于2011年刘一手在新加坡同时开办火锅店和川菜门店，2012年刘一手在美国开办第一家门店。然而，刘一手火锅迪拜店的经营管理很快就遭遇了一系列问题与挑战，如不懂迪拜当地的法律法规、管理半径过长、本地经营缺乏规范性管理等，甚至一度被店员攫取了门店的经营主权。除了在迪拜的开店风波以外，刘一手的海外市场拓展之路并没有一帆风顺。

由于海外华人的基数较小，又来自中国大地的五湖四海，口味偏好也各不相同。对此，刘一手在海外市场建立了自有的供应链和生产基地，集研发、生产、销售、物流于一体，提供丰富的食材和锅底，使不同地区、不同年龄的人都能找到适合自己的火锅搭配，让重庆火锅成为国际文化交流的平台和传播中华美食文化的窗口。随着国际市场开发经验的丰富和国内外数据平台的链接与贯通，刘一手在2016年之后海外开店速度显著加快，截至2024年1月，刘一手已在海外16个国家开设了80家分店，遍布日本、阿联酋、印尼、法国、北美、澳洲等地。

● 未来

自2000年创业以来，刘一手以"传承火锅美食，弘扬人间大爱"为己任，从经营"小家"到成就"大家"，"用火锅传递爱"，积极履行企业责任，热心社会公益事业，并大力探索海外市场，传播中国美食文化。为了助推重庆本土经济发展，刘一手已经着手联合重庆市和区级政府，以"火锅"为切入点打造乡村文旅火锅项目，通过定制化种植、养殖与生产，构建"一户一品"的农村文旅火锅生态园区，带领周边村民致富，助力乡村振兴。未来，刘一手希望能够扎根重庆本土，加强与政府、高校、研究院所等的产学研合作，合力传播中国美食文化，同时也让"重庆火锅"这张名片做出更大的贡献。

开发者观点

后疫情时代商业价值与社会价值统一的新探索

李巍　教授/重庆理工大学 MBA 学院

◆ 案例开发缘由

刘一手创立于 2000 年，是专业从事火锅连锁和特许经营的知名企业。作为一家重庆本土的火锅店，刘一手是如何在竞争如此激烈的重庆赢得一席之地并拓展到全球的呢？这一问题驱使案例开发团队去了解它。

为了更好地实地调研，团队迅速进行资料收集、整理与调查，在资料收集的过程中，团队成员关注到了它旗下自主创立的助残创业品牌——刘一手心火锅。作为一家"无声主题火锅店"，刘一手心火锅招聘聋哑人士作为服务员，助力残疾个体自主创业，在全国已开设 80 多家门店，帮助 4000 余名残疾人解决了就业问题，多次获得各大媒体的报道，获得"爱心企业"等荣誉称号。刘一手为何创立助残创业品牌"刘一手心火锅"？它又是如何实现刘一手心火锅经营的良性运转的？在践行社会责任的同时，如何实现商业价值与社会价值的和谐统一？这些疑问驱使团队积极联系刘一手的高层管理者，从而获得实地调研与访谈的机会。

◆ 实地调研新发现

团队系统地收集了来自刘一手官网及官方微信公众号、企业传记、新闻报纸、多媒体平台相关报道、行业报告、书籍期刊等渠道十余万字的二手资料，包含刘一手创立与成长过程中的重大事件、影响因素、成果奖项以及面临的相关问题等主要内容。对刘一手二手资料的进一步收集、梳理与分析，为后续实地调研与企业访谈做了充分准备。以2023年10月的刘一手重庆办公总部实地调研为例，团队围绕"践行企业社会责任"这一主题，针对刘一手在企业社会责任与多品牌扩张方面的企业管理经验与实践活动，设计了具有高度关联性的调研提纲，并提交给刘一手公司高层审核，在获得允许后奔赴重庆市渝中区进入刘一手办公总部进行实地调研，对相关高层管理人员进行访谈与交流。

在访谈交流过程中，案例开发团队询问了刘一手在发展过程中多品牌扩张的品牌的定位和差异是什么，创立这些品牌的原因或者考虑是怎样的，与普通品牌（或门店）相比，刘一手心火锅有哪些优势和劣势，遇到的困难和问题，对于商业价值和社会价值之间的关系与平衡有着怎样的认识，以及开发国际市场后在其他国家是否也履行了一定的企业社会责任等相关内容。团队在调研中发现，刘一手在"深耕、成就客户、高效协同、担当、专业、突破"的核心价值观的指引下积极践行企业社会责任，不仅自主创立专门从事火锅连锁和特许经营的大型知名企业助残创业品牌——刘一手心火锅，秉承"授人以鱼不如授人以渔"的助残理念，围绕"个十百千万亿"的企业目标，助力残疾个体创业之路；而且积极动员从公司员工到顾客、加盟商等社会大众共同行动，发扬和传承中华民族中"善"的文化。此外，刘一手集团为解决偏远山区优质教育资源短缺问题，联合重庆市慈善总会发起"创益重庆"公益基金，自2013年起已资助重庆垫江大石乡小学教学及学生学习用品长达10年时间；发起了"善美重庆"公益基金，为重庆公益事业铺设基础设置；等等。与二手资料相比，深入现场的调研与访谈让团队较为清晰地认识和了解到刘一手在企业社会责任方面的具体规划和实践活动，真切感受到刘一手对于践行企业社会责任的积极态度和决心。

◆ 洞察企业新认知

通过系列调研，案例开发团队对刘一手的管理经验和实践特色进行了系统的回顾、梳理与总结。团队成员一致认为，刘一手的企业特色主要表现为立足于火锅产业发展、全面践行企业社会责任。从助残创业到公益慈善，从制止浪费到抗震救灾再到弘扬中华美食文化，刘一手集团一直践行企业社会责任，用实际行动证明了一家企业的价值不仅在于经济效益，更在于对社会的贡献和对人文的关怀。特别是刘一手集团自主创立的助残创业品牌——刘一手心火锅，是实现商业价值与社会价值良性统一的典范。刘一手心火锅不仅大量雇用残疾人士作为服务人员，而且号召广大加盟商加入这份事业，从而为残疾人群提供自力更生的事业平台，为他们提供更多的发展机会，帮助他们更好地融入社会。

◆ 案例开发总结

作为一家扎根重庆，立足全球，创立于2000年的重庆本土火锅店，多年来一直在经营管理过程中全面贯彻和秉承"业精于勤、商精于诚"的企业理念与"深耕、成就客户、高效协同、担当、专业、突破"的核心价值观。注重食物味道的研发和创新，而对其践行社会责任所做出的贡献与获得的成就都鲜有营销与传播。因此，让社会更全面、客观和真实地认识"刘一手"这一在重庆本土崛起的中国火锅品牌，不仅是团队开发本案例的初衷，也是践行重庆理工大学MBA学院"学科融通、产教融合、知行融升"教育理念的重要使命。

对于后疫情时代"如何实现商业价值与社会价值良性统一"这一难题，刘一手也在积极寻求新的破局点。2012年自主创立的大型助残创业品牌——刘一手心火锅，由于疫情的影响，从80多家门店缩减到如今的10多家门店，心火锅以往的经营模式已不能实现商业价值与社会价值的良性运转，面对后疫情时代更加激烈的市场竞争，"助残创业"之路必须改变以往的经营模式。不论是将聋哑员工分散到各个门店，让"雇用聋哑员工"成为刘一手集团的代名词，还是将心火锅做得更加小而美，都可能是好的选择。总之，从刘一手身上，我们洞察到重庆本土企业在成长与探索过程中形成的基于商业价值的战略选择，更看到了品牌基于社会价值的不断追求，只有实现商业价值与社会价值的良性统一才能使企业在市场中赢得一席之地，这也是品牌得以长存的秘诀之一。

附录

附录1 刘一手集团旗下品牌

（1）刘一手火锅：创立于2000年，22年拼搏进取，刘一手已发展成为一家全球知名的国际化餐饮企业，业务遍布全球16个国家。刘一手火锅连续十余年进入中国餐饮百强，连续多年获得火锅百强前10位，坚守中国火锅世界传播一手引领的使命，致力于打造中国火锅产业文化全球传播第一平台。

（2）流口水火锅小面：是刘一手集团汇聚重庆特色美食，重金打造的主打小而美餐饮的快餐品牌。2016年首店开店以来，以其麻、辣、鲜、香兼具的特色产品，迅速俘获了食客的心，同时快速获得海外市场青睐，目前在美国、菲律宾、西班牙均开有门店。先后荣获"最具投资价值品牌奖""轻快餐行业新锐奖""最受喜爱菜品奖"等荣誉称号。

（3）刘一手心火锅：又被称为"无声服务主题火锅"，创立于2012年，有点餐和自助餐两种经营业态，门店启用残疾人作为员工，旨在为更多的残疾人解决就业问题。品牌成立至今，已先后为上千名残疾人士解决了就业问题，得到政府部门、残联领导、媒体大众的高度关注，多次获得各大媒体的报道，其中包括中央电视台、重庆电视台、成都电视台、海南电视台、财经卫视等。先后获得"中国名火锅""重庆名火锅""质量安全示范单位""爱心企业"等荣誉称号。

（4）六十一度老火锅：由刘一手集团于2013年全力打造，品牌定位"95后""00后"青年客群，秉持"始于颜值，陷于口味，忠于体验"的理念，以赛博朋克为调性，成为年轻人潮流火锅文化的代表符号。

（5）刘口水粑牛肉火锅：是以"粑菜"系列为主打菜品的"市井风格"重庆火锅店。门店和菜品采取具有江湖气和烟火气的装修风格，面向"90后""00后"年轻消费群体，以"种草解馋"和"小吃小聚"为主要消费场景。

刘一手：用心传递"小家"的"大爱"之火

品牌家族

刘一手创立于2000年，22年拼搏进取，刘一手已发展成为一家全球知名的国际化餐饮企业，业务遍布全球15个国家，集合了连锁餐饮经营、产品研发生产、绿色生态养殖、餐饮网络数字化等诸多业务模块，拥有三大现代化产品研发生产基地及数十家全资或控股企业。

刘一手连续十余年进入中国餐饮百强，连续多年荣获得火锅百强前10位，坚守中国火锅世界传播唯一引领的使命，致力于打造中国火锅产业文化全球传播第一平台。

附图 1 刘一手品牌家族

资料来源：刘一手品牌官网。http：//www.cqlys.com/about.html#ppjz

附录2 刘一手集团发展历程

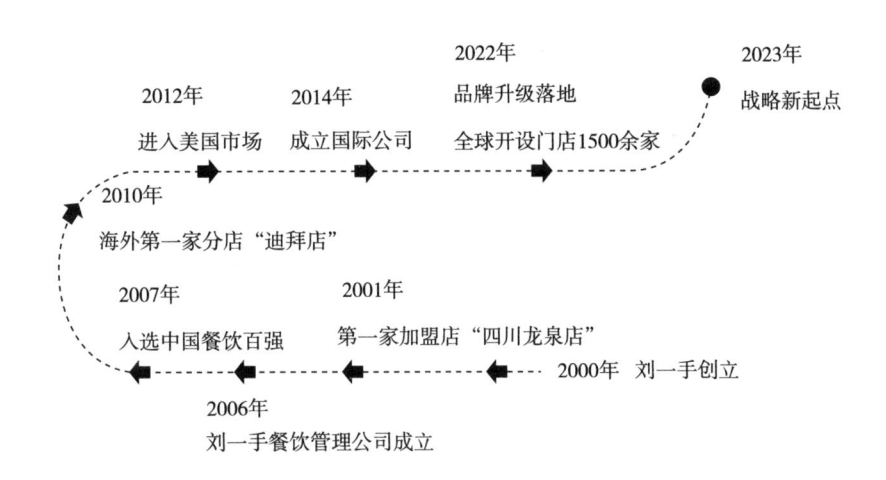

2012年 进入美国市场
2014年 成立国际公司
2022年 品牌升级落地 全球开设门店1500余家
2023年 战略新起点
2010年 海外第一家分店"迪拜店"
2007年 入选中国餐饮百强
2001年 第一家加盟店"四川龙泉店"
2000年 刘一手创立
2006年 刘一手餐饮管理公司成立

附图 2 刘一手集团发展历程

资料来源：本案例绘制。

附录3 刘一手集团海外发展历程

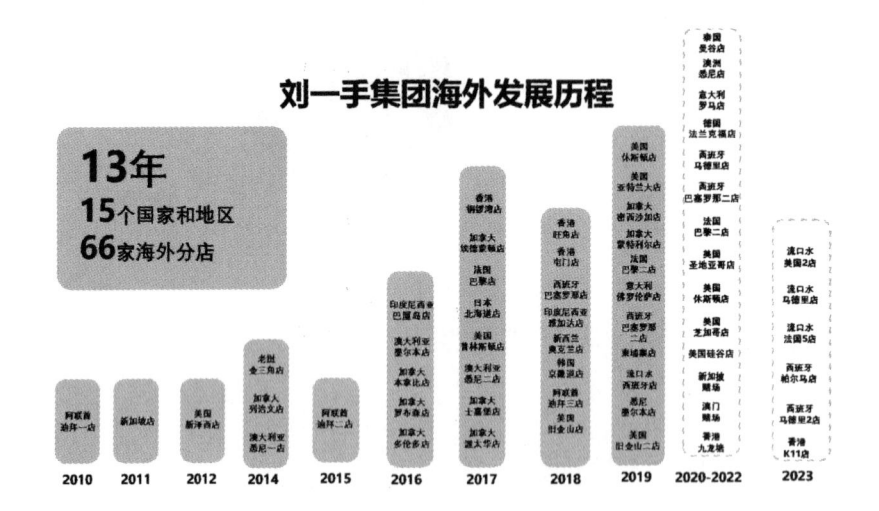

刘一手集团海外发展历程

13年
15个国家和地区
66家海外分店

- 2010：阿联酋迪拜一店
- 2011：新加坡店
- 2012：美国新泽西店
- 2014：老挝金三角店、加拿大列治文店、澳大利亚悉尼一店
- 2015：阿联酋迪拜二店
- 2016：印度尼西亚巴厘岛店、澳大利亚墨尔本店、加拿大罗布森店、美国多伦多店
- 2017：香港铜锣湾店、法国巴黎店、日本北海道店、美国青林禾顿店、加拿大士嘉堡店、美国谭太华店
- 2018：香港旺角店、香港屯门店、西班牙巴塞罗那店、印度尼西亚雅加达店、新西兰奥克兰店、韩国首尔店、美国旧金山店
- 2019：美国亚特兰大店、加拿大密西沙加店、加拿大蒙特利尔店、法国巴黎二店、意大利佛罗伦萨店、西班牙巴塞罗那二店、澳城泰店、澳大利亚悉尼二店、日本大阪店、美国旧金山二店
- 2020-2022：泰国曼谷店、澳洲悉尼店、意大利罗马店、德国法兰克福店、西班牙马德里店、西班牙巴塞罗那二店、法国巴黎二店、美国圣地亚哥店、意大利休斯顿店、美国芝加哥店、美国硅谷店、新加坡赌场、澳门赌场、香港九龙店
- 2023：澳门水美国2店、澳门水马德里店、澳门水法国5店、澳门水帕尔马店、西班牙马德里2店、香港K11店

附图3 刘一手集团海外发展历程

资料来源：由刘一手集团提供。

宏善实业：探索"四级联动"养老服务新模式[*]

案例概要

面对我国养老行业的形势变化，宏善实业十余年来怀揣一颗尊老、敬老、爱老、孝老之心，顺应市场的需要和社会责任的召唤，不断探索养老服务模式，历经宏善养老 1.0 阶段的"专业养护"模式和 2.0 阶段的"医养结合"模式，依托信息化平台和社工组织，现已形成以医养机构支撑社区养老服务中心、中心带站，并辐射居家上门的宏善养老 3.0 阶段"四级联动"的养老服务体系。本案例通过对宏善实业创新养老服务模式和践行企业社会责任的过程进行深入分析，探讨养老行业市场化的作用方式以及"智慧+养老"助力社会责任的内在规律，旨在引起读者对养老行业"智慧+养老"模式的思考，并为促进养老事业深入发展提供管理借鉴。

---

[*] 本案例由重庆理工大学 MBA 学院的丁超博士、李巍教授、胡春霞、唐宓、段承志和奚建红同学撰写，并得到宏善实业集团副总裁杨沛先生的支持。本案例旨在作为 MBA 教学中课堂讨论的题材，而非说明本案例所述的公司管理是否有效。

案例正文

• 引言

2023年6月,重庆宏善实业集团有限公司(以下简称宏善实业)联合"远洋未来汇"组织开展"宏善养老邻里集市"公益活动,并将此次义卖活动的所有收益都用于服务特困老人[①],实现了以"小集市"彰显使命与担当,裂变成公益"大能量"。同年9月,重庆市九龙坡区石桥铺街道张坪实践站举办了第一次主题活动——健康服务公益活动,宏善实业集团总裁罗建敏女士利用宏善实业集团的医疗资源,安排医务人员为老人们测量血压、提供健康咨询等服务[②]。自党的十八大以来,为积极应对全国人口老龄化,国家相继出台各项利企惠民政策,近十年间,宏善实业始终紧随党的步伐,坚持"大格局"谋、"高标准"干,确切落实党和政府的养老服务政策,让长者也能共享改革发展成果,安享晚年[③]。

为了更好地承担社会责任,传递爱与善,宏善实业注册成立了"宏善·好邻之家"社会工作组织,并通过信息化平台联合政府、高校、社工组织、基金会各方资源共同推出"长者服务""社区管理""家庭综合支持"三大业务板块,把服务和爱延伸到了长者家中;服务范围涵盖长者关怀、社区活动、小组活动、个案服务、青少年培育等活动。近年来,宏善实业向社区家庭提供了生活服务、文教服务、家庭床位支持、社会工作和心理疏导五大功能服务共3500余人次,包括助餐630人次、助浴108人次、助医342人次、政策宣传800余人次、居家上门服务1620人次,有效推动了居家、社区和机构养老一体化发展[④]。

---

① 宏善养老官网,《乐享邻里情,公益献爱心,"小集市"发挥"大能量"》,2023年7月7日。http://www.cqhongshan.com/

② 九龙坡人大微信公众号,《镇街 | 石桥铺街道:健康服务公益活动助力实践站运行》,2023年9月28日。https://mp.weixin.qq.com/s/XIBoKAZnvu-6t3BFP8IWEw

③ 宏善养老官网,《喜迎二十大 | 我心向党,为老当先》,2022年10月24日。http://www.cqhongshan.com/

④ 熊艾伦、许可馨、周津等:《中小企业如何实现共享价值创造?——以重庆宏善实业集团为例》,《清华管理评论》,2023年第Z2期,第50~57页。

宏善实业：探索"四级联动"养老服务新模式

● 企业简况

重庆宏善实业集团有限公司创立于 2013 年，以"服务为本，创造幸福与价值"为企业宗旨，稳健运营。作为一家重庆本土养老连锁企业，宏善实业经过十来年的深耕，不仅拥有多家提供高端养老与照护服务的综合性医养结合机构，同时还积极探索社区居家养老模式，利用信息化、数字化手段搭建以社工、智慧服务、医疗资源三大平台为纽带，以医养综合机构支撑社区养老服务中心（站点），并辐射居家上门的"四级联动，全域养老"养老服务体系，在区域内满足多元化的养老需求、提供全域养老解决方案。

目前，宏善实业的养老业务已分布在重庆市主城、大足区、涪陵区、垫江县等多个区县，旗下运营养老机构、医疗机构、养老服务中心/站超 100 个，总床位数近 5000 张，员工超 1000 名，居家养老服务人数累计 50000 人次。宏善实业不仅在重庆市内多次被评为"敬老文明号""养老服务示范机构""重庆市叶级养老机构"，还先后荣获"中国医养结合十大品牌""中国养老十大品牌"等称号。未来五年，宏善实业计划将养老业务逐步覆盖全重庆并拓展到成都、贵阳等毗邻城市，打造持续性照护社区、全天候颐年公寓、社区照料中心、居家照护四条产品线，以"四级联动"养老综合解决方案为发展模型，全面推进区域性养老服务体系建设，提升地区性养老服务供给能力，致力于成为覆盖老年人全生命周期的综合服务商，实现床位 10000 张的服务规模，为 10 万个养老家庭提供专业品质的服务支持。

● 发展阶段

在 2013 年之前，除政府兜底的保障性养老服务外，我国大多数老年人的养老主要依靠家庭。但随着社会发展和人口流动，家庭的养老功能逐渐弱化，养老服务亟待转变新模式，养老行业亟待形成新格局。2013 年 9 月 6 日，《国务院关于加快发展养老服务业的若干意见》[①]（以下简称《意见》）发布，掀起政府和

---

① 中央政府门户网站，《国务院关于加快发展养老服务业的若干意见》（国发〔2013〕35 号），2013 年 9 月。https://www.gov.cn/zwgk/2013-09/13/content_2487704.htm

社会力量共建养老服务的浪潮，迎来养老服务业快速发展的元年。《意见》要求各省（自治区、直辖市）人民政府，国务院各部委、各直属机构要完善市场机制，充分发挥市场在资源配置中的基础性作用，逐步使社会力量成为发展养老服务业的主体，营造平等参与、公平竞争的市场环境，大力发展养老服务业，提供方便可及、价格合理的各类养老服务和产品，满足养老服务多样化、多层次的需求[1]。在此背景下，重庆宏善实业集团有限公司应运而生。自2013年创立至2023年的十年间，宏善实业随着我国养老行业与服务模式的高速发展，逐步形成了"1.0专业养护""2.0医养结合""3.0四级联动"的宏善实业养老模式升级与跃迁，成为一家提供高端养老与照护服务的综合性医养结合机构。

1. 宏善养老1.0：专业养护模式

宏善养老的前身是不良资产的融资，企业面临严重的财务状况。其创始人罗建敏开始思考转型，但转型之路异常艰难。2013年，整个经济低迷，公司留存了很多存量物业，在金融上和资产上都很困难，如何将手里这块"烂砖头"合理处置，成了当下的难题。罗建敏最初的想法是将其用来做酒店、健身房、KTV，但都由于当时经济不景气、大众消费能力不够无疾而终。处置公司的不良资产占据了罗建敏的大量时间，剥夺了和家人相处的时光，她的父亲经常在夜里点亮一盏明灯等她回家。考虑到自己的工作过于繁忙无暇照顾父亲，为了给父亲提供更好的生活，罗建敏决定给父亲在重庆找一家比较好的养老机构。但当时重庆地区还没有一家卫生条件和服务标准令她满意的养老院，甚至有些养老院对待老人的态度不好，这让罗建敏最终决定自己建立一个星级标准的养老机构。

彼时2013年正是养老行业的元年，2013—2023年我国将产生第一批中产阶级老年人，他们具有较强的经济实力，同时又是第一代独生子女的家长，对多元化、高品质的养老需求逐步释放，愿意且有能力为养老服务买单。未来的养老消费主体是吃过人口红利的这拨人。2013年以前，我国的大部分老年人养老主要依靠家庭和政府，随着社会发展和人口流动，家庭养老功能逐渐弱化。为了构建养老新格局，提高公办养老机构效能，我国深入推进养老机构公建民营改革，也为民营企业介入养老行业提供了政策机会。

在此背景下，重庆宏善实业集团有限公司应运而生。这一年，宏善实业怀揣

---

[1] 黄璜：《养老行业十年回顾与建议》，《中国社会工作》，2022年第14期，第40~41页。

宏善实业：探索"四级联动"养老服务新模式

一颗尊老、敬老、爱老、孝老之心，响应市场的需要和社会责任的召唤，跨入了养老行业，以"服务为本，创造幸福与价值"为企业宗旨稳健运营。当时重庆地区并没有成熟的养老模式可以探索，为了更好地提供养老服务，宏善实业开启了养老模式1.0阶段的探索。在宏善实业的一线康养服务团队中，70%来自医护及养老专业的大学生。这些大学生大部分是由和宏善实业有合作关系的学校输送的实习生。全体员工平均年龄仅有38岁，充满了朝气和创新精神。同时，为了更好地为长者提供服务，宏善实业定期开展护理员职业技能培训，切实提高每位护理员的职业技能、规范日常操作，用责任为服务奠定基石[1]。为了满足多元化的养老需求，宏善实业自有一套养老服务等级的划分标准。持有老年人能力评估证的评估师通过12张量化表对入院老人身体机能进行评估，评估结果会与老人家属沟通，达成一致之后方可入院。由于老人的身体机能退化较快，办理入院7天之后，会对老人进行二次评估，由此确定其护理等级。

"养老行业比较特殊，回报率很低且有较高的风险。脏活累活几乎是家常便饭，但最不容易的，是人们对养老行业的不理解。""没有情怀是干不了这一行的。"创始人罗建敏在宏善实业成立10周年的时候谈道。2013年5月，宏善实业集团前身重庆宏善养老产业有限公司成立，首个城市型养护机构落地。2015年11月，公司首个高品质都市养老机构——宏善·康乐源养护中心正式运营。该养护中心建筑面积1.12万平方米、配套服务面积达4000平方米、床位326张。由于其环境优美、功能完善、设施齐备，成为九龙坡区的养老行业范本。

"宏善·康乐源"是宏善实业的第一家养老机构，该养护中心紧邻一处高档住宅区——美茵河谷，小区红墙白瓦、绿树掩映，颇具欧式小镇风情。宏善实业选址的初心是将机构建在小区旁，方便子女看望，但是当时很多人并不接受养老院。2015年5月，养老中心装修即将完成之际，遭到了小区业主的齐声反对。很多硬件设施设备在建设之时遭到居民暴力损害，以及出现挖断马路等行为，导致人力、物力、财力耗费巨大。居民认为该养护中心占用小区公共资源、影响小区生活环境、噪声和空气污染等影响了正常生活。宏善·康乐源养护中心遭遇居民抵制后，九龙坡区政府和石桥铺街道就养老机构建设问题，开展调研论证，入户

---

[1] 宏善养老官网，《祝贺！又一批宏善人成绩合格获国家发证！》，2023年3月31日。http://www.cqhongshan.com/

征求意见,对矛盾进行协调化解。为了赢得居民的信任,养护中心与社区、物管展开合作,举办文化活动、进行上门护理评级、打造孝道文化实践基地等①。此次危机,也在无形中给宏善实业做了宣传。当时在养老行业还没有一套成熟的体系可以参照,宏善实业只好"摸着石头过河",整体按照酒店的三星级和四星级标准建设,做到专业机构标准化,由于养护中心的硬件设施、居住环境、照护体系等方面都和以往的养老机构"划清了界限",该养护中心开业仅半年时间,就有193位老人入住,其中有21位来自美茵河谷小区。政府也介绍了很多客人入住,入住率逐渐提高,这也给了宏善实业深耕养老行业的信心。

2. 宏善养老2.0：医养结合模式

经过一段时间的经营,宏善实业发现身体相对健康的低龄老人群体不愿意到机构养老,这类人群更倾向于做一些力所能及的事情,比如在家帮子女带小孩,去找寻自我的价值。目前机构的入住群体大部分是高龄老人,且都是有卧床需求的、有慢性病的长者,对医疗的需求非常旺盛。2015年11月,国家明确提出"医养结合"这一概念,宏善实业紧跟步伐,为了补充在养老方面的短板,在做好养老服务的同时,开始探索养老模式2.0——医养结合模式。宏善实业的早期方案是与所属辖区内的公立医院进行合作,与医院签定协议,为旗下的老人开设医疗绿色通道,但其缺点是可能存在急病救治不及时的问题。随后开始改进方案,深化医养结合模式的探索,并于2016年建立了宏善中医医院,让养老照护机构紧邻医疗机构②,以一墙之隔解决了早期方案可能存在急病救治不及时的问题,长者们可以通过院内走廊,直接完成就医。

宏善实业所建立的中医院是中医的专科医院,也是中西医结合医院。医院秉承"中医为主,西医为辅"的办院方针,开设中医内科、中医保健科、中医康复科等科室,主要针对半失能和失能老人的生活照料、轻度疾病诊治、康复指导等服务,并采用分级治疗的救治方式。所谓分级治疗,即凡是超出宏善中医院的医疗条件和实力的,都立刻安排去相应的医院进行治疗。中医有较好的群众基础,通过"中医为主,西医为辅"的治疗模式为住院老人提供"慢病调理"。医

---

① 人民网,《社区养老院,为啥被嫌弃》,2016年8月12日。http://health.people.com.cn/n1/2016/0812/c398004-28630758.html

② 华龙网,《聚焦重庆养老丨探索医养结合,重庆有哪些解题思路?》,2022年4月25日。http://cq.cqnews.net/html/2022-04-25/content_967933727264354304.html

院与养老机构共同成立由中医医师、护士和护理员组成的"医养服务小组",定期查房,对老人的慢性病进行监测管理,且医护人员 24 小时值班,实时监测老人的身体健康情况。以宏善中医院为核心的医疗服务团队的建设,让许多老人从卧床到坐起来、走起来,提高了老人的幸福感和安全感。

宏善中医院可为区域内的机构、社区及居家长者提供综合医疗服务,均享受医保报销。其中医院有三大服务优势:一是更专业、更懂老年人的健康需求。宏善实业的工作人员每年都需要进行技能培训。二是更省心,医院提供医养融合的方式,长者住院期间不用额外请护工,就医全程有陪同。宏善中医院的护士和一般医院的护士的区别在于,养老院的工作需要长期和老人生活,照顾老人的饮食起居,丰富老人的娱乐生活,而一般医院的护士和老人的接触是短时间的,长期的陪伴使得宏善养老的入住老人更能享受晚年生活,也让其子女更省心。三是更省钱,一级医院医保报销比例比三甲医院更高,这极大地解决了养老费用问题,让普惠型养老落地。2016 年 6 月,宏善实业该医养结合成果成为重庆市九龙坡区首批"国家级医养结合示范区"的重点项目。

2017 年 3 月,宏善·好邻之家(现重庆市九龙坡区渝州路街道社区养老服务中心)正式开业,建筑面积约 1260 平方米,是重庆市民政局"千百工程"市级示范社区养老服务中心。设有生活照料、健康管理、文化教育、人文关怀、休闲娱乐等八大功能区,设置普惠型养老服务床位 26 张。该项目是宏善实业对社区养老服务的首次尝试,也是重庆市社区养老服务中心建设的先行者。宏善·好邻之家社区养老服务中心开设老年食堂、失能助浴、日间托养和老年大学。同年 9 月,九龙坡区老年大学宏善分校开班授课。老年大学根据社区周边老人的需求合理设置专业和课程,先后开设了舞蹈、声乐、时装走秀、乐器、书法、摄影、太极等多项课程,学费最高仅为 150 元/学期,三个月为一学期。真正做到普惠型养老,让老年人度过丰富多彩的晚年生活[1]。

2017 年 11 月,为了深入践行医养结合,更好地为长者提供养老照护服务,宏善实业成立了宏善颐晨中医院,宏善·康享苑颐养中心也开始营业,并获得了"优秀养老机构"荣誉称号,体现了宏善实业"医养一体化"建设的进一步深化,强化中医院与养老项目的无缝衔接。同年 12 月,宏善实业成为重庆市养老

---

[1] 新浪网,《九龙坡区加快构筑新型养老服务体系》,2020 年 5 月 27 日。https://k.sina.cn/article_6456450127_180d59c4f020011fh7.html?from=news&subch=onews

服务协会的副会长单位,并参加了重庆市养老服务协会第一届会员大会第一次会议暨成立揭牌仪式。

3. 宏善养老3.0:"四级联动"模式

2018年2月,重庆市养老服务协会启动社区居家养老专委会工作,会议由宏善实业董事长暨专委会主任罗建敏主持。同年3月,重庆市九龙坡区养老服务协会成立,宏善实业为会长单位。2019年1月,宏善·康乐源荣获重庆市九龙坡区"国家慢性病综合防控示范区建设工作成绩突出集体单位"称号;3月,渝北区首个市级示范社区养老服务中心——渝北区宝圣湖街道社区养老服务中心投入使用;8月,重庆市九龙坡区好邻之家社会工作组织注册成立,这是宏善实业承担社会责任、传递爱与善的公益组织;9月,宏善实业在"巴渝工匠"杯首届养老服务职业技能竞赛中斩获佳绩,2人荣获"重庆市十佳养老护理技师"称号,3人荣获"重庆市养老照护能手"称号;12月,宏善·康乐源、宏善·康享苑被评为重庆市首批四星级养老机构;与此同时,大足区的首个"千百工程"市级示范社区养老服务项目——龙岗街道西禅社区养老服务中心投入运营,宏善实业在西禅社区整合当地各种服务资源,打造嵌入式社区养老服务机构①,这表明宏善实业开始走出重庆主城区、进入郊县大足区。

2020年5月,宏善实业全新LOGO亮相,品牌焕新升级。同年8月,九龙坡区民政局组织开展谢家湾街道养老服务中心建设项目招投标,5家公司参与竞标,最终宏善实业成功中标。该养老服务中心于2020年12月29日完成装修,12月31日挂牌。同时,宏善实业进入北碚区,宏善·嘉康荟建设运营。2021年3月,九龙坡区谢家湾街道养老服务中心迎来第一次"升级"。此时,宏善实业通过招投标,承接了谢家湾街道11个社区养老服务站的社会化运营。此次"升级",养老服务中心变身为养老指挥中心,实行中心带站、相互联动,通过多样化的服务满足老年人的需求②。2021年9月,宏善实业员工荣获全国养老护理职业技能大赛重庆市赛区第一名。同年10月,宏善实业进入涪陵区,宏善·涪康里试运营。同年11月,根据2021年全市养老服务机构等级评定结果,石桥铺街

---

① 华龙网,《首个"千百工程"市级示范社区服务养老中心让老人安享晚年》,2023年8月26日。http://cq.cqnews.net/cqqx/html/2020-08/26/content_51054542.html

② 《重庆日报》,《迭代升级 老人养老变"享老"——重庆养老样本调查》,2023年10月23日。https://epaper.cqrb.cn/cqrb/2023-10/23/005/content_rb_323482.html

道张坪社区养老服务中心、宝圣湖街道社区养老服务中心和大足龙岗街道西禅社区养老服务中心被授予四叶级社区养老服务中心。

2022年10月4日，宏善实业护理员获重庆市最美养老工作者称号，这不仅是对护理员的肯定，也是对宏善实业的鞭策。宏善养老将坚定不移地持续培养养老护理人才，为长者提供更安全、更舒心、更放心的养老服务体验[①]。2022年，养老服务中心迎来第二次"升级"：为解决高龄独居、失能半失能老人缺乏照料的难题，九龙坡区试点开展家庭养老照护床位支持计划，在谢家湾街道选择16户老人家庭开展"适老化"改造。宏善实业作为计划中的服务供应商，每个月派出照护人员上门为老人提供服务，政府每户每月补贴600元。这次"升级"，宏善实业把专业化的养老服务延伸到了家庭，让老年人家中的床位也成为具备"类机构"照护功能的床位。

2023年8月21日，宏善实业与重庆广播电视集团达成战略合作。未来，宏善实业将助力春晚海选，并在各大机构举办精彩的比赛，宏善实业旗下养老机构的长者、社区居民均可报名参赛。宏善实业愿与重庆市民政局、重庆广播电视集团一道，共同为深入挖掘老龄社会潜能，激发老龄社会活力，切实增强广大中老年人的获得感、幸福感、安全感做出努力[②]。同年11月，宏善实业再度亮相第十七届老年产业博览会，获"五星级养老服务机构"等殊荣，这既是荣誉，也是鞭策。宏善实业作为重庆市首批民营五星级养老服务机构，未来将砥砺前行，用心陪伴长者每一天。同时，宏善·安和里（谢家湾街道社区养老服务中心）获评"五叶级养老服务中心"。宏善·嘉康荟、宏善·康享苑、宏善·嘉悦里获评"四星级养老服务机构"[③]。

随着近年来养老行业的高速发展，我国逐渐形成了公办养老机构和民营养老机构共同组成的养老服务主力军。居家、社区、机构作为养老服务的"三张床"正在融合发力，以社区及家庭为单位的普惠型养老及智慧健康养老将是未来养老

---

① 宏善养老微信公众号，《宏善养老护理员获重庆市最美养老工作者称号！》，2022年10月4日。https://mp.weixin.qq.com/s/K7ZdHJdY0a_hB6Nsy7KZpw

② 宏善养老微信公众号，《助力春晚，宏善养老与重庆广播电视集团达成战略合作》，2023年8月21日。https://mp.weixin.qq.com/s/NCpS0iHsa0kQgICA4J8abg

③ 宏善养老微信公众号，《宏善养老再度亮相第十七届老博会，获"五星级养老服务机构"等殊荣》，2023年11月5日。https://mp.weixin.qq.com/s/2Wgwn6CWiLwPgmxiqDIvPA

事业发展聚焦的方向①。2017年2月28日，国务院发布了《"十三五"国家老龄事业发展和养老体系建设规划》（以下简称《规划》），提出到2020年，要实现多支柱、全覆盖、更加公平、更可持续的社会保障体系更加完善，居家为基础、社区为依托、机构为补充、医养相结合的养老服务体系更加健全，有利于政府和市场作用充分发挥的制度体系更加完备，支持老龄事业发展和养老体系建设的社会环境更加友好，及时应对、科学应对、综合应对人口老龄化的社会基础更加牢固。《规划》还提出了八个方面主要任务：一是健全完善社会保障体系；二是健全养老服务体系；三是健全健康支持体系；四是繁荣老年消费市场；五是推进老年宜居环境建设；六是丰富老年人精神文化生活；七是扩大老年人社会参与；八是保障老年人合法权益②。

无论是"9073"还是"9064"的养老布局，"社区服务+居家养老"将是中国绝大多数老年人的养老方式③。"实际上，可以理解为97%的养老服务群体是在社区和家庭，3%的在机构，'社区服务+居家养老'模式是一片蓝海市场"。宏善实业副总裁杨沛说道。所以宏善实业对医养结合模式的探索并不是终极目标，只是一个阶段。想要做好养老行业，覆盖各阶段的老人群体、满足长者多样化需求是做好养老行业的重中之重。过去的模式覆盖的人群大部分是65岁及以上长期卧床的长者或者是半失能老人，宏善实业经过不断地摸索，将目光聚焦在了60~65岁阶段的老人群体，这部分老人大部分是退休老人、智力型人群，生活可以自理，基本需求主要集中在文化娱乐、基本医疗、基础设施和社会风气这些公共品的供给上④。这种操作模式是，把养老机构建在社区。宏善实业第一个社区养老服务站点在渝州路街道（渝州路街道—社区养老服务中心）。最初是通过会员制提供给社区居民低偿服务的模式：老人须每个月缴纳138元作为会费，成为该社区会员，享受会员待遇，例如在购买蜂蜜、土特产、康复理疗等商品时可以享受会员价格。但这种模式由于"造血"功能极差，在施行了一年之后

① 人民网，《聚焦养老"三张床"系列：为老年人打造更宜居的温暖之家 机构养老"普惠"文章如何做？》，2021年10月25日。http://health.people.com.cn/n1/2021/1025/c14739-32263370.html
② 新华社，国务院印发《"十三五"国家老龄事业发展和养老体系建设规划》，2017年3月6日。https://www.gov.cn/xinwen/2017-03/06/content_5174100.htm
③ 宏善养老官网，《第五届中国西部国际投资贸易洽谈会开幕，宏善养老连续三届受邀参与!》，2023年5月20日。http://www.cqhongshan.com/
④ 澎湃网，《一手调研 | 为什么说社区嵌入式养老服务模式值得推广》，2021年12月2日。https://www.thepaper.cn/newsDetail_forward_15565515

宏善实业：探索"四级联动"养老服务新模式

"破产"。随后，通过在养老服务中心设立少量床位的实践，使宏善实业的品牌宣传阵地、机构往前移了一步，移到了社区，这克服了将老人隔离在"孤岛"、与社会脱节的养老服务弊端，中医院医生定期到社区养老服务中心做免费的医疗健身服务或者协助社区开展基础医疗服务，实现了家门口的"一站式"养老。也正是宏善实业社区养老服务的探索实践，重庆市民政局开始全面推广"嵌入式"社区养老。未来，宏善·渝州路街道一社区养老服务中心将在国家养老政策的指引下、政府各级部门的支持下，进一步深入探索社区"嵌入式"养老新模式。

随着养老照护事业的顺利发展与稳步前进，宏善实业自 2018 年开始不断升级其养老模式，依托信息化平台和社工组织，逐渐探索和形成了宏善养老 3.0 模式：以医养机构支撑社区养老服务中心、中心带站，并辐射居家上门的"四级联动"养老服务体系。该模式可在区域内满足多元化的养老需求，提供区域内的全域养老解决方案。

随着宏善实业的养老机构规模不断扩大，集团如何在稳健运营的同时又实现盈利？目前，宏善实业在重庆市九龙坡区有接近 68 个社区养老服务站点。按照政府要求，一个街道下的每个社区要有一个社区养老服务中心，就石桥铺街道来说，其下有 12 个社区，而宏善实业现在只服务了其中的 10 个社区，建立了 10 个站点。这些站点为社区中的老人提供生活照料、医疗康复、精神慰藉、老年教育、文体娱乐、居家上门等养老照护服务，并接受所在辖区养老服务中心的运营指导[①]。这 10 个站点就成为宏善实业在养老服务中心以外的"毛细血管"。站点大部分的员工来自周边的兼职工，在很大程度上节约了用工成本，提高了用人效率，降低能耗。宏善实业通过规模效应来赚取利益，例如举办三天两夜的旅游活动时，就在石桥铺街道下面的 10 个站点进行人员号召。在资金源头上，宏善实业站点的运营主要依托于民政的运营补贴。该补贴主要通过聘请第三方对企业多个运营板块进行考核，包括政策宣传、文化教育、消防、人员培训、智能化建设等，考核得分决定补贴金额和运营点数，考核频率为一年一次，且站点所属不同地区考核指标不同。

社区站点、网点的功能主要是引流和作为品牌阵地，盈利的作用很少。其最大的价值在于依托数字化平台，收集掌握老人的数据信息和服务需求，切实帮助

---

① 重庆市渝北区人民政府官网，《〈渝北区养老服务中心、社区养老服务站运营管理考核办法〉有关政策问答》，2022 年 7 月 25 日。http：//www.ybq.gov.cn/bm/qmzj/zwgk_70831/zcwd/202207/t20220725_10949639.html

宏善实业未来向智慧养老新模式迈进。在数字技术应用上，宏善实业建立了一个叫"驾驶舱"的指挥中心，该指挥中心有三大功能：一是数据展示功能。通过驾驶舱可以实时观察机构运营情况、年龄分布、男女比例等老人相关数据以及每个站点开设的活动和活动参与情况。二是数据储存功能。例如，宏善实业开设的居家上门服务的所有行径都会被录入系统，该系统内储存居家上门服务老人的相关资料，该资料包括上门次数、上门服务内容等信息，随时可以调取。三是远程报警功能。对于有远程照护服务需求的长者来说，通过安装智能设备预防和监测意外发生；一旦发生意外可及时提供紧急救助。此外，每个区域都有各自的区级平台，机构运营的相关数据通过该平台上传；同时，为了防止出现反复上传的情况，宏善实业采用将上传到区级平台的内容回流到自己平台上的方式来提高效率。

● 乡村养老和居家养老探索

1. 乡村养老模式探索

完善乡村养老服务是实施乡村振兴战略的重要一环，宏善实业集团在党和国家的领导下，从重庆市的城市核心区域，开始走向大足、涪陵、垫江等区县乡村，将专业服务延伸至乡镇农村，满足多元化的养老需求，切实做到为长者解难、为政府分忧。宏善实业积极发挥养老行业领军企业的积极作用，将养老照护服务运营管理的先进理念和成熟经验带到城镇乡村，打造公建民营项目的示范标杆，使其真正成为民生项目的一面旗帜，努力探索出一套真正适合乡村群众的、社会化的养老服务模式。

在重庆市郊县大足区，宏善实业以养老服务企业和社会组织为主体，以社区为纽带，支持新兴养老业态发展，推进"互联网+"养老服务创新。在区民政局的支持下，按照《重庆市社区养老服务"千百工程"建设规范》要求，在西禅社区整合当地各种服务资源，打造"嵌入式"社区养老服务机构。大足区的首个"千百工程"市级示范社区养老服务项目——龙岗街道西禅社区养老服务中心投入运营，标志着宏善实业正式走进大足区。该养护中心设置照护床位120张，可同时满足100余位老人的短期托养、长期照护等服务需求，并可为周边

1.5 千米半径内提供居家上门、远程照护等外延养老服务，辐射周边社区老人①。

在重庆市郊县涪陵区，宏善·涪康里颐年公寓（涪陵区失能特困人员集中供养中心）地处涪陵区马鞍街道两桂社区 1 组，毗邻区残疾人康复中心，距离三甲医院——涪陵区中医院仅 5 分钟车程。经宏善实业装修改造后，涪康里共设置床位 351 张，其中 50 张用于接收马鞍街道集中供养特困人员，94 张用于接收全区其他失能特困人员，50 张用于接收全区贫困残疾失能人员，157 张用于接收普通社会老人。涪陵区失能特困人员集中供养中心是区政府极其重视的一项基础社会民生项目。为提高运营服务质量，实现失能特困人员供养中心持续健康发展，在民政局的指导下，通过公建民营的模式，宏善实业对涪陵区失能特困人员集中供养中心进行运营管理②。

早在 2020 年，宏善实业就已经开始尝试到垫江县探索乡村养老模式。当时，国家民政部推行公办机构养老改革——"一老一小"，即养老机构要拿出来做社会化运营，幼儿教育机构要从民办转为公办。在此背景下，宏善实业通过招投标的形式进入垫江县，对垫江县的 24 个乡镇敬老院进行摸底调查，最终决定把相对位置差、物业差、管理差的乡镇敬老院进行整合，将空的院子装修提档升级用于收住社会老人。2021 年 12 月 24 日，宏善实业与重庆市垫江县民政局、社会福利院、24 个乡镇人民政府的《公建民营改革合作协议》签约仪式在垫江县民政局隆重举行。垫江县副县长苏灿、民政局局长李必树等领导，宏善实业集团有限公司董事长罗建敏、副总裁杨沛等高层出席签约仪式。2022 年 1 月，宏善实业开启垫江县全县业务运营，大力探索乡村养老新模式。宏善实业投资约 2500 万元将占地 29.4 亩、面积 11470 平方米、拥有 380 张床位、位于垫江县县城中心的社会福利院进行改造、提档和升级。根据老年人的生理特性及心理需求，将澄溪镇第一特困院进行了装修改造，并更名为宏善·澄康里颐年公寓。同时，宏善实业将医养结合的养老模式与理念带到了垫江县，同年成立了宏善·垫康里中医医院③。此外，宏善垫江智慧信息中心在宏善·澄康里落地建设，实时监控，精准掌握各项数据，以助力垫江农村养老建设，提升养老服务水平。除服务长者外，

---

① 华龙网，《大足：首个"千百工程"市级示范社区服务养老中心　让老人乐享晚年》，2020 年 8 月 26 日。http://cq.cqnews.net/cqqx/html/2020-08/26/content_51054542.html

② 宏善养老官网，《涪陵区人大常委会副主任阳森一行莅临宏善养老调研指导》，2022 年 4 月 24 日。http://www.cqhongshan.com/

③ 宏善养老微信公众号，《宏善养老"医养结合模式"有如此多的优势》，2023 年 5 月 12 日。https://mp.weixin.qq.com/s/PvFRyvKReKvHVGnms0DLLQ

宏善·澄康里还承接了垫江县残联的"渝馨家园"项目，为此，宏善·澄康里增设了书画室、康复室、工疗室、生活重建室、心语室等20多个多元化的功能空间，同时满足住养长者及残疾人的生活、娱乐、学习、康复、人文关怀等综合需求[①]。2022年5月，宏善实业与当地志愿者开展了"我为群众办实事，助农插秧暖心田"活动，助农小队为因缺乏劳动力而无法完成春耕的贫困农户开展了插秧工作，并进行了爱心物资捐赠与关怀慰问[②]。宏善实业积极响应重庆市家庭床位试点建设，接到古路镇乌牛村的请求后，为村里24户80岁以上高龄长者家里进行了入户"适老化"改造[③]。

如何提升乡镇敬老院的管理规模和管理质量，这对于宏善实业的乡村养老模式探索至关重要。以前是"吃大锅饭"，劳务外派一些工作人员对乡村老人进行管理照护，但是很多敬老院的管理存在严重问题。"我们之前去看的'夫妻档'，两个人管30个老人，各方面管理得都很糟糕，并且克扣国家补贴给老人的钱。必须采用社会化运营才能真正解决农村养老问题。"宏善实业副总裁杨沛谈道。宏善实业根据垫江县养老情况的具体情境，对养老模式进行了探索。目前，在垫江县的养老模式实践主要有两种：一是分散供养。与在涪陵区的特困老人集中供养不同，垫江县村与村之间、镇与镇之间距离很远，越来越多的青壮年外流，村里的每家每户经济状况不一样。基于这样的环境特点，宏善实业提出了分散供养的模式。目前，垫江县出资针对分散供养的特困老人有2900多名，通过智能化设备，对老人进行实时远程监控，由宏善这种社会工作组织或者社会企业来提供服务。分散供养的形式是通过村里相对年轻的老人照顾相对年迈的老人，这种养老互助形式可以让尚且有自理能力的老人形成"再就业"。这和"时间银行"互助养老服务模式相似，该模式将储蓄和激励机制引入养老服务中，运用互联网、大数据、区块链等技术，走出了一条低龄老人服务高龄老人的养老之路[④]。二是通过给当地的村干部发放工资，让他们定期对村里面的特困老人、空巢老人进行

---

① 宏善养老官网，《宏善入驻垫江，签约之后就变了!》，2022年4月6日。http://www.cqhongshan.com/

② 宏善养老官网，《宏善养老为何不务正业，下田插秧?!》，2022年5月6日。http://www.cqhongshan.com/

③ 宏善养老官网，《宏善再上央媒，参与农村养老建设》，2022年3月28日。http://www.cqhongshan.com/

④ 人民网，《探索"时间银行"模式倡导互助养老服务（健康焦点）》，2021年12月24日。http://leaders.people.com.cn/n1/2021/1224/c58278-32316213.html

寻访。当前这两种方式仍在探索阶段，宏善实业将继续深耕养老行业，不断探索乡村分散供养老人的可行性方案。乡村养老模式的探索，意味着宏善实业积极响应党和国家的战略号召，努力践行和服务乡村振兴事业的发展，在履行企业社会责任的道路上迈上了新台阶。

2. 居家养老模式探索

宏善实业所探索的居家养老，追求的是不出家门的高品质养老，针对不同状态、不同需求的老人提供个性化的养老服务。主要针对以下三类老人群体：

第一，针对退休活力长者，提供宏善云服务。刚退休、身体健康、充满活力的长者，他们所需要的是充分利用大量的闲暇时间来体验更丰富的休闲娱乐活动、发展多元的兴趣爱好，在脱离工作后也能找到社会价值和个人价值。针对退休活力长者，宏善实业推出微信小程序"宏善到家"，为其提供可在线学习的器乐、摄影、舞蹈、绘画、手艺等兴趣课程，参加隔代养育、金融保险、健康科普、生活达人等不同领域的大咖分享会，等等。

第二，针对协助看护长者，提供宏善家庭床位服务。协助看护长者，通常是他们病后在家康复或因自身慢病需要照护，但家人因时间有限或不具备专业护理技能，很难对长者进行全面的照顾。对此，宏善实业对选择居家养老的照护型长者提供基础护理、医疗护理、生活照护、常见慢病护理等个性化定制服务，让长者在家也能享受专业护理。其具体服务包括：基础护理，如口腔清洁、日常梳洗、助浴、起床/就寝、变换体位、排泄护理、噎食预防、轮椅转移、就诊陪护等；医疗护理，如鼻饲护理、导管护理、扣背排痰、跌倒管理、康复按摩、用药管理、压疮护理、体征检测、心理疏导等；生活照护，居室清洁整理、营养膳食搭配、入户维修维护、代缴生活费用、生活物资配送、代购跑腿、送餐、助餐等；常见慢病护理，如糖尿病、高血压、慢性胃炎等。

第三，针对高龄独居长者，提供宏善远程照护服务。针对一些身体健康、能够自理生活的高龄长者，由于其身体机能的衰老，容易发生意外或突发疾病；如果没有及时发现或得到及时救助，极有可能会威胁到长者的生命安全。宏善实业在对长者的家庭环境进行评估后，通过适老化硬件改造、智能设备安装，与辅具配置建议，预防和监测意外发生。一旦发生意外，宏善实业将第一时间提供紧急救助，让长者在家也有全方位的守护。

目前，宏善实业探索居家上门服务的具体实践主要表现在在重庆市范围内推广家庭养老服务床位。该项服务由重庆市卫健委主导，依托社区卫生服务站或是家庭签约医生的指导，最终由宏善实业进行上门服务；团队成员仅有约 100 人。家庭床位的推广主要依靠政府补贴，目前居家养老覆盖人群只有特困老人。由于宏善实业自建的中医院的规模相对较小，居家上门服务只提供包括家政、康复、护理等一般基础服务，宏善实业通过与具有相关资质的二甲医院进行合作来向长者提供专业医疗服务。而在城镇乡村的居家养老方面，由于存在大量的复杂因素和潜在风险，当前宏善实业仍处于探索和尝试阶段。例如，虽招募了社会志愿者，但在农村分散供养的老人中，单身男性的比例较大，而社工志愿者大部分都是中青年女性。基于这些复杂因素的考量，宏善实业仍在积极探索和尝试其他更好的乡村居家养老模式，把专业服务的触角延伸到每一个家庭里去。

● 尾声

作为一家重庆本土养老连锁企业，宏善实业经过十来年的深耕，不仅拥有多家提供高端养老服务和照护的综合性医养结合机构，同时还积极探索社区居家养老模式，倡导"养老不离亲情、不离都市生活"的新理念。历经宏善养老 1.0 阶段的"专业养护"模式和 2.0 阶段的"医养结合"模式，利用信息化、数字化手段搭建以社工、智慧服务、医疗资源三大平台为纽带，以医养综合机构支撑社区养老服务中心（站点）并辐射居家上门的宏善养老 3.0 阶段"四级联动，全域养老"养老服务体系，在区域内满足多元化的养老需求、提供全域养老解决方案。未来，宏善实业将加快养老模式的创新步伐，积极探索数字经济背景下养老数字化、养老智慧化和为长者提供全方位全生命周期养老照护与服务的新模式，为养老行业不断摸索和尝试新的可能，真正实现老有所医、老有所养、老有所为、老有所乐。

此外，宏善实业未来如何进一步探索乡村养老和居家养老模式仍是一大难点。宏善实业对于乡村养老和居家养老模式的探索与抉择，实则是"复制"还是"延伸"的问题：在乡村养老方面，基于乡村相关的情境特点，将宏善实业已经成熟的养老服务经验、养老照护模式"复制"到乡村情景中；在城市居家养老方面，宏善实业则需要找到一种可行的方式将其养老照护服务的触角延伸到每个家庭中。

开发者观点

以长期主义静待"和美之花"绽放

丁　超　博士/重庆理工大学 MBA 学院

◆ 案例开发缘由

宏善实业从一个不良资产的处置公司逐渐成为重庆市养老行业的领军者。其转型时困难重重，既缺乏顾客的理解、政府的支持、养老的经验，又面临资金危机，只能靠自己不断探索和学习来实现成长。这十年，宏善实业根据内外部环境，识别机会、进行资源配置、不断调整商业模式，从"纯养老"模式到已形成以医养机构支撑社区养老服务中心、中心带站，并辐射居家上门的"四级联动"养老服务体系，在区域内满足多元化的养老需求，提供全域养老解决方案。在养老事业的运营探索中发现养老需求和问题，从现象中构想方案，让提案成为政策性建议，宏善实业正在成为养老政策的推动者。回顾宏善实业的十年，公益的脚步也走了十年，始终跟随国家和党的大政方针，切实履行社会责任，助力乡村振兴，依靠自身积累的经验和拥有的资源不断探索乡村养老。

宏善实业不仅在重庆市内多次荣获"敬老文明号""养老服务示范机构""重庆市叶级养老机构"，还被评为"中国医养结合十大品牌"之一、"中国养老十大品牌"之一。直至 2023 年 11 月，宏善实业再度亮相第十七届老年产业博览会，获"五星级养老服务机构"等殊荣。获此殊荣，是荣誉更是鞭策。宏善实业在这十年是如何探索养老行业的？在践行社会责任的同时，作为社会创业企业如何实现社会价值和经济价值的平衡？为了找到这些问题的答案，案例开发团队积极联系宏善实业的高层管理者，以获得实地调研与访谈的机会。

企业社会责任

◆ **实地调研新发现**

团队系统地收集了来自宏善实业官网及官方微信公众号、企业传记、新闻报纸、多媒体平台相关报道、行业报告、书籍期刊等渠道十余万字的二手资料，包含宏善养老创立与成长过程中的重大事件、商业模式、成果奖项以及面临的相关问题等。对宏善实业二手资料的进一步收集、梳理与分析，为后续实地调研与企业访谈做了充分准备。以2023年9月的宏善实业实地调研为例，团队围绕"践行企业社会责任"这一主题，针对宏善实业在企业社会责任与社会创业方面的企业管理经验与实践活动，设计了具有高度关联性的调研提纲，并提交给宏善实业公司高层审核，在获得允许后到宏善·公园里颐年公寓实地调研，对相关高层管理人员进行访谈与交流。

在访谈交流过程中，案例开发团队询问了宏善实业在发展过程中遭遇的关键事件、问题挑战以及发展机遇，对于经济价值与社会价值统一的战略思考和管理举措以及对乡村养老和居家养老的探索实践。团队在调研中发现，宏善实业始终秉承"服务为本，创造幸福与价值"的企业宗旨，持续深耕养老行业，不断创新模式、整合资源，满足更多家庭的多元化养老服务需求。在"服务为本，创造幸福与价值"的企业理念指引下积极践行企业社会责任，作为一家社会工作组织，始终以长者的需求为出发点，提供长者关怀服务、开展社区活动、实施小组活动、提供个案服务、参与社区治理等，积极承担社会责任，致力于为老年人提供更好的生活和服务。对宏善实业的现场调研，也打破了通过各种渠道所收集到的二手资料的浅显认知，使团队更清晰地了解宏善实业在每一个阶段的关键性决策，及宏善实业对社会责任的独特理解和成功实践。

◆ **洞察企业新认知**

通过实地调研，案例开发团队对宏善实业的管理经验和实践特色进行了梳理和总结。团队成员一致认为，宏善实业的企业特色主要表现在以下几个方面：

第一，专注于养老服务，注重服务质量：宏善实业是一家专注于养老产业的公司，致力于为老年人提供全方位、高品质的服务。公司以城市医养结合机构和社区居家养老服务为主导，围绕中老年人群"养、乐、医、学、为、教、用、游、享""九位一体"展开服务，为老年人提供更加全面、专业的服务；并且注重服务质量的提高，致力于为老年人提供最贴心、最周到的服务。公司拥有一支专业的服务团队，包括医护人员、社工、心理咨询师等，能够为老年人提供全方位的服务，满足他们的不同需求。

第二，坚持创新和科技引领：宏善实业注重创新和科技引领，积极引入先进的养老理念和技术，不断提升自身的服务水平和竞争力。公司还开发了智能化养老服务平台，为老年人提供更加便捷、高效的服务。

第三，强调社会责任：宏善实业作为一家社会工作组织，深知自身的社会责任。在发展过程中，公司积极参与社会公益事业和社区治理，为推动社会进步和发展做出了贡献。在社区、在乡村、在长者家中，宏善人的身影无处不在。宏善实业不仅是一家养老机构，还是一个充满责任感和使命感的社会企业。其创始人早已将养老作为事业，将脚步走向社区，共谋社会发展福祉，切实履行社会责任。

◆ 案例开发总结

十年发展，不忘初心。宏善实业的"服务为本，创造幸福与价值"企业理念从未动摇。深耕养老行业，是宏善人一步步履行社会责任的行迹所在。在养老服务中发现机遇，不断调整商业模式，探索资源、发掘资源、运用资源以及创造资源是宏善实业得以发展的法宝。并且，宏善实业将社会责任融入企业文化，每一项决策和实践都在彰显企业的担当。国家所倡导的构建共建共治共享的社区治理，宏善实业也成为了政策推动者的关键一环。在社会价值和经济价值的考量上，宏善实业始终以长者为先，为解决长者现实问题而行动。未来，宏善实业将持续探索新的商业模式，更好地践行社会责任。因此，宏善实业的闪光点应该被社会公众所看到，为各类社会创业企业所借鉴，这不仅是团队开发本案例的初衷，也是我们践行重庆理工大学 MBA 学院"学科融通、产教融合、知行融升"教育理念的重要使命。

附录

附录1：宏善实业大事记

附表1　宏善实业的重要事件

年份	重大事件
2013	·处置公司不良资产，转型成功进入养老行业 ·宏善实业集团前身重庆宏善养老产业有限公司成立
2015	·公司首个高品质都市养老机构——宏善·康乐源养护中心正式运营
2016	·宏善中医医院注册成立，开启医养融合新篇章
2017	·宏善·好邻之家（现渝州路街道—社区养老服务中心）正式开业 ·渝州路街道建成全市首个"互联网+"智慧养老平台 ·首次尝试社区养老服务 ·重庆市社区养老服务中心建设先行者 ·九龙坡区老年大学宏善分校开班授课 ·宏善·颐晨中医院注册成立 ·宏善·康享苑颐养中心营业
2018	·主持重庆市养老服务协会启动社区居家养老专委会工作
2019	·渝北区首个市级示范社区养老服务中心——渝北区宝圣湖街道社区养老服务中心投入使用 ·重庆市九龙坡区好邻之家社会工作组织注册成立 ·大足区的首个"千百工程"市级示范社区养老服务项目——龙岗街道西禅社区养老服务中心投入运营
2020	·宏善实业全新LOGO亮相 ·3800平方米的谢家湾街道养老服务中心投用 ·宏善实业进入北碚区，宏善·嘉康荟建设运营
2021	·宏善实业进入涪陵区，宏善·涪康里试运营 ·宏善实业与重庆市垫江县民政局、社会福利院、24个乡镇人民政府的《公建民营改革合作协议》签约仪式在垫江县民政局隆重举行 ·养老服务中心升级为养老指挥中心，实行中心带站、相互联动
2022	·宏善实业开启垫江县全县业务运营 ·宏善垫康里颐年公寓、宏善垫康里中医医院成立，垫江县实现医养融合
2023	·宏善实业再度亮相第十七届老博会 ·宏善实业与重庆广播电视集团达成战略合作，助力春晚

资料来源：本案例整理。

附表2　宏善养老的主要成就

年份	主要成就
2016	· 获得全国敬老文明称号
2017	· 获评"2016年度消防安全工作先进单位" · 当选重庆市养老服务协会副会长单位
2018	· 当选重庆市九龙坡养老服务协会会长单位
2019	· 获评"2019年度养老服务示范机构" · 当选重庆渝北养老服务协会副会长单位 · 宏善·康乐源荣获重庆市九龙坡区"国家慢性病综合防控示范区建设工作成绩突出集体单位"称号 · 宏善实业在"巴渝工匠"杯首届养老服务职业技能竞赛中斩获佳绩，2人荣获"重庆市十佳养老护理技师"，3人荣获"重庆市养老照护能手称号" · 宏善·康乐源被评为重庆市首批"四星级养老机构" · 宏善·康享苑被评为重庆市首批"四星级养老机构" · 罗建敏荣获2019年度养老服务特别贡献奖 · 范昭静、董易佩荣获2019年度敬老爱老先进个人奖
2020	· 获评"中国医养结合十大品牌" · 获评"中国养老十大品牌" · 获质量管理体系认证 · 获环境管理体系认证 · 获职业健康安全管理体系认证 · 被评为"重庆市养老服务协会2020年度优秀会员单位" · 多位宏善员工获评"年度养老服务优秀工作者"
2021	· 当选重庆市北碚区养老服务协会副会长单位 · 员工荣获全国养老护理职业技能大赛重庆市赛区第一名 · 石桥铺街道张坪社区养老服务中心、龙岗街道西禅社区养老服务中心和宝圣湖街道社区养老服务中心被授予"四叶级社区养老服务中心" · 罗建敏荣获"首届成渝地区双城经济圈优秀医养康养领军人物" · 宏善·康乐源养护中心荣获首届成渝地区双城经济圈医养康养优秀养老服务机构
2022	· 护理员获"重庆市最美养老工作者"称号
2023	· 罗建敏被评为"养老服务领军人物" · 获评"养老创新服务品牌企业" · 获评"2022中国养老十大品牌" · 获评"2022中国医养结合十大品牌" · 连任重庆市养老服务协会副会长单位 · 获评"五星级养老服务机构"，成为重庆市首批民营五星级养老服务机构 · 宏善·安和里（谢家湾街道社区养老服务中心）获评"五叶级养老服务中心" · 宏善·嘉康荟、宏善·康享苑、宏善·嘉悦里获评"四星级养老服务机构"

资料来源：本案例整理。

附录2：宏善实业主要项目

1. 宏善·长者颐年公寓

中华五千年，家族观念根深蒂固，老年人习惯与子女一起居住，由子孙赡养老人。但由于代际差异，也常有老年人与子女生活习惯或观念不合而闹出矛盾的情况。选择入住颐养公寓，不仅能减轻子女的负担，更能让自己获得更好的专业照顾，与同龄人一起，享受更自在的晚年生活。宏善实业提供"三养"服务：

（1）医养

（医）

健康评估——健康体检、健康评测、健康档案

健康监测——居家监测、集中监测、户外监测、智能监测、诊疗记录

健康干预——健康讲座、健康计划、专家坐诊、远程医疗、上门医疗

健康促进——运动管理、心理调节、健脑护脑、未病管理

病后康复——康复评估、康复计划、康复活动

联合医疗——绿色通道、双向就诊、专家会诊

（2）颐养

（食）

饮食品控——五丰严选、标准操作

营养膳食——营养膳食、特殊病患、饮食管理、药膳餐、进餐计划

餐饮服务——家宴包厢、送餐上门、定制餐食

（住）

智慧公寓——一卡通系统、紧急呼叫、智能监测设备、全园区监测、智能管理系统、恒温暖气

生活照料——24小时值班、定时巡查、房间清扫、协助就餐、口腔护理、服药提醒、物品代购、护理记录、家属沟通

（行）

免费班车——市区内接送（部分项目）

(3) 怡养

(乐)

主题活动——重阳节、生日会、志愿服务、公益演出、社团主题日

兴趣社团——声乐、乐器、舞蹈、沙狐球、手工、书画、棋牌

乐龄学堂——健康课堂、生活课堂、人文课堂

【机构展示：公园里颐年公寓】

附图1　公园里颐年公寓

　　公园里颐年公寓是一家专为老年人设计的养老居所，它结合了高品质的居住环境和专业的养老服务，为老年人提供了一个舒适、安全、健康的生活空间。该机构位于九龙坡区8.5万平方米的美茵运动公园内，拥有优美的自然环境和清新的空气，这有助于老年人的身心健康。公寓的建筑面积约为5300平方米，同时配有独立的景观院落，面积达到3000平方米，为老年人提供了足够的活动空间和休闲场所。

　　在设施方面，公园里颐年公寓内部设施完善，设置住养床位180张，包括舒适的居住空间、宽敞的公共活动区域以及现代化的医疗照护设施。这些设施不仅满足了老年人的日常生活需求，还为他们提供了丰富多样的娱乐和休闲选择。同时，公园里颐年公寓提供专业的养老服务，包括日常生活照料、健康监测、康复

护理以及心理关怀等。公寓的工作人员都经过专业培训，能够为老年人提供贴心、专业的照护服务。

【机构展示：康乐源颐年公寓】

附图2　康乐源颐年公寓

康乐源颐年公寓是一家集居住、娱乐、医疗、照护于一体的综合性养老公寓。它以优美的环境、完善的设施、专业的服务和丰富的活动，为老年人提供了一个舒适、安全、幸福的"家"。该机构位于重庆主城高九路，位于重庆市的优越地段，周围环境优美，交通便捷，为老年人提供了便利的生活条件。公寓内部设计注重老年人的生活习惯和需求，空间布局合理，装饰温馨舒适，为老年人营造了一个如家般的温馨环境。其建筑面积约112万平方米，设置住养床位326张。入住率始终保持在95%以上，先后接待国务院督查办、民政部、原国家卫计委有关领导、专家等百余次调研关怀。

【机构展示：康享苑颐年公寓】

康享苑颐年公寓位于重庆市两江新区翠渝路7号，地理位置优越，交通便捷。公寓占地12亩，建筑使用面积达到9000平方米，同时配有私家庭院式景观花园，面积达7000平方米，为老年人提供了一个优美、宁静的生活环境。公寓内部设计注重老年人的生活习惯和需求，空间布局合理，装饰温馨舒适，让老年人感受到家的温暖。同时，公寓配备了现代化的医疗照护设施，确保老年人在需要时能够得到及时的医疗援助。此外，公寓还设有多样化的娱乐设施，以满足老年人的文化娱乐需求。康享苑颐年公寓提供专业的护理师全天候照护，确保老年人的日常生活得到妥善照料。公寓还提供多样化的服务类型，包括自理、半护、全护和特护，以满足不同老年人的照护需求。同时，公寓还注重老年人的精神慰藉，提供心理关怀和社交互动的机会，帮助老年人建立新的友谊和社交网络。在饮食方面，康享苑颐年公寓提供科学营养的膳食服务，确保老年人的饮食健康。公寓的膳食服务经过精心搭配，营养均衡，口味适宜，能够满足老年人的不同口味需求。此外，康享苑颐年公寓还具备医保定点资格，为老年人提供更加便捷的医疗服务。公寓还注重与周边社区的合作，为老年人提供更多的社交和活动机会。

附图3 康享苑颐年公寓

【机构展示：嘉悦里颐年公寓】

嘉悦里颐年公寓是由重庆宏善实业集团有限公司投资建设打造的一所养老院，自2020年9月成立以来，致力于为生活自理、半自理、生活不能自理、特级护理、一对一护理提供高品质的养老服务。它坐落于重庆渝北区核心区域——新牌坊三路91号，占地面积达到6200平方米，拥有宽敞的空间，为老年人提供了舒适的居住环境。公寓内设置了 230 张住养床位，主要收住 65 岁及以上的老年人，特别是需要护理的老年人和失能老人。嘉悦里颐年公寓以国内领先的养老服务理念及标准为特色，提供全方位的照护服务，涵盖环境、生活照料、就餐体验、自立支援、身心健康管理五大技术指导方案，多重适老化设计，为长者带来全新的生活方式。公寓拥有一支专业的医护团队，为居民提供 24 小时的护理服务，确保老年人在任何时候都能得到及时的医疗援助。同时，公寓还提供定制的营养膳食，以满足不同老年人的饮食需求。此外，嘉悦里颐年公寓还采用先进的医养结合模式，将医疗和养老服务相结合，为老年人提供全方位的医疗、康复与养生服务。

附图 4　嘉悦里颐年公寓

【机构展示：涪康里颐年公寓】

涪康里颐年公寓位于重庆涪陵区马鞍街道榨菜集团旁，是一所公建民营性质的养老院。自 2021 年 10 月成立以来，该公寓致力于为自理、半护、全护、特护、专护长者提供高品质的养老服务。公寓占地面积约 10000 平方米，建筑面积 9000 平方米，绿化面积 4000 平方米，环境优美，为老年人提供了舒适、宁静的生活空间。

公寓内设有床位 351 张，主要服务于高龄、失能、失智长者，提供长短期托养、营养膳食、健康管理、康复训练、文教娱乐、精神慰藉等服务。同时，该公寓还为老年慢性病、术后患者提供康复托养服务，并积极履行失能特困人员集中供养服务职能。公寓内的设施和设计均采用适老化原则，符合老年人的生活习惯和身体特点，确保他们在公寓中能够享受到安全、便利的生活。

附图 5 涪康里颐年公寓

涪康里颐年公寓实行医养结合模式，将医疗与养老完美结合在一起。公寓距离三甲医院——涪陵区中医院仅 5 分钟车程，为老年人的生命健康提供了有力保障。公寓内提供专业的康复护理服务，为老年人的身体和心理健康保驾护航，帮助他们尽快恢复健康和活力。

此外，公寓内还设有庭院式景观花园、棋牌室、书画室、茶室、菜圃体验区等，让老年人在享受生活的同时，也能找到乐趣和社交的机会。公寓的所有员工都经过专业岗前培训，擅长老年日常生活照料、康复护理、慢性病管理等工作，确保为老年人提供优质的服务。

【机构展示：垫江县澄康里颐年公寓】

澄康里颐年公寓位于重庆垫江县附近，是一所医养结合型的养老院，致力于为长者提供全方位的养护服务。该公寓自成立后，始终坚守医养结合的特色，将医疗与养老服务完美结合，为老年人提供医疗、康复、养生等"一站式"服务。

公寓的环境优美，设施齐全，总面积达到 4460 平方米，为老年人提供了宽敞且舒适的居住环境。公寓内设有 128 张床位，能够满足不同自理能力的老年人的需求，包括生活自理、半自理、不能自理、特级护理以及一对一护理的老年人。

附图6　澄康里颐年公寓

公寓内的设施和设计均采用了适老化原则，充分考虑到老年人的生活习惯和身体特点，确保老年人在公寓内能够享受到安全、便利且舒适的生活环境。此外，公寓还提供24小时健康监测与专业护理，营养师搭配的每日膳食，以及专业制订的运动计划等服务，确保老年人在这里能够得到全方位的照顾。

除了基础的养护服务，宏善养老澄康里颐年公寓还注重老年人的精神文化生活。公寓内设有户外庭院、娱乐室、休闲区等多功能空间，老年人可以在这里参与各类文娱活动，丰富晚年生活。同时，公寓还定期举办各类课程和讲座，帮助老年人提升生活质量，享受幸福晚年。

2. 宏善·社区养老服务中心（站）

宏善·社区养老服务中心（站）为长者规划有书画室、图书角、手工室、棋牌室等多种功能空间，并开展生日会、兴趣课、节日活动，以及开办老年大学等。有趣味相投的伙伴，每天都很快乐。想面对面结交更多同龄朋友？想寻找更周全的照护又不想与家人分离？想把做饭时间省下来干点别的？走出家门，宏善社区养老服务中心就在身边。

【机构展示：重庆市九龙坡区】

附图7　石桥铺街道张坪社区服务中心和渝州路街道一社区养老服务中心

附图8　渝州路街道六店社区养老服务中心和渝州路街道红育坡社区养老服务站

【机构展示：重庆市两江新区】

附图9　大竹林街道社区养老服务中心和康美街道社区养老服务中心

附图 10　大竹林街道紫竹苑社区养老服务中心

【机构展示：重庆市渝北区】

附图 11　宝圣湖街道社区养老服务中心和双龙湖街道社区养老服务中心

【机构展示：重庆市大足区】

附图 12　大足区龙岗街道西禅社区养老服务中心

3. 宏善·居家照护

家，是温暖的港湾。但随着子女工作或组建家庭，让越来越多的老人处于"空巢"状态，而这些居家老人，也有各自不同的需求。宏善实业主要提供以下三种居家照护服务。

（1）退休活力长者——宏善云服务

针对退休活力长者，刚退休的他们有很多闲暇时间，这时候他们需要的是更丰富的娱乐休闲活动、能够发展多元的兴趣爱好，在脱离工作后，也能找到社会价值和个人价值。通过微信小程序"宏善到家"，就可在线学习器乐、摄影、舞蹈、绘画、手艺等兴趣课程，参加隔代养育、金融保险、健康科普、生活达人等不同领域的大咖分享会等。

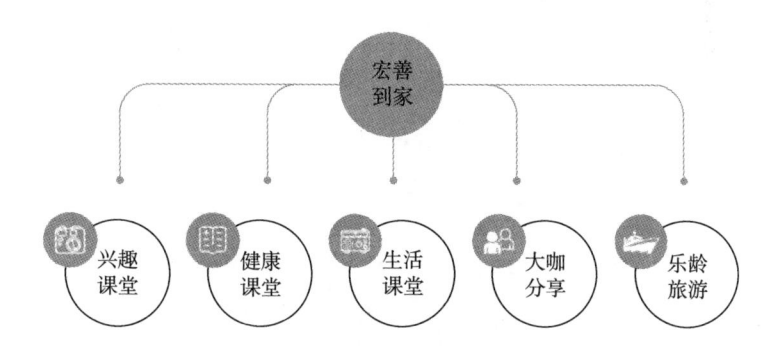

附图13 微信小程序"宏善到家"

（2）协助看护长者——宏善家庭床位服务

针对协助看护长者，他们病后在家康复或因自身慢性病需要照护，但家人因时间有限或不具备专业护理技能，很难给长者全面的照顾。通过为选择居家养老的照护型长者提供基础护理、医疗护理、生活照护、常见慢性病护理等个性化定制服务，让长者在家也能享受专业护理。

（3）高龄独居长者——宏善远程照护服务

一些高龄长者虽然身体健康、生活能够自理，但因为身体机能的衰老，容易发生意外或突发疾病，如果没有及时发现或得到及时救助，极有可能会威胁到生命安全。

在对长者的家庭环境进行评估后，通过适老化硬件改造、智能设备安装，与辅具配置建议，预防和监测意外发生。一旦发生意外，宏善实业将第一时间提供紧急救助。让长者在家也有全方位的守护。

4. 宏善·持续性照护社区

宏善·持续性照护社区看上去就像一个普通住宅社区，房间户型就像自己的家，"去酒店化""去机构化"几乎让长者感觉不出来自己身处一个专属社区，但一切又那么便捷、舒适，完全符合老年人的习惯与需求。宏善·持续性照护社区，从60岁到100岁，根据不同年龄段和不同身体健康状况的不同需求，打造从退休后即可陪伴一生的家。

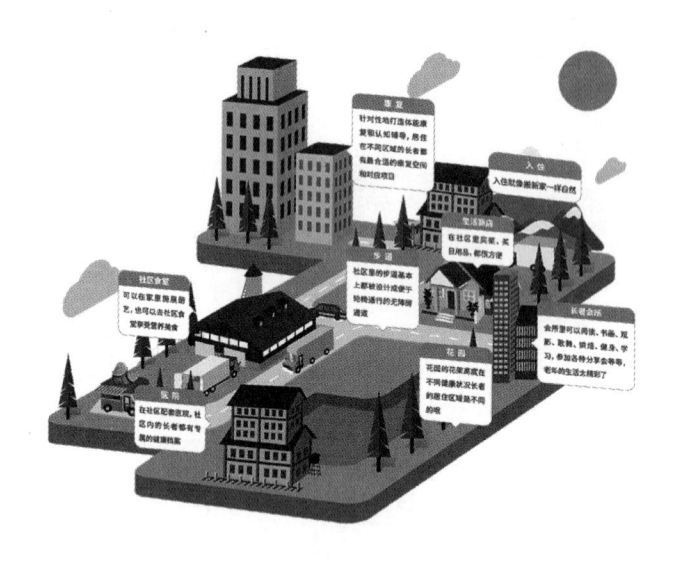

附图14 持续性照护社区

5. 宏善·中医康复

宏善实业自有一级医疗机构——宏善中医医院和宏善颐晨中医院，均与养老项目无缝衔接，并可为区域内的机构、社区及居家长者提供综合医疗服务，均享受医保报销。服务优势包括：更专业，更懂老年人的健康需求，专注所以专业；更省心，医养融合的方式，长者住院期间不用额外请护工，就医全程有陪同；更省钱，一级医院医保报销比例比三甲医院更高。

医院秉承"中医为主，西医为辅"的办院方针，开设中医内科、中医保健科、中医康复科等科室，主要针对半失能和失能老人进行生活照料、轻度疾病诊治、康复指导等服务。医院以医养为核心，实行中医医院健康分级管理方式，以收住需要全面护理的患者为主，并按老年常见病、多发病进行区域划分，配备专业团队进行诊治和管理。医院与养老机构共同成立由中医医师、护士和护理员组成的"医养服务小组"，定期查房，对老人慢性病进行监测管理；且医护人员24小时值班，实时监测老人身体健康情况。

附图15 宏善中医医院和宏善颐晨中医医院

资料来源：宏善实业官网。http：//www.cqhongshan.com/about_sq/zxzdzs30a.html

后　记

　　重庆理工大学 MBA "三融" 案例精选丛书的策划及出版得到了学校各级领导及各职能部门的大力支持。重庆理工大学党委书记康骞教授，作为学校 MBA 事业的领导者和亲历者，为 MBA 事业发展谋篇布局、把舵定向，并为本案例精选丛书的策划提供悉心指导；重庆理工大学副校长廖林清教授，作为学校 MBA 项目的创建者和引领者，为学校 MBA 项目的茁壮成长倾注无私的心力，鼓励我们办出有重理工学科特色的 MBA 教育；重庆理工大学研究生院院长苏平教授，作为学校 MBA 工作的管理者和指导者，为学校 MBA 工作的高质量开展提供了平台与机遇，鞭策我们办好负责任、有情怀的 MBA 教育。感谢学校领导及事业前辈对重庆理工大学 MBA 事业的重视以及对案例开发及教学的支持，给予我们为学校 MBA 教育及案例事业做出贡献的宝贵机会。

　　在案例精选丛书第 1 辑《企业社会责任——商业与社会的价值融通》的编写过程中，我们实地调研了在履行企业社会责任方面拥有卓越表现和成效的重庆地区企业，各项参观和访谈工作得到相关企业管理者的大力支持和参与，他们是：谭木匠执行董事兼首席行政官罗洪平先生以及万州工厂厂长裴贤晨先生，金夫人品牌总监熊媛女士，马上消费技术总监及马上科技发展基金会公益项目统筹人高砚先生，西南兵工环保公司副总经理牛小东先生，远大印务总经理张璐女士，刘一手集团董事长刘梅女士、总裁尹伊女士，宏善实业副总裁杨沛先生，等等。在他们身上我们感受到贡献社会经济发展的本心以及企业履行社会责任的荣光。我们向重庆地区的这些优秀企业管理者和创新者致敬，感谢他们为中国的社会经济发展与人民共同富裕注入磅礴的"重庆力量"！

　　重庆理工大学 MBA "三融" 案例精选第 1 辑的出版得到了教育部人文社会科学研究规划项目（编号：23YJA630048）、重庆市教委人文社会科学研究重点

后　记

项目（编号：23SKGH246）、重庆市研究生导师团"数智时代创新与创业管理"建设项目以及重庆理工大学 MBA 教学案例库建设基金的资助。同时，在本书稿的资料核实、编辑校订过程中，重庆理工大学 MBA 学院的刘洪丽、李亮、余知谦等 MBA 同学，以及创新驱动创业协同研究中心的胡春霞、黄千禧、方洲、高娅楠等硕士研究生付出了辛勤努力，才得以确保本辑案例的高质量出版。感谢经济管理出版社赵天宇编辑在本辑案例出版中的专业付出，让我们 MBA 师生的智慧结晶以最绝伦的方式呈现在大家面前。

此外，案例撰写过程中我们借鉴和引用了案例企业的新闻、公众号推文及内部发言等资料，这些均是重要的前人智慧成果，因此我们尽力将所有引用进行规范标注，但由于案例篇幅及资料追溯限制，可能仍难免有所遗漏。在此，我们向案例开发工作的所有直接与间接贡献者表示最衷心的感谢。

感谢加入重理工 MBA 案例事业的所有相关者。无论是洋溢着教育情怀的企业家和管理者，还是坚守着实践初心的科学家和教育者，抑或是追寻着成长梦想的求学者和探索者，我们共创、共享、共赢、共荣，携手在重理工商科教育事业中贡献各自的智慧力量，留下共同的奋斗印记！

本辑编者

二〇二四年三月